Kohlhammer

Reiner Steffen

Produktions- und Kostentheorie

3., überarbeitete Auflage

Verlag W. Kohlhammer
Stuttgart Berlin Köln

Die Deutsche Bibliothek – CIP-Einheitsaufnahme

Steffen, Reiner:
Produktions- und Kostentheorie / Reiner Steffen. - 3., überarb. Aufl.-
Stuttgart ; Berlin ; Köln : Kohlhammer, 1997
ISBN 3-17-014541-X

3., überarbeitete Auflage 1997

Stuttgart Berlin Köln
Verlagsort: Stuttgart
Gesamtherstellung:
W. Kohlhammer Druckerei GmbH + Co. Stuttgart
Printed in Germany

Vorwort zur dritten Auflage

Wandlungen in industriellen Produktionsbereichen durch Automatisierung, Computerintegration sowie "Verschlankung" organisatorischer Konzeptionen machen eine Produktions- und Kostentheorie nicht entbehrlich. Innerhalb wirtschaftswissenschaftlicher Studiengänge bilden Kenntnisse grundlegender Zusammenhänge in Verbindung mit Produktionsfaktoreinsätzen, Erzeugnisprogrammen und zugehörigen Kosteneinflüssen nach wie vor eine notwendige Basis. Vertrautheit mit Produktions- und Kostenfunktionen ist auch für die Beurteilung neuerer Entwicklungen in Verbindung mit Kostenrechnungssystemen von beachtlicher Bedeutung.

Aufgrund langjähriger Bewährung der straffen Konzeption der ersten und zweiten Auflage in Lehrveranstaltungen des Grundstudiums wird auch in der dritten Auflage an der kompakten Darstellungsform festgehalten. Eine japanische Übersetzung der zweiten Auflage wird mittlerweile auch an Universitäten in Japan genutzt.

In der vorliegenden Neuauflage wurden einzelne stärker erklärungsbedürftige Textpassagen ausgebaut und zum Teil durch zusätzliche Abbildungen ergänzt. Wie schon in der zweiten Auflage wurde auch hier großer Wert auf die Einbeziehung neuerer Entwicklungen in der industriellen Produktion gelegt.

Für Unterstützungen bei der Erstellung der dritten Auflage danke ich Herrn Akad. Oberrat Dr. Michael Pohl, Frau Dr. Katja Schimmelpfeng, Frau Dipl.-Ökonomin Martina Bund, Frau Dipl.-Ökonomin Claudia Fromme sowie den Herren cand. rer. oec. Mark Granthien, Lorenz Illmann und Frank Schellhorn.

Hannover, im Juni 1997

REINER STEFFEN

Vorwort zur zweiten Auflage

Auch die zweite Auflage ist vornehmlich auf Studierende im wirtschaftswissenschaftlichen Grundstudium ausgerichtet. Die Lehrbuchkonzeption der ersten Auflage hat sich in einführenden Lehrveranstaltungen im ersten Studiensemester an der Universität Hannover über viele Jahre hinweg bewährt und wurde deshalb weitgehend beibehalten. Notwendige Erweiterungen bzw. Modifikationen aufgrund neuerer Entwicklungen der computerintegrierten Produktion und der Ökologieorientierung werden aufgegriffen. Dennoch erscheint in vielen Bereichen ein Festhalten an den Darstellungen grundlegender Input-Output-Zusammenhänge und Faktoreinsatz-Kosten-Beziehungen sinnvoll. Unter dem Gesichtspunkt der Forderung nach "Entrümpelung" von Studiengängen könnte auf eine Erörterung der Produktionsfunktion von Typ A sicherlich verzichtet werden. Sie wird dennoch als Kurzdarstellung beibehalten, um die (zwar nicht ganz zweckmäßige, aber in der Literatur sehr verbreitete) alphabetische Systematisierung nicht bei Typ B beginnen zu müssen. Wer B, C, D, E und F sagt, muß irgendwann auch einmal A gesagt haben!

Für vielfältige Unterstützungen in Form kritischer Manuskriptdurchsicht sowie der (oft mühevollen) EDV-bezogenen Umsetzung des Textes und der Abbildungen spreche ich Herrn Akad. Oberrat Dr. Michael Pohl, Herrn cand.rer.oec. Andreas Casdorff, Frau Dipl.-Ökonomin Beate Lompa und Herrn Dipl.-Ing. Dipl.-Ökonom Klaus-Dieter Wirths verbindlichen Dank aus.

Hannover, im Juli 1993

REINER STEFFEN

Vorwort zur ersten Auflage

Zur betriebswirtschaftlichen Produktions- und Kostentheorie existieren zahlreiche Lehrbücher. Wenn ein zusätzliches Buch zu diesem Problembereich die vorhandene Literatur bereichern soll, so muß es sich durch eine spezifische Konzeption auszeichnen. Von vornherein ist dieses Lehrbuch nicht darauf angelegt, gegenüber anderen Schriften eigenständige neue Forschungsergebnisse zu präsentieren. Mit der hier gewählten Lehrbuchkonzeption soll der **gesicherte Bestand an produktions- und kostentheoretischen Erkenntnissen problemorientiert** an die Zielgruppe der Studenten des Grundstudiums an Universitäten und wissenschaftlichen Hochschulen sowie der Studierenden an Fachhochschulen herangetragen werden. Dabei wird hier nicht die übliche **Zweiteilung** in eine rein mengenbezogene **Produktionstheorie** einerseits und in eine wertbezogene **Kostentheorie** andererseits gewählt. Produktionsbezogene Teilprobleme werden jeweils zusammenhängend sowohl im Hinblick auf mengenmäßige Input-Output-Beziehungen als auch hinsichtlich ihrer Kosteneinflüsse analysiert. Beispielrechnungen sollen dabei das Verständnis erleichtern.
Das Lehrbuch greift nicht alle Fragestellungen der Produktions- und Kostentheorie auf. Vielmehr werden einzelne Problembereiche herausgegriffen und meist in detaillierter Form diskutiert. Dieses Vorgehen erscheint gerade im Hinblick auf den einführenden Charakter des Lehrbuchs zweckmäßiger als die Präsentation eines umfassenden Überblicks über weitgehend alle Fragenkomplexe des betriebswirtschaftlichen Teilbereichs. So werden hier produktions- und kostentheoretische Analysen von Fertigungsabläufen (Losgrößenanalysen, Reihenfolgeuntersuchungen usw.) großenteils noch nicht in die Betrachtung einbezogen. Sie sollten Gegenstand des Hauptstudiums sein. Für das Grundstudium stehen Diskussionen von Produktions- und Kostenfunktionen sowie deren Einbeziehung in Planungsansätze zur Produktionsprogrammoptimierung bei der Mehrfach- und Einzelproduktion im Vordergrund. Neben diesen vorwiegend auf kurzfristige Zeiträume bezogenen Einzelanalysen werden langfristige Aspekte der Produktion angesprochen. Bei allen Darstellungen werden mathematische Zusammenhänge zugleich eingehend verbal erläutert. Die **einführende Fallstudie** soll Interesse an der Lösung produktions- und kostentheoretischer Fragen wecken.

Herrn Akad. Rat Dr. Michael Pohl danke ich für die kritische Durchsicht des Manuskripts, für zahlreiche Anregungen und für seine unermüdliche Diskussionsbereitschaft. Frau Beate Roßmann gebührt umfassender Dank für die Bewältigung der Schreibarbeiten bei der Manuskripterstellung. Für die Anfertigung der Abbildungen bin ich den Herren Dipl.-Ökonom Uwe Weithöner und Dipl.-Ökonom Andreas Kirsch sehr dankbar.

Hannover, im Juni 1983

REINER STEFFEN

Inhalt

Erster Teil
Grundlagen der betriebswirtschaftlichen Produktions- und Kostentheorie

Erstes Kapitel: Einführung

A. Produktion in volkswirtschaftlicher und betriebswirtschaftlicher Sicht

Produktion bedeutet planvolle **Transformation von Sachgütern und Dienstleistungen** in andere Sachgüter und Dienstleistungen. Dabei werden meist auch **Güter der natürlichen Umwelt** beansprucht (z.B. Rohstoffabbau) bzw. einer Belastung unterworfen (z.B. Verunreinigung der Luft und der Gewässer), was zur Einbindung **ökologischer Grundsätze** in die Gestaltung der Produktion zwingt. Transformationen vollziehen sich i.d.R. in vielschichtigen Teilprozessen, die aufeinander abgestimmt werden müssen. Die planvolle Abwicklung ist nur durch Bereithaltung spezifischer **Informationen** darüber möglich, **was, wann, wo und wie** transformiert werden soll. Gerade bei zeitgerechter (produktionssynchroner) Bereitstellung von Materialien und Bauteilen zur Vermeidung teurer vorangehender Lagerungen im Rahmen einer Just-in-time-Produktion kommt dem entsprechenden Informationsfluß besondere Bedeutung zu. Die Transformationsprozesse vollziehen sich in **Betrieben,** die in marktwirtschaftlichen Wirtschaftssystemen im Regelfall als private oder öffentliche **Unternehmungen** geführt werden. Privatunternehmungen sind vornehmlich auf Gewinnerzielung angelegt, während bei öffentlichen Unternehmungen des Bundes, der Länder oder der Gemeinden Versorgungsziele im Vordergrund stehen. Bei beiden Unternehmungskategorien ist die Deckung des Bedarfs von Nachfragern (öffentlichen und privaten Haushalten sowie anderen Unternehmungen) das grundlegende volkswirtschaftliche Anliegen. In Produktionsprozesse eingehende Sachgüter und Dienstleistungen werden als **Produktionsfaktoren, Einsatzfaktoren** oder **Input** bezeichnet, während für die Produktionsergebnisse die Begriffe **Erzeugnisse, Produkte, Produktionsausstoß, Ertrag, Ausbringung** oder **Output** gebräuchlich sind. In den Betrieben konzentriert sich die Produktion meist auf einzelne Erzeugnisarten bzw. Erzeugnisgruppen (z.B. Automobile, Kleidung, Getränke). Aus wirtschaftlichen Überlegungen findet hier für die an einer Volkswirtschaft beteiligten Unternehmungen das **Prinzip der Arbeitsteilung** Anwendung. Innerhalb der **Volkswirtschaft** treten Unternehmungen einerseits als **Nachfrager für Produktionsfaktoren,** andererseits als **Anbieter von Erzeugnissen** in Erscheinung. Sie sind damit Marktteilnehmer auf Beschaffungsmärkten und auf Absatzmärkten. Bei den angebotenen Produkten kann es sich um **Konsumgüter** und um **Investitionsgüter** handeln. Konsumerzeugnisse werden meist in großen Mengen zum Verbrauch oder Gebrauch für Konsumenten (Endverbraucher) auf den Markt gebracht (z.B. Nahrungsmittel, Kleidung, Haushaltsgeräte). Investitionsgüter gelangen als Wiedereinsatzprodukte (z.B. Maschinen) in nachgelagerten Produktionsprozessen erneut in Unternehmungen zum Einsatz.

Zwischen Güterangebot, Güternachfrage und Produktion bestehen Interdependenzen. In volkswirtschaftlicher Sicht läßt sich dies wie folgt erläutern:

Aufgrund der Preise für die in Produktionsprozessen geleistete Arbeit entsteht Einkommen, das Güternachfrage schafft. Dieser Nachfrage steht wiederum das durch die Produktion bereitgestellte Güterangebot gegenüber. Die **Produktion** ist als eine wesentliche **Schaltstelle im volkswirtschaftlichen Sachgüter- und Dienstleistungskreislauf** anzusehen (KLAUS 1974, S. 3f.). Sie kann jedoch nicht schalten und walten, ohne Entwicklungen auf Beschaffungs- und Absatzmärkten für Sachgüter und Dienstleistungen zu beachten. Aufgrund von Nachfrageverschiebungen (z.B. durch technischen Fortschritt oder durch veränderte Bedürfnisse) können produzierte Gütermengen nicht mehr absetzbar und damit für die Unternehmung wertlos werden. Ein Beispiel liefert die technische Überalterung mechanischer Rechenmaschinen und deren vollständige Marktverdrängung durch Elektronikrechner innerhalb weniger Jahre. Die Gestaltungsmöglichkeiten der Produktion sind außerdem vielfach von **Kapital- und Arbeitsmarktbedingungen** abhängig. Einerseits sind Finanzierungsmöglichkeiten für die Beschaffung von Produktionsanlagen und Einsatzmaterial sicherzustellen und andererseits ist menschliche Arbeit zu angemessenen Konditionen verfügbar zu halten. Wesentlich sind des weiteren **staatliche Einflüsse,** die durch Zahlungsströme (Steuern, Gebühren, Subventionen) und Rechtsnormen (z.B. umweltschutzbezogene Vorschriften, Lebensmittelgesetze) den Rahmen für die Entfaltungsmöglichkeiten der Produktion zusätzlich abstecken.
Greift man eine Unternehmung aus dem volkswirtschaftlichen Gesamtzusammenhang heraus, so ist für die betriebswirtschaftliche Analyse die Abgrenzung des Entscheidungsspielraumes für die Produktion von grundlegender Bedeutung. Die Entscheidungsfreiheit wird mit zunehmender Konkretisierung und Realisierung von Entscheidungen über

- Produktarten (Branchenwahl) sowie
- Produktionsausstattungen

fortschreitend eingeengt. Externe (volkswirtschaftlich bedingte) Daten werden durch interne (betriebswirtschaftlich bedingte) Daten ergänzt. **Branchenwahl und Ausstattungsentscheidungen grenzen Entscheidungsspielräume** meist über viele Jahre hinweg (langfristig) **ein.** Verfügbare Finanzmittel einer Unternehmung reichen nicht aus, um Produktionsanlagen kurzfristig durch neue zu ersetzen, mit denen völlig andersartige Erzeugnisse gefertigt werden.
Planvolle Gestaltung der Produktion bedeutet Ausrichtung der erforderlichen Prozesse an der **Unternehmungszielsetzung** bzw. daraus abgeleiteten **betriebswirtschaftlichen Zielen.** Im Vordergrund steht die **langfristige Sicherung der Unternehmungsexistenz.** Die Unternehmungspolitik hat betriebswirtschaftliche Ziele festzulegen, um darauf aufbauend alle Aktivitäten in den einzelnen Unternehmungsbereichen steuern zu können. Der langfristigen Sicherung der Existenz einer Unternehmung soll eine Ausrichtung an Zielgrößen wie

- Gewinnen,
- Kosten,
- Umsätzen (Erlösen) oder
- Marktanteilen

dienen. Dabei können Maximalvorstellungen, Angemessenheitsvorstellungen oder Minimal- bzw. Mindestvorstellungen für die gewünschte Ausprägung der Zielgröße ausschlaggebend sein. Die genannten Ziele müssen vielfach mit Zielsetzungen wie

- Sicherung der Arbeitsplätze,
- Sicherung der Einkommen,
- Steigerung der Arbeitszufriedenheit,
- Vermeidung von Umweltbelastungen

in Verbindung gebracht werden.

Gerade die Arbeitsplatzsicherheit und die Einkommenssicherung für die Beschäftigten einer Unternehmung können nur bei langfristiger Sicherheit der Unternehmungsexistenz gewährleistet werden, die durch die erstgenannte Zielgruppe erreicht werden soll. Vermeidung von Umweltbelastungen kann sich z.B. auf Maßnahmen der Abfallvermeidung, -verwertung (Recycling) und -beseitigung beziehen. Das Ausmaß der Bereitschaft, damit verbundene Kostensteigerungen bzw. Gewinnreduzierungen in Kauf zu nehmen, kennzeichnet zugleich das jeweilige gesellschaftliche Verantwortungsbewußtsein der Unternehmungen.
Innerhalb einer Unternehmung findet in betriebswirtschaftlicher Sicht ebenfalls das **Prinzip der Arbeitsteilung** Anwendung. Die anstehenden Aufgaben werden organisatorisch unterschiedlichen Aufgabenträgern (Personen) zugeordnet. Dies gilt einerseits im Hinblick auf die Erfüllung betriebswirtschaftlicher Teilfunktionen (Beschaffung von Gütern, Geldmitteln, Informationen, Be- und Verarbeitung der Güter, Verkauf von Produkten usw.) sowie andererseits für die Realisierung der einzelnen Aufgaben innerhalb der Funktionsbereiche. So ist die Herstellung marktreifer Erzeugnisse in Produktionsbereichen in der Regel ein Ergebnis aufeinanderfolgender Teilprozesse (z.B. Stanz-, Press-, Fräsvorgänge, Montageverrichtungen, chemische Prozesse), die von unterschiedlichen Personen und Maschinen vollzogen werden. In betriebswirtschaftlicher Sicht ist Produktion als **planvoll koordinierte Durchführung der für die Leistungserstellung erforderlichen Einzelaktivitäten unter Beachtung genannter Ziele** anzusehen.
Der Begriff Produktion wurde vorangehend vornehmlich an Beispielen der Herstellung von Sachgütern verdeutlicht. Dies ist die typische Form der Produktion in Industrieunternehmungen. Sie wird häufig verknüpft mit zusätzlichen Dienstleistungen (z.B. Transportleistungen, Kundendienst usw.). Grundsätzlich können jedoch alle Prozesse betrieblicher Leistungserstellung als Produktionsprozesse und deren Leistungen in einem weitgefaßten Sinne als Erzeugnisse angesehen werden. Abbildung 1 kennzeichnet entsprechende Beispiele.

Unternehmung	**Erzeugnisse in weitgefaßtem Sinne**
Industrieunternehmung	Herstellung von Sachgütern
Handelsunternehmung	Bereitstellung von Warensortimenten
Verkehrsunternehmung	Raumüberbrückung (Transportleistungen)
Geldinstitut	Aufnahme und Bereitstellung von Geld
Versicherung	Risikoübernahme

Abbildung 1: "Produktion" in weiter Begriffsfassung

In allen Bereichen werden Produktionsfaktoren unter Beachtung von Unternehmungszielen planvoll miteinander kombiniert. In dieser Sicht hat sich eine umfassende Produktionslehre mit allen produktiven Systemen auseinanderzusetzen. Dies würde zusätzlich auch Krankenversorgungs- und Bildungseinrichtungen sowie öffentliche Verwaltungen einschließen. Ansätze einer universalen Produktionswirtschaftslehre versuchen, in entsprechender Weise über eine Betrachtung industriebetrieblicher Fertigungsprozesse hinauszugehen. Dabei sollen Erkenntnisse aus der Erforschung von Sachgüterprozessen auf ihre Übertragbarkeit in die genannten Bereiche überprüft werden (KERN 1976, S. 756ff. und 1990, S. 1 sowie 1996, Sp. 1629ff.). In diesem einführenden Lehrbuch werden überwiegend Prozesse der Sachgüterproduktion aufgegriffen, weil dafür umfassende fundierte Forschungsergebnisse vorliegen, die für eine anschauliche Darstellung der grundlegenden Zusammenhänge herangezogen werden können. Für nicht-industrielle Bereiche kann bislang nur auf wenige "produktionsorientierte" Untersuchungen verwiesen werden.

B. Aufgaben der betriebswirtschaftlichen Produktions- und Kostentheorie

1. Eine Fallstudie

Einige produktions- und kostenbezogene Fragestellungen der Sachgüterproduktion lassen sich exemplarisch durch folgende Fallstudie erläutern. Die DURO-PRESS GmbH ist eine mittlere Unternehmung der Kunststoffverarbeitung. Hier werden vornehmlich für einen Automobilhersteller Zulieferteile gefertigt. Einen breiten Raum nimmt dabei die Kühlergrillproduktion für einen Kleinwagentyp ein. Dafür stehen zwei Kunststoffpressen zur Verfügung. Für die langfristige Sicherung der Unternehmungsexistenz konnten bisher ausreichende Gewinne erzielt werden. Aufgrund steigender Benzinpreise erhöht sich auf dem Automobilmarkt die Nachfrage nach kleinen Fahrzeugen mit geringem Treibstoffverbrauch in erheblichem Maße. Dies führt zur Anforderung stark ansteigender Stückzahlen in der Kühlergrillproduktion bei der DURO-PRESS GmbH. Der Preis bleibt dabei unverändert. In der Unternehmung entscheidet man sich, der steigenden Nachfrage durch Realisierung einer erhöhten Fertigungsgeschwindigkeit nachzukommen. Dies erfolgt einerseits über die Beschleunigung des Erhitzungsvorganges für den Kunststoff in der Preßform sowie andererseits über die Erhöhung der Anzahl der Preßvorgänge je Fertigungsstunde. Innerhalb des Abrechnungszeitraumes eines Monats resultiert aus der Ausweitung der Erzeugnismenge eine deutliche Erhöhung der Erlöse (Absatzmenge · Preis). Die Steigerung der Produktionsgeschwindigkeit hat jedoch einerseits einen erheblichen Mehreinsatz an Betriebsstoffen und andererseits einen hohen Anteil unbrauchbarer Erzeugnisse (Ausschußproduktion) bewirkt. Die insgesamt innerhalb des Abrechnungszeitraumes anfallenden Kosten übersteigen die erzielten Erlöse, so daß die realisierte Maßnahme zu einer Verlustsituation führt. Erhöhte ökologische Belastungen ergeben sich nicht. Ausschußteile sind durch Recycling in nachfolgenden Produktionsprozessen als Eingangsmaterial wieder einsetzbar.

An diesem Fall der DURO-PRESS GmbH können einige typische Probleme der Produktionsplanung diskutiert werden, die zugleich einer Fundierung durch die Produktions- und Kostentheorie bedürfen. Die Veränderung der Produktionsweise hätte auf der Basis dabei anfallender Einsatzfaktormengen sowie verwendbarer (fehlerfreier) Erzeugnismengen beurteilt werden müssen. Produktions- und kostentheoretische Zusammenhänge in Form der Angabe von **Produktionsfaktor-Produkt-Beziehungen** sowie **Kostenabhängigkeiten** hätten hier eine zweckmäßige Beurteilungsbasis geliefert. Durch zusätzliche Berücksichtigung der Erlöseinflüsse hätte die veränderte Fertigungsweise im Hinblick auf ihren betriebswirtschaftlichen Erfolg bereits im Planungsstadium beurteilt werden können. Entsprechendes gilt für andere Gestaltungsmöglichkeiten. So hätte beispielsweise eine Erhöhung der Erzeugnismenge innerhalb des Betrachtungszeitraumes auch durch

- tägliche Überstunden,
- Sonderschichten,
- Mehrschichtbetrieb,
- Beschaffung und Einsatz zusätzlicher Fertigungsanlagen

erreicht werden können.

Hier wird deutlich, daß für Produktionsplanungen Informationen vorliegen müssen über

- die Gestaltungsalternativen der Produktion in kurz- und langfristiger Sicht,
- die erforderlichen Einsatzgüter und deren Preise, um die Kosteneinflüsse ermitteln zu können,
- die Erlösentwicklung für die Produktionsergebnisse (Erzeugnisse) im Absatzbereich.

Auf dieser Basis erhält man kosten- und erlös- bzw. erfolgsbezogene Vergleichsgrößen für realisierbare Fertigungsalternativen. Dabei muß nicht notwendig eine Maximierung der Differenz zwischen Erlösen und Kosten den Ausschlag für die Auswahl einer Alternative geben. Andere Ziele (z.B. Liefertermineinhaltung) können im Vordergrund stehen. Wesentlich sind jedoch immer Informationen darüber, ob eine Produktionsweise von einer Unternehmung wirtschaftlich tragbar ist. Dafür sind Kosten- und Erlösanalysen von grundlegender Bedeutung. Die in dieser Sicht der Produktions- und Kostentheorie zufallenden Aufgaben sollen im folgenden erörtert werden.

2. Erklärungs- und Gestaltungsaufgabe der Produktions- und Kostentheorie

Zielgerechte Produktionsplanung und -durchführung setzt die Kenntnis der **Zusammenhänge zwischen Gestaltungsmöglichkeiten der Produktion und Zielgrößen** voraus. Im Hinblick auf die beispielhaft genannten Unternehmungsziele (vgl. Abschnitt »Produktion in volkswirtschaftlicher und betriebswirtschaftlicher Sicht«) würde eine Ermittlung der Interdependenzen zwischen unterschiedlichen

- Produktionsprogrammen (Erzeugnisarten und -mengen),
- Produktionsgeschwindigkeiten,
- Produktionszeiten

einerseits und damit verbundenen

- Umsätzen (Erlösen),
- Kosten,
- Gewinnen,
- Marktanteilen,
- Arbeitszufriedenheitsniveaus,
- Umweltbelastungsniveaus

andererseits erforderlich. Dies ist vielfach problematisch, weil hinsichtlich einzelner Abhängigkeiten (z.B. Wirkungen auf den Marktanteil) Informationsdefizite bestehen und weil die Meßbarkeit einiger Zielgrößen (z.B. Arbeitszufriedenheit) bisher nicht hinreichend sichergestellt ist. Grundsätzlich ist jedoch - unabhängig von jeder speziellen Zielsetzung - eine Ausrichtung betrieblicher Aktionen an den damit verbundenen wirtschaftlichen Auswirkungen in Form von Kosten und Erlösen erforderlich. Die Differenz zwischen beiden Größen ist als betriebswirtschaftliche Erfolgskomponente (Gewinnkomponente) wesentlich für die Beurteilung der Tragfähigkeit bzw. der Durchführbarkeit von Einzelaktionen. Wenn eine Unternehmung auf Dauer bestehen soll, müssen regelmäßig bestimmte Mindesterfolge erzielt werden. Betriebswirtschaftliche Planungsmodelle erfordern daher die Bestimmung der **Einflüsse alternativer Gestaltungsmöglichkeiten betrieblicher Prozesse auf Kosten und Erlöse.**

Die Beschreibung der Interdependenzen zwischen Erlösen und betrieblichen Handlungsalternativen fällt in den Bereich der Absatztheorie. Erinnert sei hier beispielsweise an die Ermittlung von Preis-Absatz-Funktionen, an Theoreme des Konsumentenverhaltens, an Produktlebenszyklusanalysen und an Marketing-Mix-Theorien. Dabei geht es vornehmlich um die Erfassung betriebsexterner Prozesse auf Absatzmärkten und deren Erlöseffekte (MEFFERT 1991, S. 133ff.).

Kosten resultieren überwiegend aus betriebsinternen Prozessen. Die **Ermittlung von Kosteneinflüssen erfordert die Analyse von Produktionsfaktorkombinationen zur Erstellung von Erzeugnissen.** Beschreibungen von Zusammenhängen zwischen möglichen Betriebsweisen und dabei erforderlichen Faktoreinsätzen und erreichbarem Output stehen im Vordergrund. Welche Einzelteile müssen z.B. montiert werden, damit ein Auto bestimmter Art und Ausstattung als Fertigprodukt entsteht? Zur Angabe dieser Zusammenhänge werden Modelle formuliert, die einerseits produktionstechnische und arbeitsorganisatorische Abhängigkeiten wiedergeben und andererseits die Basis für den Aufbau von Kostenmodellen bilden.

Modelle dienen der **Abbildung der Wirklichkeit.** Dabei werden allerdings lediglich **Realitätsausschnitte** erfaßt, weil die Komplexität realer Prozesse die Wiedergabe eines Gesamtbildes unmöglich macht. Man beschränkt sich auf die Beschreibung vereinfachter Abbildungen der Wirklichkeit unter Einbeziehung der für einen Sachverhalt wesentlichen Größen, Interdependenzen und Vorgänge. Dabei geht es um die Angabe von **Ursache-Wirkung-Zusammenhängen.**

In der modellmäßigen Beschreibung produktionsrelevanter Interdependenzen ist die **Erklärungsaufgabe** der Produktions- und Kostentheorie zu sehen. Die interessierenden Ursache-Wirkung-Zusammenhänge finden in Produktionsfunktionen und in Kostenfunktionen ihren Niederschlag.

Produktionsfunktionen geben die funktionalen Zusammenhänge zwischen Produktionsergebnis und Produktionsfaktoreinsatzmengen an. Zerlegt man den Begriff der Produktions- und Kostentheorie in seine Komponenten, so ist die Ermittlung von Produktionsfunktionen als Aufgabe der **Produktionstheorie** anzusehen.

Die rein mengenmäßige Betrachtungsweise der Produktionstheorie reicht jedoch für eine ökonomische Beurteilung der Produktionsalternativen nicht aus. Hier sind Bewertungen erforderlich, die über die Produktionsfaktorpreise erreicht werden. Die Multiplikation der Faktoreinsatzmengen mit den Faktorpreisen führt zu Kostengrößen. Durch Einbeziehung dieser Bewertung in Produktionsfunktionen lassen sich funktionale Beziehungen zwischen Kosten und Produktionsoutput (z.B. Erzeugnismengen bestimmter Qualität) herstellen. Als Ergebnis erhält man Kostenfunktionen. Produktionsfunktionen bilden in dieser Sicht das Erklärungsmodell für das Mengengerüst der Kosten. Mit der Ergänzung der Erkenntnisse der Produktionstheorie durch die **Kostenwerttheorie** erhält man das Aussagensystem der **Kostentheorie.** Kostenfunktionen und Kosteneinflußgrößensysteme bilden das Erklärungsmodell der Kostentheorie. Die Kostenwerttheorie erfüllt den Zweck, unterschiedliche Bewertungsprinzipien bei der Fixierung der Produktionsfaktorpreise (z.B. Anschaffungspreise, Wiederbeschaffungspreise) zu analysieren. Im Regelfall erweist es sich als zweckmäßig, die genannten Teiltheorien nicht isoliert nebeneinander zu stellen. Erst eine alle Teilaspekte umfassende Produktions- und Kostentheorie kann die geforderte Erklärungsaufgabe erfüllen. Die vorliegende Lehrbuchkonzeption ist entsprechend angelegt.

Auf der Basis der unmittelbaren Erklärungsaufgabe kommt der Produktions- und Kostentheorie insgesamt mittelbar auch eine **Gestaltungsaufgabe** zu. Die **Ursache-Wirkung-Beziehungen** (Kausalbeziehungen) werden nämlich bei der unternehmungsbezogenen Entscheidungsfindung in **Mittel-Zweck-Beziehungen** (Finalbeziehungen) umgesetzt. Produktionsplanung als Planung eines wesentlichen Teiles des Betriebs- oder Unternehmungszweckes hat sich - wie mehrfach erwähnt - stets auch an den Kosteneinflüssen zu orientieren. Die zur Zweckerreichung (Leistungserstellung) eingesetzten Mittel (Produktionsfaktoren) werden auf der Basis der Ursache-Wirkung-Beziehungen mengen- und wertmäßig meßbar gemacht. Insoweit wirkt die Produktions- und Kostentheorie mittelbar gestaltend auf die Unternehmungspolitik ein (DIEDERICH 1992, S. 279f. und S. 294f.). Sie bildet eine entscheidende Grundlage für den Aufbau von Produktionsplanungsmodellen. Die vorangehende Fallstudie konnte dies bestätigen. Von der Genauigkeit produktions- und kostentheoretischer Analysen wird die Aussagefähigkeit der Planungsmodelle entscheidend beeinflußt. Es ist deshalb erforderlich, produktions- und kostentheoretische Aussagensysteme auf ein möglichst breites Fundament empirischer Erkenntnisse zu stellen (STEFFEN 1973, S. 15).

Kontrollfragen und -aufgaben

1. Erläutern Sie die Interdependenzen zwischen dem Produktionsbereich einer Industrieunternehmung und den mit ihr verbundenen Märkten.

2. Erläutern Sie die Bedeutung des Prinzips der Arbeitsteilung bei der Produktion von Erzeugnissen in volkswirtschaftlicher und in betriebswirtschaftlicher Sicht.

3. Sind produktions- und kostentheoretische Modelle ausschließlich als Grundlagen für gewinnmaximale Produktionsplanungen anzusehen?

4. Inwieweit lassen sich die Dienstleistungen eines Einzelhandelsgeschäftes analog zur Sachgüterherstellung als Ergebnis von Produktionsprozessen kennzeichnen?

5. Inwieweit können physikalische und chemische Ursache-Wirkung-Beziehungen für die Produktionsplanung Bedeutung erlangen?

Literatur

Adam, D., Produktions- und Kostentheorie, 2. Aufl., Tübingen und Düsseldorf 1977.
Adam, D., Produktionsmanagement, 8. Aufl., Wiesbaden 1997.
Busse v. Colbe, W. / Laßmann, G., Betriebswirtschaftstheorie, Bd. 1, 5. Aufl., Berlin-Heidelberg-New York-London-Paris-Tokyo-Hong Kong-Barcelona-Budapest 1991.
Dellmann, K., Betriebswirtschaftliche Produktions- und Kostentheorie, Wiesbaden 1980.
Diederich, H., Allgemeine Betriebswirtschaftslehre, 7. Aufl., Stuttgart-Berlin-Köln 1992.
Dyckhoff, H., Betriebliche Produktion, 2. Aufl., Berlin-Heidelberg-New York-London-Paris-Tokyo-Hongkong-Barcelona-Budapest 1994.
Ellinger, Th. / Haupt, R., Produktions- und Kostentheorie, 3. Aufl., Stuttgart 1996.
Heinen, E., Betriebswirtschaftliche Kostenlehre, 6. Aufl., Wiesbaden 1983.
Kern, W., Die Produktionswirtschaft als Erkenntnisbereich der Betriebswirtschaft, in: Zeitschrift für betriebswirtschaftliche Forschung 1976, S. 756-767.
Kern, W., Industrielle Produktionswirtschaft, 5. Aufl., Stuttgart 1992.
Kern, W., Produktionswirtschaft: Objektbereich und Konzepte, in: Handwörterbuch der Produktionswirtschaft, Hrsg. W. Kern / H.-H. Schröder / J. Weber, 2. Aufl., Stuttgart 1996, Sp. 1629-1642.
Kirsch, W. / Bamberger, J. / Berg, C.C. / Weber, W., Die Wirtschaft, Wiesbaden 1975.
Klaus, J., Produktions- und Kostentheorie, Stuttgart 1974.
Meffert, H., Marketing, 7. Aufl., Nachdruck, Wiesbaden 1991.
Reichwald, R. / Dietel, B., Produktionswirtschaft, in: Industriebetriebslehre, Hrsg. E. Heinen, 9. Aufl., Wiesbaden 1991, S. 395-622 (bes. S. 399-420).
Schierenbeck, H., Grundzüge der Betriebswirtschaftslehre, 12. Aufl., München-Wien 1995.
Schweitzer, M., Gegenstand der Betriebswirtschaftslehre, in: Allgemeine Betriebswirtschaftslehre Bd. 1: Grundfragen, Hrsg. F.X. Bea / E. Dichtl / M. Schweitzer, 6. Aufl., Stuttgart-Jena 1992, S. 17-56.
Schweitzer, M. / Küpper, H.-U., Produktions- und Kostentheorie der Unternehmung, 2. Aufl., Wiesbaden 1997.
Steffen, R., Analyse industrieller Elementarfaktoren in produktionstheoretischer Sicht, Berlin 1973.

Zweites Kapitel: Grundlegende produktions- und kostentheoretische Zusammenhänge

A. Bestandteile und Ausgangsbedingungen betriebswirtschaftlicher Produktionsmodelle

1. Produktionsfaktoren und Produkte

Zur Herstellung von Erzeugnissen müssen in der Regel zahlreiche Produktionsfaktoren miteinander kombiniert werden. Die erforderlichen Einsatzfaktoren bilden die Elemente der betrieblichen Leistungserstellung und werden als **Elementarfaktoren** bezeichnet. Diese lassen sich aufgrund der unterschiedlichen produktiven Wirksamkeit in **Verbrauchsfaktoren** und **Potentialfaktoren** einteilen (vgl. Abbildung 2).

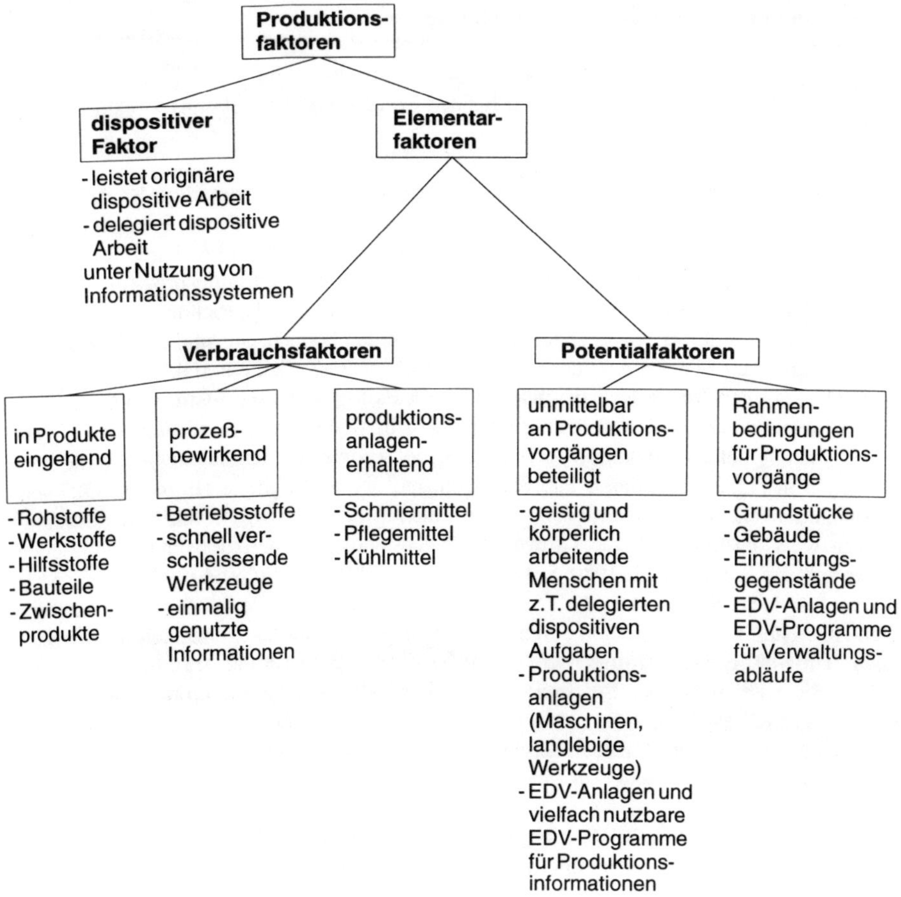

Abbildung 2: Systematisierung industrieller Produktionsfaktoren

Verbrauchsfaktoren sind solche Einsatzfaktoren, deren produktive Wirksamkeit nach Vollzug eines Produktionsprozesses für weitere identische Fertigungsvorgänge nicht mehr besteht. Sie werden auch als **Repetierfaktoren** bezeichnet. Dabei sind solche zu unterscheiden, die Bestandteil eines Produktes werden (Rohstoffe, Werkstoffe, Bauteile, Hilfsstoffe, Zwischenprodukte), und solche, die zum Vollzug von Fertigungsprozessen erforderlich sind (Betriebsstoffe zum Antrieb von Maschinen und schnellverschleißende Werkzeuge). Zu den Verbrauchsfaktoren gehören auch Stoffe, die zur Erhaltung von Produktionseinrichtungen notwendig sind (z.B. Schmier-, Pflege- und Kühlmittel). **Potentialfaktoren** sind Einsatzfaktoren, deren produktive Wirksamkeit über einen längeren Zeitraum hinweg erhalten bleibt. Nach Vollzug eines Produktionsprozesses sind sie für weitere (identische oder auch unterschiedliche) Fertigungsvorgänge nutzbar. Sie sind als Potential für die vielfache Durchführung von Produktionsprozessen anzusehen. Dieser Potentialcharakter findet sich einerseits bei technischen Produktionsanlagen und Einrichtungen sowie andererseits bei körperlich und geistig tätigen Menschen.

Bei den **Produktionsanlagen** ist zu unterscheiden zwischen

- Anlagen, die unmittelbar Produktionsvorgänge vollziehen, und
- Anlagen, die als Rahmenbedingungen für den Vollzug von Produktionsvorgängen anzusehen sind.

Die erstgenannte Anlagenart ist direkt an der Erzeugniserstellung beteiligt. Stanz-, Bohr- und Pressvorgänge sowie chemische Prozesse sind Beispiele, bei denen Betriebsanlagen Werkverrichtungen zur Produktherstellung vollziehen. Zusätzlich sind Anlagen für die Produktion von Bedeutung, die nicht unmittelbar Einfluß auf die Fertigungsprozesse nehmen. Beispiele dafür sind Grundstücke, Werkhallen, Lagerräume und Einrichtungsgegenstände, die als Produktionsrahmenbedingungen angesehen werden können. Sie sind das Potential für die Realisierbarkeit von Produktionsprozessen durch weitere Elementarfaktoren.
Im Hinblick auf den **Rohstoffverbrauch** und die **Nutzung von Grundstücken** ist der Produktionsfaktoreinsatz mit Umweltbeanspruchungen bzw. -belastungen verbunden. Es geht um die Nutzung natürlicher Vorräte (z.B. Erze, Erdöl, Erdgas und Kohle) sowie um die Veränderung von Naturzonen durch Fabrikanlagen und deren Peripherie (Bürogebäude, Verkehrsanbindungen, Parkplätze usw.). In einzelnen produktionswirtschaftlichen Untersuchungen wird diskutiert, ob die Umwelt als eigenständiger Produktionsfaktor angesehen werden sollte (z.B. STREBEL 1980, S. 38ff.; STEVEN 1991, S. 509ff. und 1994, S. 68ff.; SEIDEL/MENN 1988, S. 16 und S. 28). Dies erscheint angesichts der Bedeutung einer ökologischen Ausrichtung der Produktion durchaus sinnvoll, jedoch sind die genannten **inputbezogenen Umweltbeanspruchungen** um **outputbezogene Belastungen** (Emissionen) zu erweitern. Sie werden bei der Beschreibung der Produktionsergebnisse erörtert (KISTNER 1989, S. 32f.; RIEPER 1992, S. 175f.). Outputbezogene Umweltbelastungen sind zwar mittelbar "Umweltverbräuche", jedoch lassen sich ökologische Orientierungen in der Produktions- und Kostentheorie besser in einer Differenzierung nach Input- und Outputeffekten kennzeichnen.
Fertigungsprozesse sind meist nicht ohne **menschliche Arbeit** vollziehbar. In der Betriebswirtschaftslehre wird zwischen **objektbezogener Arbeit** und **dispositiver Arbeit** unterschieden (GUTENBERG 1983, S. 3). Die objektbezogene Arbeit hat ausführenden Charakter und umfaßt körperliche und geistige Tätigkeiten, die unmittelbar auf Produktionsvorgänge ausgerichtet sind bzw. mit ihnen in enger Verbindung stehen (z.B. Montageverrichtungen,

Maschinenbedienung, Kontrolle von Erzeugnisqualitäten). Sie ist in der Systematisierung den Elementarfaktoren zuzurechnen. Als Potential ist die Person des Arbeitenden anzusehen, nicht aber die Arbeitsleistung. Wenngleich argumentiert werden kann, daß nicht der arbeitende Mensch, sondern die von ihm vollziehbaren Leistungen vertraglich an eine Unternehmung gebunden sind, so ist letztlich die Potentialeigenschaft darin zu sehen, daß Menschen über längere Zeit hinweg in bestimmter Weise tätig sein können.

Die Kombination der Elementarfaktoren wird einem weiteren Produktionsfaktor zugeordnet, der in der **dispositiven Arbeit** zum Ausdruck kommt. Den Aufgabenträgern obliegt hier die Planung, Organisation und Kontrolle produktiver Prozesse in der Unternehmung. Dies erfolgt unter Ausrichtung an dem (den) Unternehmungsziel(en). Die gestaltende Wirksamkeit des dispositiven Faktors wird von der ausführenden Wirksamkeit der Elementarfaktoren abgehoben. In erster Linie sind hier Leitungsfunktionen angesprochen, die der Unternehmungsführung zukommen.

Die Trennung menschlicher Arbeit in einen dispositiven und in einen ausführenden Anteil soll nicht den Eindruck erwecken, daß unterhalb der Unternehmungsleitungsebene keine Dispositionsaufgaben anfallen. Von der Unternehmungsleitung wird ein großer Teil der dispositiven Arbeit an Betriebs-, Abteilungs- und Gruppenleiter delegiert. Selbst innerhalb unmittelbar fertigungsbezogener Tätigkeiten werden neben manuellen Prozessen Dispositionsaufgaben wie Überwachungsfunktionen und Störungsbeseitigungen verlangt. Gerade auch im Zusammenhang mit der Erweiterung von Handlungsspielräumen in bisher stark arbeitsteiligen Fertigungsprozessen (Maßnahmen zur Humanisierung der Arbeit, Dezentralisierung der Leitungsfunktionen im Rahmen der sog. schlanken Produktion (lean production)) erlangt die Integration dispositiver Elemente in ausführende Arbeitsaufgaben zunehmend Bedeutung. Insoweit ist es zweckmäßiger, bei den Aufgaben der Unternehmungsleitung von **originärer dispositiver Arbeit** zu sprechen und alle Dispositionsaufgaben, die durch Weisungen übertragen werden, als **delegierte dispositive Arbeit** zu bezeichnen (KILGER 1961, S. 602; REICHWALD 1977, S. 42). Verfolgt man den Umfang dispositiver Arbeit von der Unternehmungsleitung über Betriebs-, Abteilungs- und Gruppenleiter bis hin zu unmittelbar an Fertigungsprozessen beteiligten Mitarbeitern, so zeigt sich, daß der Dispositionsspielraum immer weiter abnimmt. Zudem ist erkennbar, daß eine Verknüpfung dispositiver Arbeit als Inputfaktor mit dem Produktionsergebnis in Form von Erzeugnisqualitäten und -quantitäten auf zunehmend höherer Ebene nicht möglich ist. Modelle der Produktions- und Kostentheorie beziehen daher primär diejenigen menschlichen Arbeitsleistungen ein, deren Vollzug auf Produktionsprozesse unmittelbar einwirkt bzw. deren Einsatz bei Veränderung der Produktionsweise variiert. Diese Betrachtung bezieht sich auf Mitarbeiter, die unmittelbar in Produktionsbereichen tätig sind.

Der Vollzug von Produktionsvorgängen erfordert **Informationen** in Form zweckorientierten Wissens über zugehörige Abläufe (WITTMANN 1980, Sp. 894ff.). Die durch Systeme der elektronischen Datenverarbeitung (EDV) erreichbare hohe Aktualität relevanter Informationen legt es nahe, diese bzw. entsprechende Technologien in das System der Produktionsfaktoren einzubringen. In diesem Zusammenhang wird auch die Forderung erhoben, Informationen ebenfalls als einen eigenständigen Produktionsfaktor zu deklarieren (SZYPERSKI/ESCHENRÖDER 1983, S. 11ff.; SCHAEFER 1986, S. 17ff.; PICOT 1990, S. 6ff.; PICOT/FRANCK 1988, S. 544ff.). Dies erscheint jedoch insoweit unzweckmäßig, als Informationssysteme und die bereitgestellten Informationen in die genannten Faktorkategorien eingeordnet werden können (BUSSE v. COLBE/LASSMANN 1991, S. 81f.). EDV-Anlagen (Hardware) und mehrfach nutzbare Computerprogramme (Software) sind als Potentialfaktoren zu bezeichnen, während die "Einmalnutzung" von Informationen (z.B. über spezielle Stoffmischungen, über spezielle Handgriffe beim Neuanlauf einer Maschine) zu einer Zuordnung zu den Verbrauchsfaktoren führt. Im übrigen stützt sich die Arbeit des dispositiven Faktors in hohem Maße auf Informationssysteme. Deren Ausgestaltung und Einsatz ist zugleich Gegenstand des Informationsmanagements, das der dispositiven Arbeit zuzurechnen ist. Abbildung 2 gibt einen Überblick über die angesprochenen Produktionsfaktoren (BUSSE v. COLBE/LASSMANN 1991, S. 83).

Betrachtet man das Produktionsergebnis, so ist hervorzuheben, daß im Regelfall eine Vielzahl von Produktionsfaktorkombinationen nacheinander vollzogen werden muß, bis ein Erzeugnis fertiggestellt ist. Zur Erklärung produktions- und kostentheoretischer Zusammenhänge empfiehlt sich die Analyse **elementarer Produktionsfaktorkombinationen,** in denen ein Potentialfaktor bzw. eine Potentialfaktorkombination bei Zufuhr von Verbrauchsfaktoren Produktionsaufgaben vollzieht. Es geht dabei um die Zuordnung von Produktionsanlagen und/oder Mitarbeitern zu sog. **Produktiveinheiten, Elementareinheiten, Basissystemen** bzw. **Arbeitssystemen der Produktion.** Die Fertigungsprozesse dieser Basissysteme werden als **Elementarkombinationen** oder als **Basisprozesse** der Produktion bezeichnet. Sie bewirken Fertigungsfortschritte am Leistungsobjekt (Rohstoff, Werkstoff, Werkstück), d. h. an denjenigen Verbrauchsfaktoren, die Produktbestandteile werden. Je nach Reifegrad kann der Output der Basissysteme als **Zwischenprodukt** oder als **Endprodukt** (Fertigprodukt) bezeichnet werden. Endprodukte sind für den Absatzmarkt bestimmt. Zwischenprodukte gehen als Input (Verbrauchsfaktoren) in nachgelagerte Basissysteme zur Weiterbearbeitung ein (vgl. Abbildung 4). Bisweilen besteht auch für Zwischenprodukte Nachfrage auf Absatzmärkten, z.B. nach optischen Linsen in der Fotoindustrie, die ebenfalls als Verbrauchsfaktoren Bestandteile von Endprodukten werden.

Produktionsergebnisse in Form absatzfähiger Erzeugnisse **(Hauptprodukte)** sind oftmals nur unter gleichzeitiger Hervorbringung weiterer Sachgüter möglich. So werden beispielsweise in der chemischen Industrie bei der Herstellung absatzfähiger Säuren bestimmte Gase freigesetzt, die entweder als sog. **Nebenprodukte** ebenfalls Endproduktcharakter aufweisen und Nachfrage finden oder in Unternehmungen produktive Wirkungen in anderen Produktionsprozessen auslösen (unternehmungsinternes Recycling) oder **Abfallprodukte** bilden, die **outputbezogene ökologische Belastungen** aufwerfen können (STREBEL 1994, S. 753ff.). Man spricht auch von **Kuppelproduktion.** Der Abfall bedarf in vielen Fällen spezifischer Aufbereitungsprozesse, um Umweltbelastungen zu vermeiden bzw. möglichst gering zu halten. Sie sind in die Kette der für Absatzleistungen erforderlichen Produktionsvorgänge einzureihen. Analog sind auch Umweltbelastungen durch Potentialfaktornutzungen einzuordnen (z.B. Lärm- und Hitzeentwicklungen durch Maschinen sowie durch Produktionsanlagen der chemischen Industrie).

Unter grundlegenden ökologischen Erfordernissen entwickeln sich zunehmend Industriezweige, bei denen Produktionsprozesse in einer Reduktion nicht mehr nutzbarer Erzeugnisse bestehen (DYCKHOFF 1994, S. 9ff.). Als Beispiel ist die Zerlegung "schrottreifer" Automobile zu nennen, bei der die "Erzeugung" wiedereinsetzbarer Materialien einerseits und die umweltfreundliche Beseitigung nicht verwertbarer Stoffe andererseits als Output anzusehen sind.

Für die Produktionsergebnisse ergibt sich der in Abbildung 3 dargestellte Überblick (BUSSE v. COLBE/LASSMANN 1991, S. 84).

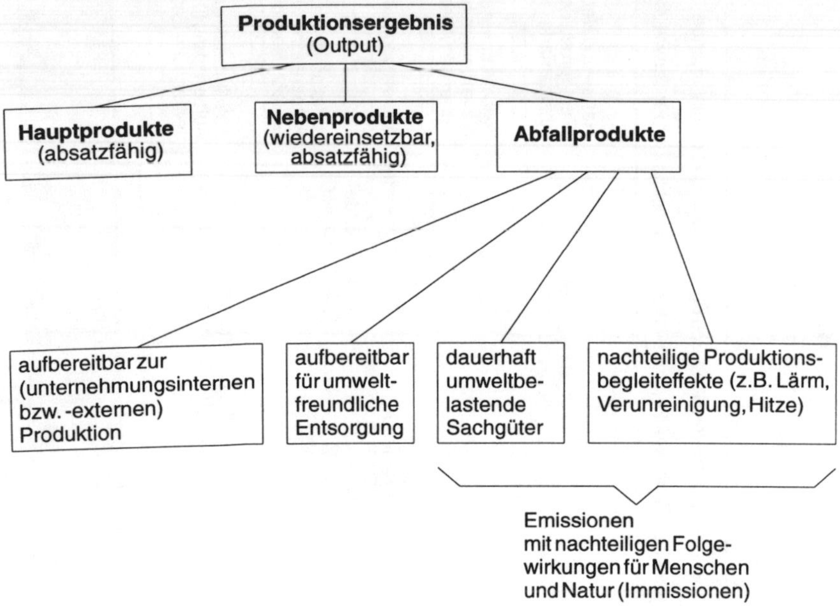

Abbildung 3: Systematisierung des Outputs

Die beschriebenen Produktionsfaktorarten und ihr Zusammenwirken sowie die Produktionsergebnisse (Output) werden in Abbildung 4 verdeutlicht.

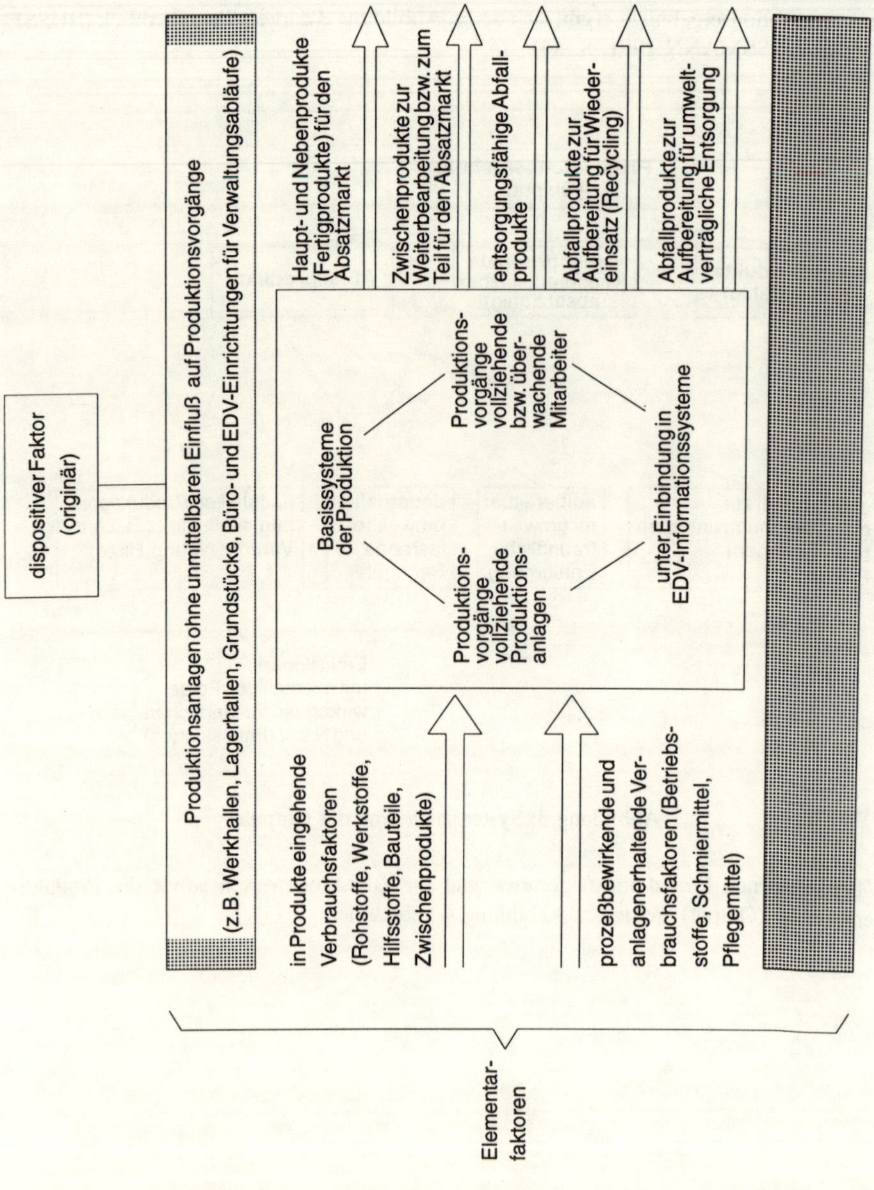

Abbildung 4: Zusammmenwirken industrieller Produktionsfaktoren

2. Effizienzbedingungen

Produktionsprozesse werden vollzogen, indem Produktionsfaktoren in erforderlichen Mengen zum Einsatz gelangen. Unzureichende Sorgfalt kann jedoch bisweilen zu überhöhten Einsatzmengen bei den Verbrauchsfaktoren führen (z.B. zu hoher Werkstoffverschnitt, unnötig hoher Energieverbrauch in chemischen Prozessen). Es handelt sich hier um nicht notwendigen Elementarfaktorverbrauch. Über die erforderliche Einsatzmenge hinausgehender Verbrauch bedeutet vermeidbare "Faktorvernichtung". Es ist ein Verzicht auf weitere vollziehbare Fertigungsprozesse. Insoweit liegt hier in rein **technischer Sicht** eine nicht vertretbare **Mittelvergeudung** vor. Die Produktionsprozesse sind ineffizient. **Effizienz** der Prozesse ist nur dann gegeben, wenn unnötiger Faktorverbrauch vermieden wird. Damit ist zugleich eine ökologische Dimension angesprochen, die in vermeidbaren Umweltbelastungen durch Faktorabfälle besteht.

Die **Produktions- und Kostentheorie** fordert grundsätzlich **effiziente Produktionsfaktorkombinationen.** Nur auf dieser Basis lassen sich eindeutige Produktionsfaktor-Produkt-Beziehungen formulieren und für Produktions- und Kostenfunktionen nutzen. Die Effizienzbedingung ist analog übertragbar auf den Vollzug von Arbeitsverrichtungen. Ungünstige Arbeitsmethoden mit umständlichen Arbeitswegen steigern den Arbeitszeitbedarf. Bei Faktorkombinationen mit vermeidbaren Arbeitszeiten ist ebenfalls Ineffizienz gegeben.

Die Effizienzbedingung ist jedoch nicht nur auf die Inputseite von Produktionsprozessen zu beziehen. Im Hinblick auf den Output fordert produktionsbezogene Effizienz Vermeidung von Ausschußproduktion. Fertigungsfehler, die zu unbrauchbaren (nicht absatzfähigen) Produkten führen, sollen vermieden werden. Die genannte ökologische Dimension gilt auch hier. Mittelbar hat diese Forderung Inputeffekte, weil bei Fertigungsfehlern letztlich Einsatzfaktoren "verschwendet" werden. Teilweise lassen sich Produktionsfehler durch Nachbesserung beseitigen. Es ist jedoch darauf hinzuweisen, daß unter realen Produktionsbedingungen fehlerhafte Outputanteile nicht immer vermeidbar sind. Sie sind möglichst gering zu halten, um erlösreduzierende und kostensteigernde Auswirkungen weitestgehend auszuschalten. In Produktionsmodellen lassen sich diese Effekte durch einen auf Erfahrungen beruhenden Ausschußprozentsatz berücksichtigen.

Die Effizienzbedingungen gelten auch für Prozesse der umweltverträglichen Abfallentsorgung bzw. der Abfallaufbereitung für Wiedereinsatzmöglichkeiten, wobei - wie erwähnt - der Output in "wieder nutzbaren Materialien" oder in "umweltgerechter Beseitigung nicht verwertbarer Stoffe" besteht. Mittelbare und unmittelbare Faktorverschwendungen sind dabei gleichermaßen zu vermeiden.

3. Produktionsfaktor- und Produktbeziehungen

3.1. Produktionsfunktionen und Faktoreinsatzfunktionen

Produktion als planvolle Kombination von Einsatzfaktoren zur Herstellung von Erzeugnissen erfordert die Kenntnis der **Input-Output-Beziehungen unter Beachtung der Effizienzbedingungen.** Diese Zusammenhänge bilden die Grundlage für den Aufbau produktions- und kostenbezogener Planungsmodelle. Sie werden in mathematischer Form als **Produktionsfunktion** (Produktionsfaktor-Produkt-Beziehung) wiedergegeben. Einführend sollen zunächst stark vereinfachte Interdependenzen dargestellt werden. Dabei werden Faktorkombinationen für Fertigerzeugnisse mit überschaubaren Einsatzbedingungen aufgegriffen, die für das Verständnis komplexer Produktionsverhältnisse der betrieblichen Praxis von grundlegender Bedeutung sind.

Es wird davon ausgegangen, daß als Output nur eine Produktart (Hauptprodukt ohne Neben- und Abfallprodukte) anfällt. Bezeichnet man die zugehörige Erzeugnismenge mit x und die Einsatzmenge der Faktorart i (i = 1, 2, . . . , m) mit r_i, so läßt sich für die **Einproduktproduktion** folgende **Produktionsfunktion** formulieren:

$$x = f(r_1, r_2, \ldots, r_m)$$

Diese Abhängigkeit wird auch als **Gesamtertragsfunktion** bezeichnet. Bei **Mehrproduktfertigung** ist die Angabe entsprechender Beziehungen für jede Erzeugnisart notwendig. Neben der inputabhängigen Darstellung der Produktionsfunktion ist auch eine outputabhängige Form gebräuchlich. Für die Einproduktproduktion erhält man:

$$(r_1, r_2, \ldots, r_m) = g(x)$$

Diese Umkehrung der produktionsfunktionalen Beziehung wird als **Faktoreinsatzfunktion** unter Berücksichtigung aller Faktorarten für die betrachtete Produktart bezeichnet. Will man die erforderlichen Einsatzmengen lediglich **einer** Produktionsfaktorart (etwa der Art i) in Abhängigkeit vom Output angeben, ergibt sich folgende Faktoreinsatzfunktion:

$$r_i = g_i(x)$$

Voraussetzung ist dabei stets die Bereitstellung notwendiger (effizienter) Einsatzmengen der weiteren Produktionsfaktoren. Da eine Faktoreinsatzfunktion jeweils den gesamten Verbrauch einer Faktorart für alternative Erzeugnismengen angibt, ist auch der Begriff **Gesamtverbrauchsfunktion** gebräuchlich.

Die Anwendung von Output-Input-Beziehungen oder Input-Output-Beziehungen hängt von der jeweiligen Aufgabenstellung ab. Will man für bestimmte Produktionsprogramme (Produktarten und -mengen) die erforderlichen Faktoreinsatzmengen ermitteln, empfiehlt sich die Heranziehung der outputabhängigen Darstellung. Bei der Zielsetzung, möglichst viele der vorhandenen Produktionsfaktoren einzusetzen, sind inputabhängige Funktionsformen relevant (DIEDERICH 1992, S. 279f.).

Will man wissen, wieviel Erzeugniseinheiten im Durchschnitt durch eine Mengeneinheit der Faktorart i bei jeweils gleichzeitigem Einsatz der (effizienten) Mengen der anderen notwendigen Faktorarten hervorgebracht werden, so erfordert dies die Bestimmung des **Durchschnittsertrages.** Man spricht auch vom Durchschnittsprodukt, das sich wie folgt bestimmen läßt:

$$\bar{x}_{r_i} = \frac{x}{r_i}$$

$\bar{x}_{r_i}$ = Output je Einsatzmengeneinheit der Faktorart i bei gleichzeitigem Einsatz der erforderlichen weiteren Produktionsfaktoren

Soll hingegen bestimmt werden, wieviel Mengeneinheiten der Faktorart i pro Erzeugniseinheit eingesetzt werden müssen, so erhält man den **Produktionskoeffizienten** für diese Faktorart:

$$\bar{r}_i = \frac{r_i}{x}$$

$\bar{r}_i$ = Einsatzmengen der Faktorart i je Outputeinheit bei gleichzeitigem Einsatz der erforderlichen weiteren Produktionsfaktoren

Für die Faktorart i ist der Produktionskoeffizient also der Kehrwert des Durchschnittsertrages, bezogen auf die Faktorart i, und der Durchschnittsertrag entspricht dem Kehrwert des Produktionskoeffizienten.

$$\bar{r}_i = \frac{1}{\bar{x}_{r_i}}$$

$$\bar{x}_{r_i} = \frac{1}{\bar{r}_i}$$

Durchschnittserträge und Produktionskoeffizienten sind bei der Beurteilung unterschiedlicher Produktionsweisen von entscheidender Bedeutung. Dies wird insbesondere bei der Diskussion von Produktions- und Kostenmodellen deutlich (vgl. Abschnitt »Aufbau von Produktions- und Kostenmodellen«).

3.2. Limitationalität

Unter Beachtung der Effizienzbedingungen liegt **Limitationalität** von Produktionsprozessen vor, wenn die Produktionsfaktormengen zueinander und zur Erzeugnismenge eindeutige Verhältnisse aufweisen. Die entsprechenden Fertigungsbedingungen sind also einerseits durch bestimmte **Faktor-Faktor-Beziehungen** und andererseits durch bestimmte **Faktor-Produkt-Beziehungen** gekennzeichnet. Limitationalität kann an einem stark vereinfachten Produktionsprozeß zur Montage von Schreibtischen verdeutlicht werden.

In Abbildung 5 ist erkennbar, daß für eine Erzeugniseinheit folgende Einsatzteile (Produktionsfaktoren) benötigt werden:

1 Tischplatte (Faktorart 1),
4 Tischbeine (Faktorart 2),
2 Schubladenverkleidungen (Faktorart 3),
6 Schubladen (Faktorart 4).

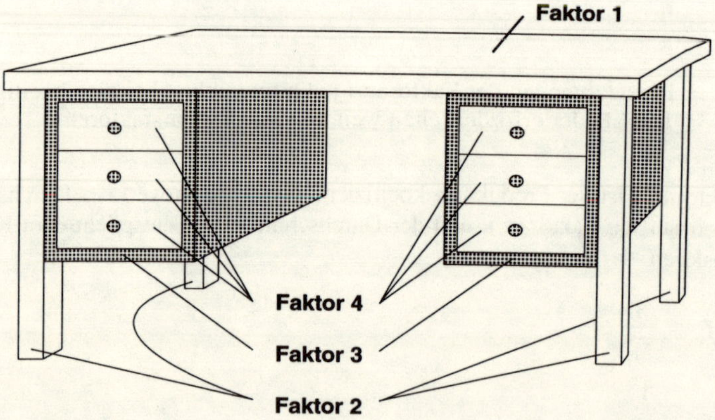

Abbildung 5: Darstellung des Erzeugnisses "Schreibtisch"

Aufgrund der Kompliziertheit der Darstellung von Potentialfaktoreinsätzen für den Vollzug der Produktionsvorgänge sollen hier zunächst die Einsatzbedingungen für die in das Erzeugnis eingehenden Verbrauchsfaktoren betrachtet werden. Dafür liegen die Faktor-Faktor-Beziehungen eindeutig fest:

$$r_1 : r_2 : r_3 : r_4 = 1 : 4 : 2 : 6$$

Zugleich sind eindeutige Faktor-Produkt-Beziehungen gegeben:

$$r_1 : x = 1$$
$$r_2 : x = 4$$
$$r_3 : x = 2$$
$$r_4 : x = 6$$

Die Relationen $r_i : x$ kennzeichnen die Produktionskoeffizienten $\bar{r}_i$ (Einsatzmenge für eine Produkteinheit). Die beschriebenen Produktionsbedingungen lassen sich in folgender Weise als Produktionsfunktion festhalten:

$$x = r_1$$
$$x = \frac{1}{4} r_2$$
$$x = \frac{1}{2} r_3$$
$$x = \frac{1}{6} r_4$$

In der angegebenen Schreibweise wird vorausgesetzt, daß sich in allen Gleichungen einheitliche x-Werte ergeben. Bei Abweichungen kann lediglich das Minimum der aufgeführten Produktmengen erreicht werden. Darüber hinausgehende Faktoreinsätze der anderen Faktorarten verletzen die Effizienzbedingungen; sie stellen Faktorverschwendung dar.

Zur Gewährleistung der Realisierbarkeit der aufgeführten Produktmenge empfiehlt sich daher folgende Schreibweise der Produktionsfunktion:

$$x = \text{Min} \begin{Bmatrix} r_1 \\ \frac{1}{4} r_2 \\ \frac{1}{2} r_3 \\ \frac{1}{6} r_4 \end{Bmatrix}$$

Innerhalb der Produktionsfunktionen für limitationale Prozesse ist eine additive Verknüpfung der Einsatzfaktormengen (z.B. $x = r_1 + \frac{1}{4} r_2 + \frac{1}{2} r_3 + \frac{1}{6} r_4$) nicht möglich.

Entsprechende funktionale Abbildungen würden Fertigungsprozesse kennzeichnen, bei denen ein bestimmter Output mit unterschiedlichen Einsatzmengenkombinationen erreichbar wäre, was aber gerade der Limitationalität widerspricht.
Werden unter Beachtung der beschriebenen limitationalen Bedingungen mehrere Schreibtische produziert, so bleiben die angegebenen Relationen erhalten. Beispielsweise erfordert die Verdoppelung der Produktmenge eine Verdoppelung der Faktoreinsatzmengen, eine Verdreifachung der Produktmenge erfordert eine Verdreifachung der Faktoreinsatzmengen, usw. Die Produktionskoeffizienten bleiben konstant.

$$\bar{r}_i = \text{konstant } (i = 1, 2, 3, 4)$$

$$\text{Beispiel: } \bar{r}_2 = \frac{4}{1} \text{ bzw. } \frac{8}{2} \text{ bzw. } \frac{12}{3} \text{ usw.}$$

Diese Konstanz der Produktionskoeffizienten kennzeichnet die beschriebenen limitationalen Produktionsbedingungen als **linear-limitationalen Produktionsprozeß**. Unterliegt hingegen bei Erzeugnismengenvariation mindestens ein Produktionskoeffizient einer Veränderung, so ist **nichtlineare Limitationalität** gegeben. Die dabei möglichen Fälle werden durch die Faktor-Produkt-Zuordnungen für den Produktionsfaktor der Art i in Abbildung 6 gekennzeichnet.

Erzeugnismenge	benötigte Einsatzmenge des Produktionsfaktors der Art i			
	Fall A	Fall B	Fall C	Fall D
x=1	$\bar{r}_{i1}$	$\bar{r}_{i1}$	$\bar{r}_{i1}$	$\bar{r}_{i1}$
x=2	$\bar{r}_{i2} > \bar{r}_{i1}$	$\bar{r}_{i2} < \bar{r}_{i1}$	$\bar{r}_{i2} < \bar{r}_{i1}$	$\bar{r}_{i2} > \bar{r}_{i1}$
x=3	$\bar{r}_{i3} > \bar{r}_{i2}$	$\bar{r}_{i3} < \bar{r}_{i2}$	$\bar{r}_{i3} > \bar{r}_{i2}$	$\bar{r}_{i3} < \bar{r}_{i2}$

Abbildung 6: Produktionsfaktor-Produkt-Zuordnungen bei nichtlinearer Limitationalität

Der zweite Index gibt an, bei welcher Produktmenge x der jeweilige Produktionskoeffizient $\bar{r}_i$ gültig ist.

Mit einer Erhöhung der produzierten Erzeugnismenge steigt bzw. sinkt die auf eine Produkteinheit bezogene Faktoreinsatzmenge bei mindestens einer Faktorart. In der industriellen Produktion herrscht im Bereich limitationaler Prozesse lineare Limitationalität vor. Beispiele nichtlinearer Limitationalität finden sich zum Teil in der chemischen Industrie. So kann der Verbrauch an Einsatzstoffen je kg Output in Abhängigkeit von der Füllmenge eines geschlossenen Behälters steigen bzw. sinken, in dem sich Produktionsprozesse in Form chemischer Reaktionen vollziehen. Bei Montageprozessen sind bisweilen analoge Bedingungen anzutreffen, wenn die Erzeugnismenge durch Steigerung der Produktionsgeschwindigkeit erhöht wird und damit zugleich eine Steigerung des Ausschußanteils verbunden ist. Allerdings ist hier zusätzlich auf komplexe Zusammenhänge im Hinblick auf den Einsatz von Produktionsanlagen und Betriebsstoffen zu verweisen (vgl. Kapitel »Produktions- und Kostenmodelle mit mittelbaren Produktionsfaktor-Produkt-Beziehungen«).

Abbildung 7 zeigt Beispiele für Funktionsverläufe $\bar{r}_i$ (x) der Fälle A bis D sowie linear-limitationaler Bedingungen.

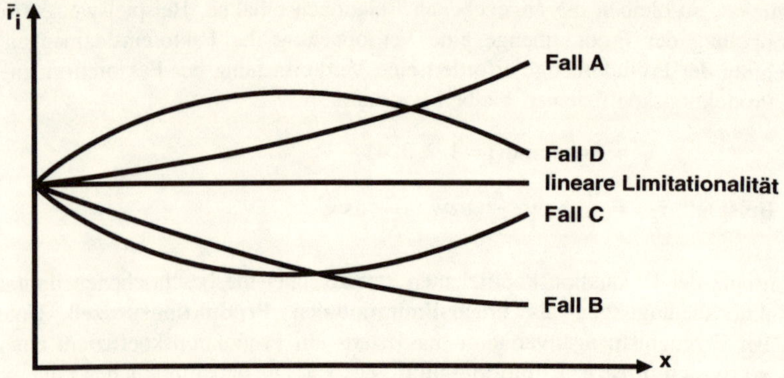

Abbildung 7: Abhängigkeiten der Produktionskoeffizienten von der Produktmenge

3.3. Substitutionalität

In zahlreichen Produktionsprozessen lassen sich Erzeugnisse durch unterschiedliche Mengenverhältnisse der Produktionsfaktoren herstellen, ohne daß die Effizienzbedingungen verletzt werden. Beispielsweise kann in Stahlwerken bei der Stahlerzeugung das Einsatzverhältnis "Roheisen : Schrott" in gewissen Grenzen variiert werden. In Produktionsbereichen der chemischen Industrie finden sich vielfach entsprechende Möglichkeiten. Eine Verringerung der Einsatzmenge eines Produktionsfaktors kann durch Erhöhung der Einsatzmenge eines oder mehrerer anderer Faktoren ausgeglichen werden. Erzeugnismenge und Erzeugnisqualität bleiben unverändert. Es liegen **substitutionale Produktionsbedingungen** vor; man spricht von **Substitutionalität der Einsatzfaktoren.**

Produktionsprozesse können **totale** (vollständige) oder **partielle** (teilweise) Substituierbarkeit der Faktoren aufweisen. **Totale Substituierbarkeit** erlaubt die vollständige oder teilweise Ersetzung einer Faktorart durch eine andere. Wird z.B. eine Produktionssituation durch die Produktionsfunktion

$$x = 4r_1 + 2r_2$$

gekennzeichnet, so läßt sich eine vorgegebene Erzeugnismenge x^* durch unterschiedliche Einsatzmengen r_1 und r_2 herstellen, wobei jede der beiden Größen bei angemessener Erhöhung der anderen auch den Wert Null annehmen kann. Soll beispielsweise auf den Einsatz der Faktorart 1 verzichtet werden, so kann x^* auch allein durch Einsatz der Faktorart 2 erreicht werden:

$$x^* = 2r_2 \qquad (r_1 = 0)$$

Die beschriebenen Zusammenhänge lassen sich graphisch durch eine **Isoquante** darstellen, die alle **effizienten Faktorkombinationen** angibt, bei denen die Erzeugnismenge unverändert bleibt. Man spricht auch von einer **Ertragsisoquante.**
Aus der genannten Produktionsfunktion läßt sich die Isoquantenfunktion ermitteln und in einem r_2/r_1-Diagramm veranschaulichen.

$$2r_2 = x^* - 4r_1$$

$$r_2 = \frac{x^*}{2} - 2r_1$$

Soll die Produktmenge $x^* = 8$ Einheiten umfassen, erhält man:

$$r_2 = \frac{8}{2} - 2r_1$$

$$r_2 = 4 - 2r_1$$

Dafür ergibt sich folgende Abbildung:

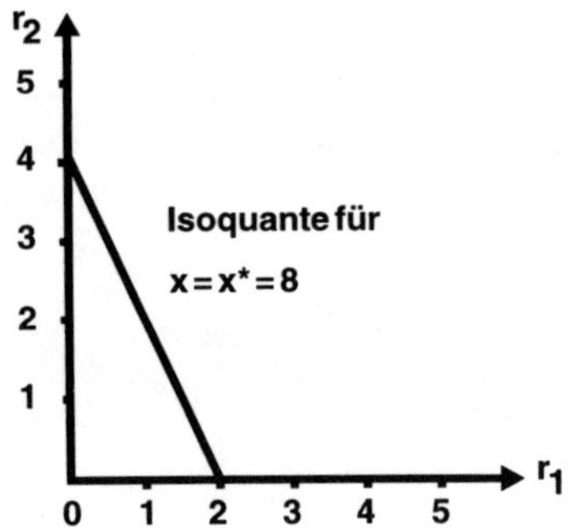

Abbildung 8: Lineare Isoquante bei totaler Substituierbarkeit

Isoquanten für größere (geringere) Erzeugnismengen ergeben sich im vorliegenden Fall als Parallelen zu der dargestellten Geraden mit größerem (geringerem) Abstand zum Ursprung (Nullpunkt) des Koordinatensystems.

Entsprechende Substitutionsbedingungen sind beispielsweise bei Industrieöfen in Kraftwerksanlagen gegeben, die mit Heizöl, Gas oder in gemischter Beheizung betrieben werden können. Verbrennungsmotoren lassen sich zum Teil mit Normalbenzin oder Superbenzin oder Mischungen antreiben. Die zugehörigen Isoquanten können auch nichtlineare (meist konvex zum Ursprung verlaufende) Ausprägungen aufweisen. Abbildung 9 zeigt ein Beispiel.

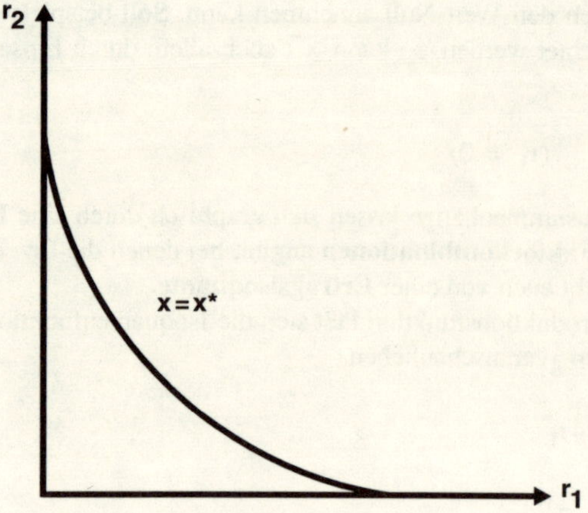

Abbildung 9: Nichtlineare Isoquante bei totaler Substituierbarkeit

Bei ausschließlich totaler Substituierbarkeit (z.B. Verwendung von Erzeugnisteilen aus Metall oder Kunststoff) gelten nur die jeweiligen Punkte auf den Koordinatenachsen. Ist eine Substitution nur in bestimmten Grenzen, d.h. unter Ausschluß der Vollständigkeit möglich, so liegt **partielle Substituierbarkeit** vor. Ein entsprechender Produktionsprozeß könnte durch folgende Produktionsfunktion charakterisiert sein:

$$x = {}_{+}\sqrt{r_1 \cdot r_2}$$

Allgemein sind für den Ausdruck einer Quadratwurzel positive und negative Ergebnisse zulässig. Hier darf jedoch lediglich das positive Ergebnis herangezogen werden, da die Produktion negativer Erzeugnismengen nicht denkbar ist.

Für eine vorgegebene Produktmenge x^* gilt:

$$x^* = {}_{+}\sqrt{r_1 \cdot r_2}$$

Die Isoquantenfunktion läßt sich wie folgt ermitteln:

$$r_1 \cdot r_2 = \left(x^*\right)^2$$

$$r_2 = \frac{\left(x^*\right)^2}{r_1}$$

Abbildung 10 zeigt einen entsprechenden Verlauf im r_2/r_1-Diagramm.

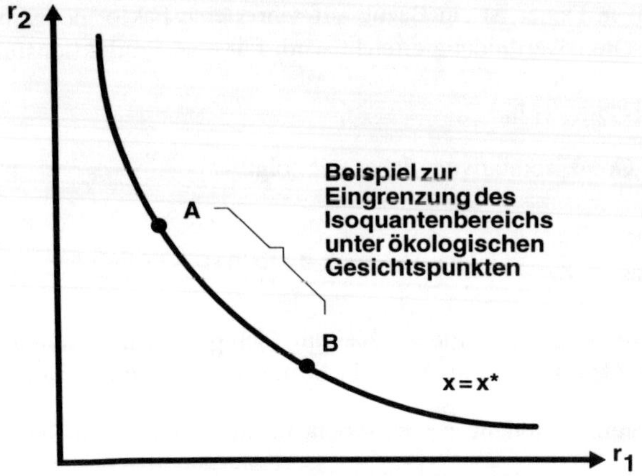

Abbildung 10: Nichtlineare Isoquante bei partieller Substituierbarkeit

Vollständige Ersetzbarkeit eines Faktors ist nicht gegeben. Der erwähnte Prozeß der Stahlerzeugung mit variierbarem Roheisen-Schrott-Verhältnis gehört in diesen Bereich. Fallen über das Hauptprodukt hinausgehende Abfallprodukte an, so ist in ökologischer Sicht zu prüfen, ob alle Faktoreinsatzverhältnisse zu identischen Umweltbelastungen führen. Bei Unterschieden würde sich die Isoquante u.U. auf einen eingegrenzten Verlauf beziehen. Bereiche, die z.B. mit starken Luftverunreinigungen oder überhöhten Lärmentwicklungen verbunden sind, werden vorab ausgeklammert. Formal könnte dies etwa in einem Ausschluß des Isoquantenverlaufs oberhalb von Punkt A und unterhalb von Punkt B in Abbildung 10 bestehen.

3.4. Outputeffekte bei Faktormengenänderungen

Ändert man in Produktionsprozessen die Einsatzmengen eines oder einiger Produktionsfaktoren (z.B. die Roheisenmenge in der Stahlerzeugung) um Δr_i bei Konstanz aller anderen Faktoreinsatzmengen, so spricht man von **partieller Faktorvariation.** Dabei kann die Ausbringungsmenge eine Veränderung um Δx erfahren. Entsprechende Interdependenzen werden in dem **Grenzertrag** bzw. in der **Grenzproduktivität der Faktorart i** festgehalten. Diese Größen lassen sich durch den Quotienten

$$\frac{\Delta x}{\Delta r_i}$$

ausdrücken. Die Wirkung (Produktmengenänderung) wird dabei zur auslösenden Ursache (Faktormengenänderung) in Relation gesetzt.

Der Grenzertrag bzw. die Grenzproduktivität soll Auskunft über die produktive Wirksamkeit zuletzt eingesetzter Faktormengen bzw. im Grenzfall der zuletzt eingesetzten Faktormengeneinheit geben. Daher ist ein Bezug auf sehr kleine Faktormengenvariationen erforderlich, der durch Grenzwertbildung erreicht wird. Für eine Produktionsfunktion der Form

$$x = f(r_1, r_2, \ldots, r_m)$$

bestimmt sich die Grenzproduktivität daher wie folgt:

$$\lim_{\Delta r_i \to 0} \frac{\Delta x}{\Delta r_i} = \frac{\delta x}{\delta r_i} = f'(r_1^*, r_2^*, \ldots, r_{i-1}^*, r_i, r_{i+1}^*, \ldots, r_m^*)$$

Man erhält auf diese Weise die partielle Ableitung (den partiellen Differentialquotienten) der Produktions- bzw. Gesamtertragsfunktion in bezug auf die mengenveränderte Faktorart i. Der partielle Differentialquotient $\frac{\delta x}{\delta r_i}$ entspricht im mathematischen Sinne dem bekannten Differentialquotienten $\frac{dx}{dr_i}$. Funktionen mit mehreren unabhängigen Variablen sind jedoch nicht zugleich nach allen Variablen differenzierbar. Die partielle Ableitung nach einer Variablen wird hier mit "δ" gekennzeichnet (KILGER 1958, S. 15). Wird die Grenzproduktivität einer Produktionsfaktorart i mit einer Faktoreinsatzmengenveränderung der gleichen Faktorart i (partielle Faktorvariation) multipliziert, so resultiert daraus das **partielle Grenzprodukt in bezug auf die Faktorart** i:

$$\frac{\delta x}{\delta r_i} \cdot \Delta r_i$$

Die Grenzproduktivität der Faktorart i ist innerhalb des Einsatzmengenintervalls nicht immer konstant. In solchen Fällen kann die aus der Faktormengenänderung Δr_i resultierende Produktmengenänderung durch das partielle Grenzprodukt Δx_{r_i} nur angenähert wiedergegeben werden.

$$\Delta x_{r_i} \approx \frac{\delta x}{\delta r_i} \cdot \Delta r_i$$

Die Genauigkeit der Angabe der Outputvariation steigt mit Reduzierung der Faktormengenänderung Δr_i. Addiert man die partiellen Grenzprodukte aller Einsatzfaktoren, erhält man das **totale Grenzprodukt,** das auch als **totaler Grenzertrag** bezeichnet werden kann.

$$\Delta x \approx \frac{\delta x}{\delta r_1} \cdot \Delta r_1 + \frac{\delta x}{\delta r_2} \cdot \Delta r_2 + \ldots + \frac{\delta x}{\delta r_m} \cdot \Delta r_m$$

Das totale Grenzprodukt liefert eine Aussage darüber, wie sich die Outputmenge angenähert verändert, wenn die Einsatzmengen aller Faktoren gleichzeitig variiert werden.
Eine proportionale Veränderung aller Einsatzmengen der erforderlichen Produktionsfaktorarten bezeichnet man als **Niveauvariation** (BUSSE v. COLBE/LASSMANN 1991, S. 113f.). Wichtig sind dabei die Auswirkungen auf die Erzeugnismenge. Die Zusammenhänge lassen

sich für Produktionsbedingungen mit zwei Einsatzfaktorarten auf der Basis der Produktionsfunktion

$$x = f(r_1, r_2)$$

verdeutlichen. Bezeichnet man die Einsatzmengen der Faktoren in einer Ausgangssituation mit r_i^*, so ergeben sich proportionale Erhöhungen der Faktoreinsatzmengen durch Multiplikation aller r_i^* (hier: i = 1, 2) mit einer einheitlichen Größe, die als λ bezeichnet werden soll. Die obige Produktionsfunktion kann daher auch in der Form

$$x = f(\lambda \cdot r_1^*, \lambda \cdot r_2^*)$$

angegeben werden. Aufgrund der Konstanz von r_1^* und r_2^* gilt dafür ebenfalls

$$x = f(\lambda).$$

Mit Niveauvariationen können proportionale, überproportionale und unterproportionale Produktmengenänderungen verbunden sein. Diese Zusammenhänge lassen sich funktional durch die Produktionsfunktion der Form

$$x = \lambda^c \cdot x^*$$

beschreiben.
Für die Erzeugnismenge der Ausgangssituation x^* nimmt λ den Wert 1 an. Funktionen, deren abhängige Variablen sich bei λ -facher Veränderung der unabhängigen Variablen um das λ^c -fache ändern, bezeichnet man λ als **homogen vom Grade c.** Eine Produktionsfunktion ist also dann homogen vom Grade c, wenn bei einer Niveauvariation um das λ-fache die Erzeugnismenge um das λ^c -fache variiert.

$$\lambda^c \cdot x^* = f(\lambda \cdot r_1^*, \lambda \cdot r_2^*)$$

Ändert sich die Produktmenge proportional zu der Größe λ, nimmt c den Wert 1 an. **Die Produktionsfunktion ist** dabei **homogen vom Grade 1.** Man spricht auch von **linearer Homogenität** (Fall A).

Steigt die Produktmenge überproportional zur Niveauerhöhung der Faktoren, so ist $c > 1$ (Fall B).
Steigt die Produktmenge unterproportional zur Niveauerhöhung der Faktoren, so ist $c < 1$ (Fall C).

Alle genannten Fälle lassen sich für Produktionsprozesse mit limitationalen Produktionsfaktor-Produkt-Beziehungen in einfacher Form veranschaulichen (Abbildung 11). Zu diesem Zweck skaliert man für einen limitationalen Prozeß auf einem **linearen Prozeßstrahl** für λ ganzzahlige Werte mit einheitlichen Abständen. Die Markierungen erfolgen durch Striche. Der Prozeßstrahl kennzeichnet alle effizienten Faktorkombinationen und beginnt im Nullpunkt des r_2/r_1-Diagramms.
Im Gegensatz zur λ-Skala können die Abstände zwischen einer jeweils λ-fachen Produktmengenerhöhung mit zunehmendem λ

- konstant sein (Fall A),
- sinken (Fall B),
- steigen (Fall C).

Auf den Prozeßstrahlen werden entsprechende Markierungen durch Kreise vorgenommen. Im Fall B ist auf steigende, im Fall C auf sinkende **Skalenerträge** zu verweisen (LÜCKE 1976, S. 39ff.).

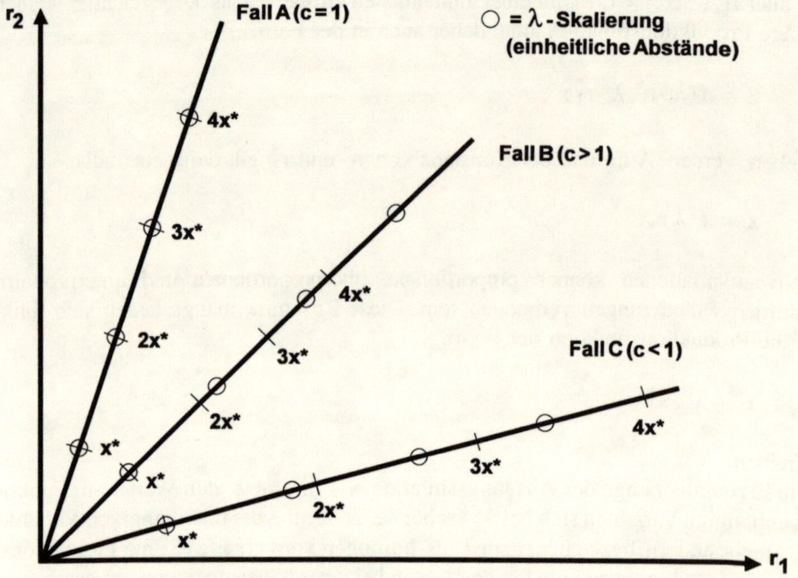

Abbildung 11: Produktionsprozesse mit unterschiedlichen Homogenitätsgraden

Darstellungen denkbarer Abhängigkeiten der Erzeugnismenge von λ verdeutlichen die beschriebenen Ergebnisse (Abbildung 12).

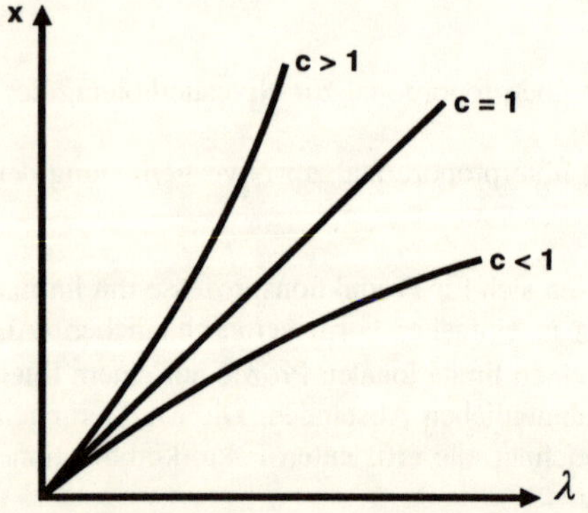

Abbildung 12: Zusammenhänge zwischen Produktmenge und Niveauvariation

Steigt die Erzeugnismenge wechselnd über- und unterproportional (bzw. umgekehrt) zur Niveauerhöhung, so liegt ein Produktionsprozeß mit **inhomogener Produktionsfunktion** vor. Die beschriebenen Zusammenhänge lassen sich ebenfalls auf Produktionsbedingungen mit substitutionalen Faktoren übertragen. Auch dies läßt sich für den Fall der Produktion mit zwei Einsatzfaktoren veranschaulichen. Die Homogenitätsaussagen beziehen sich dabei jeweils auf ein ganzes Isoquantenfeld.

Ein **linear-homogenes Isoquantenfeld** liegt vor, wenn sich der Abstand der Isoquanten zueinander proportional zur Niveauvariation verändert. Die Abstände sind dabei auf allen Strahlen aus dem Ursprung des Koordinatensystems zu ermitteln. Die Strahlen kennzeichnen mögliche Faktoreinsatzverhältnisse. In den Abbildungen 13, 14 und 15 werden homogene Isoquantenfelder für c = 1, c > 1 und c < 1 dargestellt.

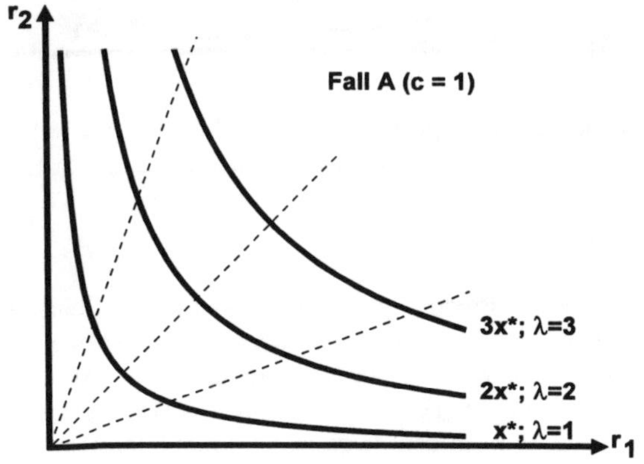

Abbildung 13: Linear-homogenes Isoquantenfeld

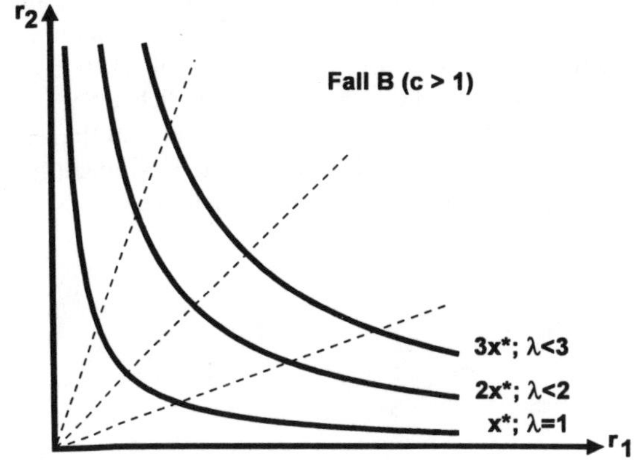

Abbildung 14: Homogenes Isoquantenfeld mit dem Grad c > 1

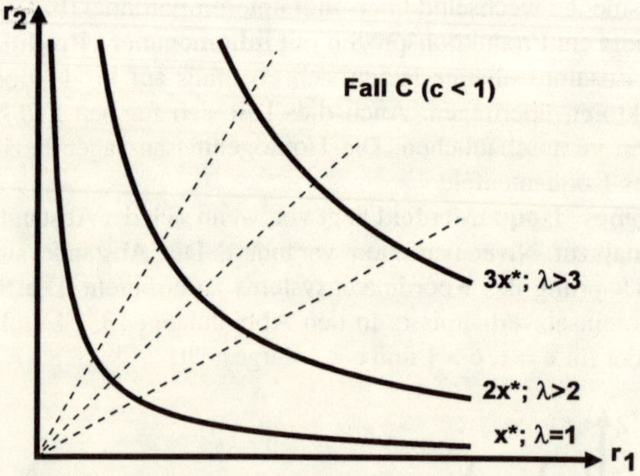

Abbildung 15: Homogenes Isoquantenfeld mit dem Grad c < 1

4. Produktionskapazitäten

Bei den bisher beschriebenen Produktionsprozessen wurde die Begrenzung des betrieblichen Leistungsvermögens noch nicht in die Betrachtung einbezogen. Analysiert wurden vornehmlich Verbrauchsfaktorkombinationen, wobei der dafür erforderliche Einsatz von Potentialfaktoren zum Vollzug der Fertigungsvorgänge zunächst unbeachtet blieb. Die eigentliche Produktionsdauer wird in den dargestellten Produktionsfaktor-Produkt-Beziehungen nicht explizit als Variable berücksichtigt. Man unterstellt gewissermaßen, daß eine Erzeugnismenge x^* momentan, d.h. mit unendlich hoher Produktionsgeschwindigkeit gefertigt wird. Jedoch ist bei allen angegebenen Beziehungen ein Bezug auf einen bestimmten **Betrachtungszeitraum** (z.B. Tag, Woche, Monat, Quartal, Jahr) unumgänglich. Produktions- und kostentheoretische Aussagen können innerhalb eines Betriebes immer nur für bestimmte **Produktionsperioden** gelten. Dies wird durch die spezifischen Eigenschaften von Potentialfaktoren deutlich. Sie begrenzen die Produktionsmöglichkeiten eines Betriebes innerhalb eines Zeitraumes in quantitativer und qualitativer Sicht und finden ihren Ausdruck in **Kapazitätsgrößen** (Leistungsvermögen). Die **quantitative Kapazität** eines Potentialfaktors kann auf der Basis von Abbildung 16 erläutert werden (STEFFEN 1980, S. 174):

quantitative Kapazität eines Potentialfaktors = von dem Potentialfaktor in einem Zeitraum **maximal** realisierbare Anzahl Erzeugnisse bzw. Erzeugnisteile bestimmter Art

= **maximal** realisierbare Produktionsvorgänge bestimmter Art pro Zeiteinheit (z.B. pro Stunde, pro Minute) (I) · **maximal** realisierbare Anzahl Erzeugnisse bzw. Erzeugnisteile pro Produktionsvorgang (II) · **maximal** verfügbare Zeiteinheiten des aktiven Einsatzes innerhalb des Zeitraumes (III)

Abbildung 16: Quantitative Kapazität eines Potentialfaktors und zugehörige Einflußgrößen

Die Einflußgrößen lassen sich wie folgt kennzeichnen:

(I) maximale Produktionsgeschwindigkeit

Hier ist die Anzahl realisierbarer Fertigungsvorgänge in einer (meist relativ kurzen) Zeiteinheit (z.B. Minute, Stunde) angesprochen. Die Maximalgeschwindigkeit ist bei maschinellen Anlagen vornehmlich technisch bedingt, muß jedoch oft aufgrund überhöhter Umweltbelastungen aus ökologischen Belangen begrenzt werden. Für den Bereich menschlicher Arbeit ist diejenige Arbeitsgeschwindigkeit bedeutsam, die unter arbeitswissenschaftlichen Gesichtpunkten auf Dauer bzw. im Durchschnitt unter Beachtung der Eigenschaften arbeitender Menschen vertretbar ist. In der Regel bezieht man sich auf sog. Normalleistungen.

(II) maximal mögliche Anzahl Erzeugnisse bzw. Erzeugnisteile je Produktionsvorgang

Bei einzelnen Produktionsanlagen werden je Fertigungsvorgang gleichzeitig mehrere Erzeugnisteile bzw. Produkte gleicher Art bearbeitet. Beispielsweise können bei einer Blechpresse je Preßvorgang mehrere Formbleche gleicher Art entstehen. In entsprechenden Situationen ist zur Ermittlung der je Zeiteinheit (z.B. je Minute, je Stunde) produzierbaren Anzahl der Erzeugnisteile der Produktionsgeschwindigkeitsausdruck (I) mit der realisierbaren Teileanzahl je Vorgang zu multiplizieren. Müssen je Erzeugniseinheit mehrere gleichartige Basisprozesse nacheinander vollzogen werden (z.B. mehrere Bohrvorgänge), so nimmt (II) Werte zwischen Null und Eins an, z.B. 1/3 bei drei erforderlichen Teilvorgängen eines Potentialfaktors. Entsprechende Zusammenhänge finden sich bei der Verarbeitung von Stoffen nicht-fester Gestalt in Behältern (z.B. bei der Waschmittelherstellung, bei der Getränkeproduktion und bei der Stahlerzeugung). Hier ist das Fassungsvermögen des Potentialfaktors (z.B. eines Schmelzofens) kapazitätsmitbestimmend. Es determiniert die mit einem Produktionsvorgang maximal herstellbare Erzeugnismenge.

(III) maximal verfügbare Einsatzzeit im Planungszeitraum

Diese Zeitspanne resultiert bei Produktionsanlagen aus dem gesamten Betrachtungszeitraum abzüglich notwendiger Zeiten für Instandhaltung bzw. Instandsetzung. Auch ökologische Gesichtspunkte können z.B. durch einen zulässigen Maximalbetrieb pro Tag eine Einsatzbegrenzung herbeiführen. Im Bereich menschlicher Arbeit resultieren Begrenzungen der Einsatzdauer aus rechtlichen und betrieblich geregelten Rahmenbedingungen (Arbeitszeitordnung, Schichtzeitregelung, Pausenregelung). Der Zeitumfang wird zweckmäßigerweise in den Zeiteinheiten angegeben, die bei der Fixierung der Produktionsgeschwindigkeit Beachtung finden. Eine Multiplikation der maximalen Zeitspanne mit den in (I) und (II) genannten Größen führt zur Maximalmenge realisierbarer Erzeugnisteile bzw. Erzeugnisse innerhalb des Betrachtungszeitraumes. Abbildung 17 verdeutlicht den Zusammenhang zwischen den genannten Einflußgrößen.

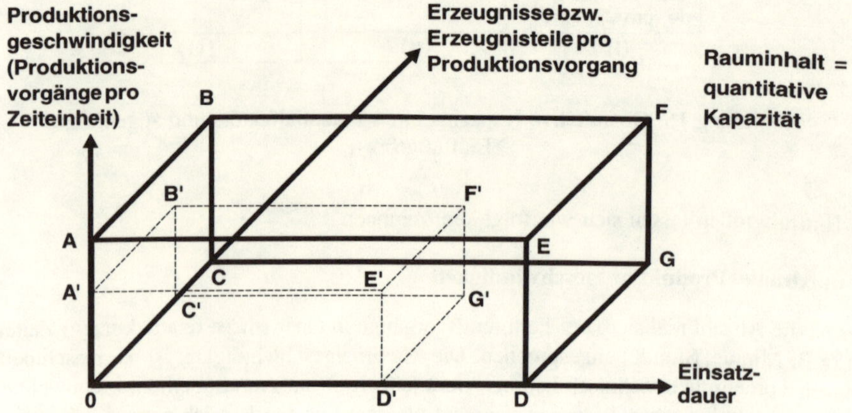

Abbildung 17: Geometrische Veranschaulichung der quantitativen Kapazität eines Potentialfaktors

Die quantitative Kapazität eines Potentialfaktors ergibt sich als Rauminhalt des Quaders mit den Eckpunkten O, A, B, C, D, E, F und G (durchgezogene Linien). Jede Abweichung von der maximalen Ausdehnung der einzelnen Einflußgrößen führt zur Unterauslastung des verfügbaren Leistungsvermögens. Die jeweils realisierte **Kapazitätsnutzung** läßt sich ebenfalls als Quader darstellen, z.B. mit den Eckpunkten O, A', B', C', D', E', F' und G' (gestrichelte Linien).

Für die **qualitative Kapazität** eines Potentialfaktors erhält man folgenden Ausdruck:

qualitative Kapazität eines Potentialfaktors	=	von dem Potentialfaktor realisierbare Produktionsvorgangsarten

Abbildung 18: Qualitative Kapazität eines Potentialfaktors

Die **quantitative Kapazität** für elementare **Potentialfaktorkombinationen** (Basissysteme, Arbeitssysteme) ergibt sich nicht durch Addition der faktorbezogenen Teilkapazitäten. Die genannten Einflußgrößen (I), (II) und (III) müssen nunmehr auf das gesamte Arbeitssystem bezogen werden. Die jeweilige maximal erreichbare Ausprägung wird dabei durch den beteiligten Potentialfaktor begrenzt, der den geringsten Maximalwert aufweist. Entsteht je

Produktionsvorgang eines Arbeitssystems eine Erzeugniseinheit bzw. ein Erzeugnisteil, so können die beschriebenen Zusammenhänge auf der Basis von Abbildung 19 in zweidimensionaler Darstellung verdeutlicht werden.

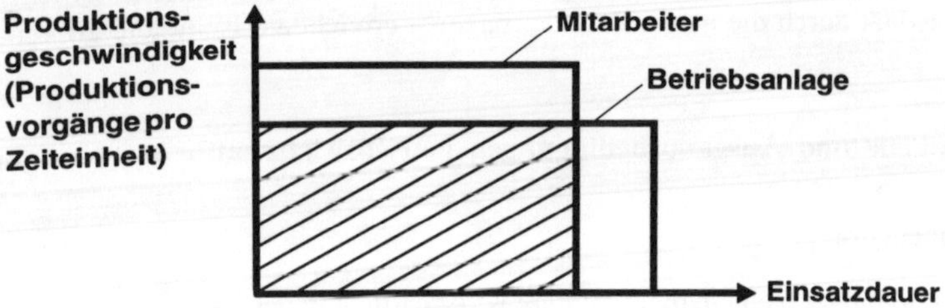

Abbildung 19: Quantitative Kapazität einer Potentialfaktorkombination

Die quantitative Kapazität der Potentialfaktorkombination erhält man durch die schraffierte Rechteckfläche. Faktorbezogene Unterauslastungen kommen in den nicht schraffierten Rechtecken zum Ausdruck. Ähnliche Einflüsse sind bei der **Bestimmung qualitativer Kapazitäten für Arbeitssysteme** zu beachten. Realisierbare Vorgänge eines Faktors für bestimmte Erzeugnisteile, für die andere Potentiale die notwendigen Ergänzungsvorgänge leisten können, determinieren die qualitative Kapazität des Arbeitssystems. Abbildung 20 verdeutlicht diesen Zusammenhang für ein Arbeitssystem mit zwei Potentialfaktoren (A und B).

	realisierbare Produktionsvorgänge für Produktart	
Potentialfaktor A	1 - 3 4 5	= qualitative Kapazität des Faktors A
Potentialfaktor B	1 2 - 4 5	= qualitative Kapazität des Faktors B

Erzeugnisse bzw. Erzeugnisteile der qualitativen Kapazität des Arbeitssystems

Abbildung 20: Qualitative Kapazität einer Potentialfaktorkombination

In dem dargestellten Fall sind nicht alle Vorgangsarten der einzelnen Potentialfaktoren zur Produktherstellung nutzbar, weil der jeweils mitbeteiligte Faktor nicht alle erforderlichen Ergänzungsprozesse leisten kann.

In analoger Weise sind die Kapazitätsgrößen umfassenderer Produktionsbereiche von den Einzelkapazitäten der Arbeitssysteme abhängig. Bei mehrstufigen Fertigungsprozessen bestimmt stets die Produktionsstufe mit der geringsten Kapazität (Engpaßstufe) die realisierbare Gesamtkapazität. Die beschriebene Vorgehensweise der Kapazitätsermittlung ist auch übertragbar auf Informationssysteme, wobei die Speichermöglichkeiten der Hardware und die Geschwindigkeit der Datenabfrage und -übertragung sowie das qualitative Leistungsspektrum der Software von Bedeutung sind.

In den bisherigen Darstellungen limitationaler und substitutionaler Produktionsbedingungen für Verbrauchsfaktoren finden Potentialfaktorkapazitäten durch Begrenzung der Erzeugnismenge Eingang. Im r_2/r_1-Diagramm ist dies bei Limitationalität durch die für die maximale Produktmenge erforderlichen (effizienten) Verbrauchsfaktoreinsatzmengen und bei Substitutionalität durch die in der Periode maximal erreichbare Isoquante zu kennzeichnen.

B. Bestandteile und Ausgangsbedingungen betriebswirtschaftlicher Kostenmodelle

1. Kostenbegriffe

Für die Beurteilung, ob eine Unternehmung wirtschaftlich in der Lage ist, bestimmte Produktionsalternativen zu realisieren, reichen die rein mengenmäßigen Beziehungen zwischen Gütereinsatz und Produktentstehung nicht aus. Wesentlich ist hier der Einfluß auf die Kosten. Erst die kostenmäßige Bewertung überführt die rein technischen und arbeitsbezogenen Betrachtungen der Produktionstheorie in ein **ökonomisches Aussagensystem.** Die Abgrenzung des Kostenbegriffes fällt in den Aufgabenbereich der Kostenwerttheorie.
Kosten sind grundsätzlich als **bewertete Gütereinsätze zur Leistungserstellung** anzusehen. Wesentlich sind dabei die folgenden drei Gesichtspunkte:

1. Erforderlich ist die mengenmäßige Angabe des Produktionsfaktoreinsatzes bzw. -verbrauchs.
2. Der Produktionsfaktoreinsatz bzw. -verbrauch muß leistungsbezogen sein.
3. Der Produktionsfaktoreinsatz bzw. -verbrauch muß bewertet werden.

Für die beiden erstgenannten Punkte liefern Produktionsfunktionen bzw. Faktoreinsatzfunktionen entsprechende Grundlagen. Im Rahmen der Bewertung werden den für bestimmte Produktionsvorgänge erforderlichen Faktoreinsatzmengen $r_1, r_2, \ldots, r_m$ die Produktionsfaktorpreise $q_1, q_2, \ldots, q_m$ zugeordnet. Man erhält folgende **Kosten** K:

$$K = r_1 \cdot q_1 + r_2 \cdot q_2 + \ldots + r_m \cdot q_m$$

$$K = \sum_{i=1}^{m} r_i \cdot q_i \qquad (i = 1, 2, \ldots, m)$$

Über diesen Bewertungsvorgang werden die Verbrauchsmengen unterschiedlicher Produktionsfaktorarten in einheitliche Wertgrößen (Geldgrößen) transformiert, die nunmehr zu dem wertbezogenen Gesamtausdruck der Kosten addiert werden können. Im Hinblick auf den Ansatz von Wertgrößen finden sich in der Betriebswirtschaftslehre zwei grundlegende Auffassungen, die in dem **wertmäßigen** und dem **pagatorischen Kostenbegriff** zum Ausdruck kommen.
Der **wertmäßige Kostenbegriff** spricht als Kosten den Wert an, der den Produktionsfaktoren in produktiven Prozessen in Verbindung mit bestimmten Entscheidungen zugeordnet wird. Die Bewertung stützt sich überwiegend auf Faktorpreise, die für die Wiederbeschaffung der Verbrauchs- bzw. Einsatzmengen anfallen. Jedoch können auch andere an Nutzeneinschätzungen der Unternehmung orientierte Preise herangezogen werden.
Im Gegensatz dazu besteht die Grundüberlegung beim **pagatorischen Kostenbegriff** darin, die für die Anschaffung der jeweils im Betriebsprozeß benötigten Einsatzfaktoren tatsächlich

geleisteten Zahlungen (Geldeinheiten) als Kosten zu bezeichnen. Wenngleich einige Zusatzhypothesen diesem Kostenbegriff Praktikabilität verleihen (KOCH 1959, S. 8f.), erweist er sich für produktions- und kostentheoretische Darstellungen deshalb als unzweckmäßig, weil innerhalb einer Faktorart für die einzelnen verfügbaren und einzusetzenden Mengeneinheiten unterschiedliche Anschaffungspreise existieren können. Dies würde für die Angabe von Kostenbeziehungen im Extremfalle bedeuten, daß jeder Produktionsfaktoreinheit ein unterschiedlicher Preis zugeordnet werden muß. Zugleich wird dadurch der kostenmäßige Vergleich von Fertigungsalternativen erheblich erschwert. Innerhalb der folgenden Darlegungen wird auf den wertmäßigen Kostenbegriff zurückgegriffen. Dabei wird für die betrachteten Produktionsperioden jeweils von konstanten (Wiederbeschaffungs-)Preisen für die Produktionsfaktoren ausgegangen. Aufgrund der Bewertungsoffenheit erlaubt der wertmäßige Kostenbegriff auch eine Einbeziehung von Umweltbelastungen durch Bewertung negativer externer Effekte (sozialer Kosten), indem z.B. Produktionsfaktoren ökologisch orientierte Preise zugeordnet werden, für die Marktpreise nicht existieren (z.B. landschaftsverändernde Grundwassernutzungen). Analog lassen sich outputbezogene Umwelteinflüsse über Faktorverbräuche (z.B. die mit der Erzeugnisherstellung verunreinigte Luft) und deren Bewertungen in ökologische Kostendimensionen transformieren (HEINEN 1983, S. 121ff.; STREBEL 1981, S. 511ff.; ROTH 1992, S. 162; WEIMANN 1995, S. 29ff.). Bei Internalisierung der externen Effekte im Sinne einer gesetzlichen Auflage für die Unternehmungen (z.B. Erhebung mengenabhängiger Gebühren für Abwasser und Abfall) gehen die erstgenannten "freiwilligen" Bewertungen in "unternehmungsspürbare" Kosten über (DYCKHOFF 1994, S. 71).

2. Kosteneinflußgrößen

Kosten werden im Regelfall durch mehrere Größen determiniert. Dies wird bereits durch die Zerlegung der Kosten in die **Mengenkomponente** und in die **Wertkomponente** deutlich. Bei der Mengenkomponente läßt sich eine weitere Aufgliederung vornehmen. Wesentlich sind zunächst die **verfügbaren Produktionspotentiale** hinsichtlich ihrer Anzahl, ihrer realisierbaren **Produktionsgeschwindigkeiten** sowie ihrer **Kapazitäten** in qualitativer und quantitativer Sicht. Einfluß nehmen dabei zugleich die für Produktionsprozesse erforderlichen **Verbrauchsfaktorarten und -mengen.**

Kosteneinflüsse üben auch die alternativen Möglichkeiten der Aneinanderreihung von Produktionsvorgängen bis zur Herstellung absatzreifer Erzeugnisse aus. Wichtig ist dabei, ob die Arbeitssysteme nach dem Fertigungsfluß oder nach gleichen Verrichtungsarten angeordnet sind. Man spricht im ersten Falle von **Fließfertigung,** im zweiten Falle von **Werkstattfertigung** (Zusammenfassung verrichtungsgleicher Potentiale zu Werkstätten). **Fließfertigung** ist immer dann zweckmäßig, wenn über längere Zeiträume hinweg gleichartige Produkte zu fertigen sind. Sie findet daher Anwendung als

- **Massenproduktion** (ständige Wiederholung der Fertigung gleichartiger Erzeugnisse), z.B. Nahrungsmittel;
- **Großserienproduktion** (Herstellung einer größeren Anzahl gleichartiger Erzeugnisse, Ablösung einer Großserie durch eine andere erfolgt aufgrund veränderter Nachfrage oder aufgrund technischen Fortschritts), z.B. Automobilmontage;
- **Sortenfertigung** (Produktion jeweils größerer Stückzahlen artverwandter Erzeugnisse, Mehrfachauflegung einer Sorte ist möglich), z.B. Tapetendruck.

Abbildung 21 zeigt ein Beispiel einer Fließstrecke für die Bearbeitung einer größeren Anzahl an Werkstücken durch Fräs-, Dreh-, Bohr- und Gewindeschneidvorgänge, in der zudem identische Bearbeitungsstationen an unterschiedlichen Stellen eingesetzt werden müssen (Station 1 und Station 3).

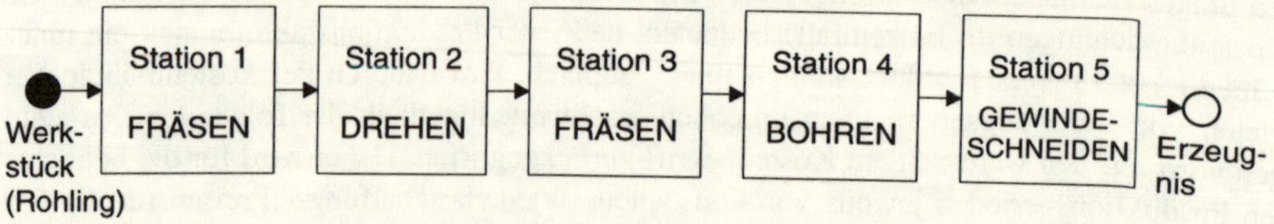

Abbildung 21: Beispiel einer Fließfertigung

Aufgrund der längerfristigen Beibehaltung der Basisprozeßfolge für die Erzeugnisherstellung bietet das Fließprinzip Kostenvorteile in Form geringer innerbetrieblicher Transportkosten. Es ist jedoch zu starr, wenn ein häufiger Wechsel der zu produzierenden Produktarten mit unterschiedlicher Basisprozeßfolge erforderlich ist. Hier findet das **Werkstattprinzip** Anwendung, bei dem funktionsgleiche Arbeitssysteme räumlich zu Werkstätten vereinigt werden, die in unterschiedlicher Folge durchlaufen werden können. Werkstattfertigung bezieht sich meist auf

- **Einzelproduktion** (Ausrichtung an Kundenwünschen, Stückzahl je Produktart = 1);
- **Kleinserienproduktion** (geringe Anzahl gleichartiger Erzeugnisse).

In Abbildung 22 wird ein Beispiel mit vier Werkstätten dargestellt. Die Fertigungsprozesse des Erzeugnisses 1 entsprechen dabei denjenigen der in Abbildung 21 dargestellten Fließfertigung. Erzeugnis 2 erfordert eine andere Basisprozeßfolge. Zur Sicherstellung der dafür erforderlichen Flexibilität werden im Rahmen einer Werkstattproduktion höhere Transportkosten in Kauf genommen.

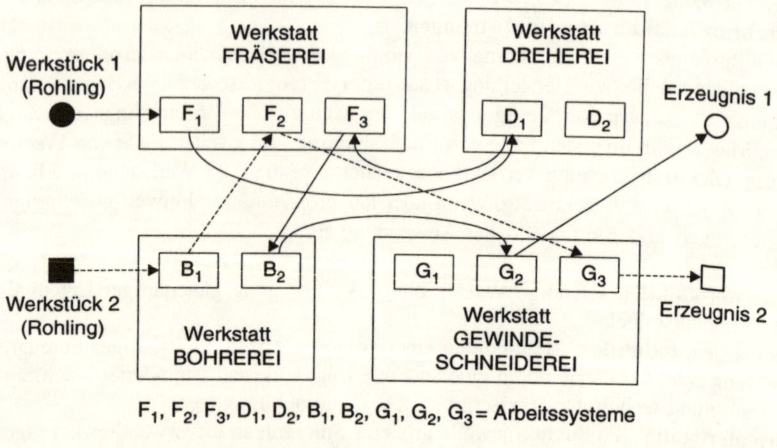

Abbildung 22: Beispiel einer Werkstattfertigung

In der betrieblichen Praxis finden sich zum Teil Mischformen der beiden genannten Organisationsprinzipien der Fertigung. Vielfach wird die Produktion auch nach dem **Prinzip des Bearbeitungszentrums** ausgestaltet, bei dem den beteiligten Mitarbeitern die Verantwortung (Disposition) für die Fertigung umfassender Produktbaugruppen (z.B. Getriebemontage im Automobilbau) übertragen wird. Modernste Ausprägungen der Bearbeitungszentren bilden flexible Fertigungssysteme (FFS), bei denen hochautomatisierte Bearbeitungsmaschinen mit umfangreicher qualitativer Kapazität und schneller Umrüstbarkeit in Verbindung mit automatisierten Transsportsystemen zum Einsatz gelangen. Die aktuelle Verfügbarkeit relevanter Transport- und Produktionsinformationen wird durch Computersteuerungen für das gesamte System sichergestellt. Abbildung 23 zeigt ein entsprechendes Beispiel (HAHN/LASSMANN 1990, S. 43).

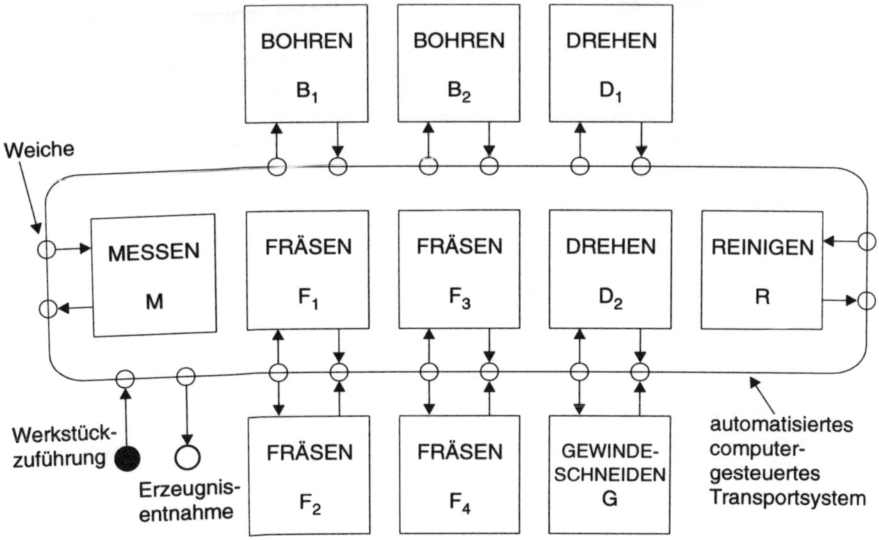

Abbildung 23: Beispiel eines flexiblen Fertigungssystems (FFS)

Für alle Bereiche sind die zugehörigen Kosteneinflüsse stets im einzelnen zu analysieren.
Die bisher genannten inputbezogenen Kosteneinflußgrößen weisen über Produktionsfunktionen Interdependenzen zu Outputgrößen auf. Bedeutsam ist hier das auf eine Periode bezogene **Produktionsprogramm,** das durch eine qualitative und eine quantitative Komponente gekennzeichnet ist. Dabei ist wichtig, welche der produzierbaren **Produktarten in welchen Mengen** in dem Betrachtungszeitraum hergestellt werden. Hieraus ist der Einfluß auf die Nutzung der verfügbaren Potentialfaktorkapazitäten und der erforderlichen Verbrauchsfaktormengen (Werkstoffe, Betriebsstoffe usw.) erkennbar. Wesentlich sind zugleich Einflüsse, die aus der Häufigkeit des **Produktartenwechsels** resultieren, wenn unterschiedliche Erzeugnisse durch dieselben Potentiale hergestellt werden. Umrüstvorgänge reduzieren verfügbare Produktionszeiten und erfordern zusätzlich Faktoreinsätze (menschliche Arbeit, Werkzeuge usw.).
Die Wertkomponente der Kosten resultiert aus den Faktorpreisen. Bei den Verbrauchsfaktoren ist in der Regel eine Zuordnung der Wertkomponente zu einzelnen Produktionsprozessen möglich, weil jeweils meßbare Mengeneinheiten verbraucht werden. Anders ist dies bei Po-

tentialfaktoren (z.B. Maschinen), die über mehrere Perioden hinweg Leistungen abgeben. Hier ist eine Verteilung des Faktorpreises auf die geplante Anzahl der Nutzungsperioden erforderlich. Auf die Zuordnung der Wertkomponente für Umweltbelastungen wurde bereits eingegangen (vgl. Abschnitt »Kostenbegriffe«). Die beschriebenen Kosteneinflüsse werden in Abbildung 24 zusammengefaßt.

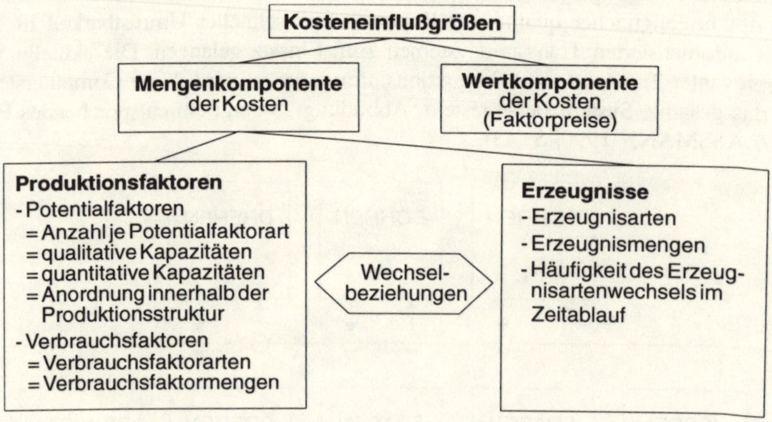

Abbildung 24: Systematisierung der Kosteneinflußgrößen

In den vorangehenden Ausführungen konnten die Kosteneinflußgrößen lediglich überblickartig beschrieben werden. Die nachfolgenden Darstellungen von Produktions- und Kostenmodellen liefern jeweils detailliertere Informationen über die Ursache-Wirkung- Beziehungen, die für den Aufbau von betriebswirtschaftlichen Planungsmodellen wesentlich sind.

Kontrollfragen und -aufgaben

1. Erläutern Sie die Ziele einer Systematisierung der Produktionsfaktoren nach ihrer produktiven Wirksamkeit.

2. Erläutern Sie die Berücksichtigung von Umweltbelastungen in produktionsbezogenen Input-Output-Beschreibungen.

3. Erläutern Sie die Berücksichtigung von produktionsbezogenen Informationssystemen im System der Produktionsfaktoren.

4. Beschreiben Sie Beispiele für Basissysteme (Arbeitssysteme) der Produktion und die von ihnen zu vollziehenden Basisprozesse.

5. Überprüfen Sie die Effizienzbedingungen der Produktionstheorie für Produktionsprozesse mit außerordentlich hohem Ausschußanteil (Anteil fehlerhafter Erzeugnisse).

6. Erläutern Sie die Effizienzbedingungen der Produktionstheorie am Beispiel der Aufbereitung nicht mehr nutzbarer ("ausgedienter") Produkte zur Abfallverwertung und -entsorgung.

7. Analysieren Sie die Einflüsse
   - linear-limitationaler,
   - nichtlinear-limitationaler,
   - total substitutionaler und
   - partiell substitutionaler

   Einsatzbedingungen von Verbrauchsfaktoren auf die jeweils zugehörigen Produktionskoeffizienten.

8. Inwieweit lassen sich partielle und totale Grenzprodukte mit Hilfe der Grenzproduktivitäten vielfach nur näherungsweise bestimmen?

9. Lineare Limitationalität beim Einsatz von Verbrauchsfaktoren bedeutet zugleich lineare Homogenität der zugehörigen Produktionsfaktor-Produkt-Beziehungen. Erhält man bei nichtlinearer Limitationalität und bei Substitutionalität der Verbrauchsfaktoreinsatzbedingungen generell andere Ergebnisse in bezug auf die Homogenität?

10. Produktionskapazitäten resultieren im Regelfall aus den Eigenschaften der verfügbaren Potentialfaktoren. Können unter bestimmten beschaffungsbezogenen und/oder ökologischen Bedingungen auch Verbrauchsfaktoren die Produktionsmöglichkeiten von Fertigungsbereichen in qualitativer und quantitativer Hinsicht begrenzen?

11. Inwieweit wirken sich Kostenbewertungen im Sinne des wertmäßigen und des pagatorischen Kostenbegriffs unterschiedlich auf die Höhe der Produktionskosten aus?

12. Analysieren Sie die wechselseitigen Einflüsse zwischen Produktionsfaktoreinsätzen und Erzeugnissen im Hinblick auf die anfallenden Fertigungskosten unter Berücksichtigung von Produktions- und Faktoreinsatzfunktion.

Literatur

Adam, D., Produktions- und Kostentheorie, 2. Aufl., Tübingen und Düsseldorf 1977.

Adam, D., Produktionsmanagement, 8. Aufl., Wiesbaden 1997.

Beuermann, G., Produktionsfaktoren, in: Handwörterbuch der Produktionswirtschaft, Hrsg. W. Kern / H.-H. Schröder / J. Weber, 2. Aufl., Stuttgart 1996, Sp. 1494-1505.

Bloech, J., Produktionsfaktoren, in: Handwörterbuch der Betriebswirtschaft, Hrsg. W. Wittmann / W. Kern / R. Köhler / H.-U. Küpper / K. v. Wysocki, 5. Aufl., Stuttgart 1993, Sp. 3405-3415.

Busse v. Colbe, W. / Laßmann, G., Betriebswirtschaftstheorie, Bd. 1, 5. Aufl., Berlin-Heidelberg-New York-London-Paris-Tokyo-Hongkong-Barcelona-Budapest 1991.

Dellmann, K., Betriebswirtschaftliche Produktions- und Kostentheorie, Wiesbaden 1980.

Diederich, H., Allgemeine Betriebswirtschaftslehre, 7. Aufl., Stuttgart-Berlin-Köln 1992.

Dyckhoff, H., Berücksichtigung des Umweltschutzes in der betriebswirtschaftlichen Produktionstheorie, in: Betriebswirtschaftslehre und ökonomische Theorie, Hrsg. D. Ordelheide / B. Rudolph / E. Büsselmann, Stuttgart 1991, S. 275-309.

Dyckhoff, H., Betriebliche Produktion, 2. Aufl., Berlin-Heidelberg-New York-London-Paris-Tokyo-Hongkong-Barcelona-Budapest 1994.

Dyckhoff, H., Grundzüge der Produktionswirtschaft, Berlin-Heidelberg-New York 1995.

Ellinger, Th. / Haupt, R., Produktions- und Kostentheorie, 3. Aufl., Stuttgart 1996.

Gutenberg, E., Grundlagen der Betriebswirtschaftslehre, 1. Band, Die Produktion, 24. Aufl., Berlin-Heidelberg-New York 1983.

Habenicht, W., Produktion, Einflußgrößen der, in: Handwörterbuch der Betriebswirtschaft, Hrsg. W. Wittmann / W. Kern / R. Köhler / H.-U. Küpper / K. v. Wysocki, 5. Aufl., Stuttgart 1993, Sp. 3376-3388.

Hahn, D. / Laßmann, G., Produktionswirtschaft, Bd. 1, 2. Aufl., Heidelberg 1990.

Haupt, R., Kosteneinflußgrößen, in: Handwörterbuch der Betriebswirtschaft, Hrsg. W. Wittmann / W. Kern / R. Köhler / H.-U. Küpper / K. v. Wysocki, 5. Aufl., Stuttgart 1993, Sp. 2330-2339.

Heinen, E., Betriebswirtschaftliche Kostenlehre, 6. Aufl., Wiesbaden 1983.

Kern, W., Produktionswirtschaft: Objektbereich und Konzepte, in: Handwörterbuch der Produktionswirtschaft, Hrsg. W. Kern / H.-H. Schröder / J. Weber, 2. Aufl., Stuttgart 1996, Sp. 1629-1642.

Kilger, W., Produktions- und Kostentheorie, Wiesbaden 1958.

Kilger, W., Der Faktor Arbeit im System der Produktionsfaktoren, in: Zeitschrift für Betriebswirtschaft 1961, S. 597-611.

Kistner, K.-P., Produktions- und Kostentheorie, 2. Aufl., Würzburg-Wien 1993.

Kistner, K.-P., Umweltschutz in der betrieblichen Produktionsplanung, in: Betriebswirtschaftliche Forschung und Praxis 1989, Heft 1, S. 30-50.

Koch, H., Zur Frage des pagatorischen Kostenbegriffs, in: Zeitschrift für Betriebswirtschaft 1959, S. 8-17.

Küpper, H.-U., Kostentheorie, in: Handwörterbuch der Produktionswirtschaft, Hrsg. W. Kern / H.-H. Schröder / J. Weber, 2. Aufl., Stuttgart 1996, Sp. 959-971.

Layer, M., Optimale Kapazitätsausnutzung und Kapazitätsbereitstellung, Würzburg-Wien 1975.

Lücke, W., Produktions- und Kostentheorie, 3. Aufl., Würzburg-Wien 1976.

Pfeiffer, W. / Dörrie, U. / Stoll, E., Menschliche Arbeit in der industriellen Produktion, Göttingen 1977.

Picot, A., Der Produktionsfaktor Information in der Unternehmensführung, in: Information Management 1/1990, S. 6-14.

Picot, A. / Franck, E., Die Planung der Unternehmensressource Information, in: Wirtschaft und Studium 1988, S. 544-549 und S. 608-614.

Rehkugler, H., Kostenbegriffe, Kostenarten und Kostenkategorien, in: Handwörterbuch der Betriebswirtschaft, Hrsg. W. Wittmann / W. Kern / R. Köhler / H.-U. Küpper / K. v. Wysocki, 5. Aufl., Stuttgart 1993, Sp. 2320-2329.

Reichwald, R., Arbeit als Produktionsfaktor, München 1977.

Reichwald, R., Die Wiederentdeckung der menschlichen Arbeit als primärer Produktionsfaktor für eine marktnahe Produktion, in: Marktnahe Produktion, Hrsg. R. Reichwald, Wiesbaden 1992, S. 3-18.

Rieper, B., Betriebswirtschaftliche Entscheidungsmodelle, Herne-Berlin 1992.

Roth, U., Umweltkostenrechnung, Wiesbaden 1992.

Schaefer, H. F., Grundlagen einer informationsorientierten Produktions- und Kostentheorie, Hamburg 1986.

Schierenbeck, H., Grundzüge der Betriebswirtschaftslehre, 12. Aufl., München-Wien 1995.

Schweitzer, M. / Küpper, H.-U., Produktions- und Kostentheorie der Unternehmung, 2. Aufl., Wiesbaden 1997.

Schweitzer, M., Produktion, in: Handwörterbuch der Betriebswirtschaft, Hrsg. W. Wittmann / W. Kern / R. Köhler, H.-U. Küpper / K. v. Wysocki, 5. Aufl., Stuttgart 1993, Sp. 3328-3347.

Seidel, E. / Menn, H., Ökologisch orientierte Betriebswirtschaftslehre, Stuttgart-Berlin-Köln-Mainz 1988.

Steffen, R., Analyse industrieller Elementarfaktoren in produktionstheoretischer Sicht, Berlin 1973.

Steffen, R., Die Bestimmung von Kapazitäten und ihrer Nutzung in der industriellen Fertigung, in: Zeitschrift für betriebswirtschaftliche Forschung 1980, S. 173-190.

Steven, M., Umwelt als Produktionsfaktor?, in: Zeitschrift für Betriebswirtschaft 1991, S. 509-523.

Steven, M., Produktion und Umweltschutz, Wiesbaden 1994.

Strebel, H., Umwelt und Betriebswirtschaft, Berlin 1980.

Strebel, H., Umweltwirkungen der Produktion, in: Zeitschrift für betriebswirtschaftliche Forschung 1981, S. 508-521.

Strebel, H., Industrie und Umwelt, in: Industriebetriebslehre, Hrsg. M. Schweitzer, 2. Aufl., München 1994, S. 697-779.

Szyperski, N. / Eschenröder, G., Information-Ressource-Management. Eine Notwendigkeit für die Unternehmensführung, in: Management betrieblicher Informationsverarbeitung, Hrsg. R. Kay, München-Wien 1983, S. 11-37.

Troßmann, E., Kostentheorie und Kostenrechnung, in: Handwörterbuch der Betriebswirtschaft, Hrsg. W. Wittmann / W. Kern / R. Köhler / H.-U. Küpper / K. v. Wysocki, 5. Auflage, Stuttgart 1993, Sp. 2385-2401.

Weimann, J., Umweltökonomik, 3. Aufl., Berlin-Heidelberg-New York-London-Paris-Tokyo-Hongkong-Barcelona-Budapest 1995.

Wittmann, W., Information, in: Handwörterbuch der Organisation, 2. Aufl., Hrsg. E. Grochla, Stuttgart 1980, Sp. 894-904.

Wöhe, G., Einführung in die Allgemeine Betriebswirtschaftslehre, 19. Aufl., München 1996.

Zweiter Teil
Aufbau von Produktions- und Kostenmodellen

Erstes Kapitel: Produktions- und Kostenmodelle mit unmittelbaren Produktionsfaktor-Produkt-Beziehungen

A. Modelle mit limitationalen Bedingungen

Die bisher erörterten limitationalen und substitutionalen Produktionsbedingungen können als **unmittelbare Produktionsfaktor-Produkt-Beziehungen** bezeichnet werden. Sie gelten für Verbrauchsfaktoren, die Bestandteile von Erzeugnissen werden (Werkstoffe, Bauteile, Hilfsstoffe). Im Gegensatz dazu werden Betriebsstoffe zum Antrieb von Potentialfaktoren benötigt, deren Betriebsweise Einfluß auf die je Zeiteinheit hergestellte bzw. herstellbare Erzeugnismenge nimmt. Dies sind mittelbare Produktionsfaktor-Produkt-Beziehungen (vgl. Kapitel »Produktions- und Kostenmodelle mit mittelbaren Produktionsfaktor-Produkt-Beziehungen«).

Hier sollen zunächst Produktions- und Kostenmodelle für unmittelbare Beziehungen bei limitationalen Produktionsbedingungen aufgegriffen werden. Nochmals sei erwähnt, daß im Rahmen der Darstellungen unmittelbarer Produktionsfaktor-Produkt-Beziehungen nicht unterstellt werden kann, daß sich die Produktion ausschließlich mit den betrachteten Verbrauchsfaktoren vollzieht. Es ist davon auszugehen, daß im Betrachtungszeitraum mindestens ein **Potentialfaktor** eingesetzt wird, der Produktionsvorgänge ausführt (z.B. ein Montagevorgänge vollziehender Fertigungsautomat).

Zur Verdeutlichung limitationaler Produktions- und Kostenbedingungen wird ein Produktionsprozeß in starker Vereinfachung herangezogen. In einem Montageprozeß werden Kugelschreiber aus den Einsatzfaktoren

- Kugelschreiberminen (Faktorart 1)
- Kunststoffgehäuse (Faktorart 2)

zusammengebaut. Beide Faktorarten werden am Beschaffungsmarkt bezogen. Die Einsatzbedingungen für die beiden direkt ins Produkt eingehenden Faktoren sind linear-limitational:

$$r_1 : r_2 = 1 : 1 = \text{konstant}$$
$$r_1 : x = 1 : 1 = \text{konstant}$$
$$r_2 : x = 1 : 1 = \text{konstant}$$

Abbildung 25 kennzeichnet diese Beziehungen. Dabei ist zugleich die Gestalt von **Ertragsisoquanten im limitationalen Produktionsmodell** erkennbar. Aufgrund der Effizienzbedingungen (vgl. Abschnitt »Effizienzbedingungen«) schrumpfen Isoquanten auf einen (effizienten) Punkt zusammen. Mehreinsätze einer Faktorart bei Konstanz der anderen Einsatzmengen führen nicht zu einer Erhöhung der Produktmenge. Die gestrichelten Linienzüge kennzeichnen ineffiziente Faktorkombinationen; sie widersprechen den Effizienzbedingungen. Die Verbindungslinie der effizienten Faktorkombinationen für alternative Erzeugnismengen kennzeichnet den **Prozeßstrahl.**

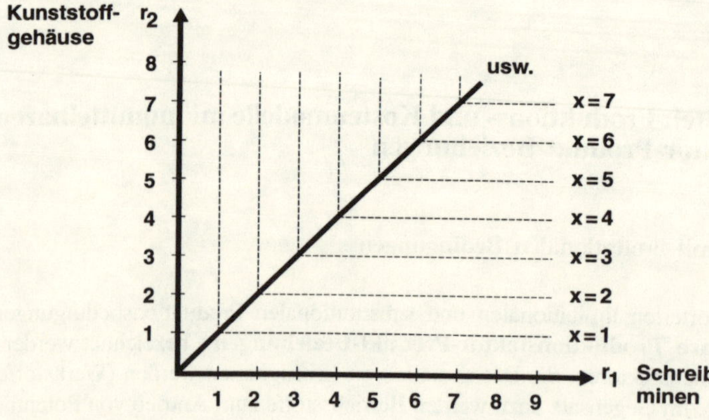

Abbildung 25: Produktionsbeispiel für linear-limitationale Faktoreinsatzbedingungen

An dem vorgestellten Produktionsbeispiel können Zuordnungen der Erzeugnismengen im r_2/r_1-Diagramm graphisch durch Einbeziehung einer dritten Dimension veranschaulicht werden. Man erhält ein sog. Ertragsgebirge, dessen Gestalt in Abbildung 26 erkennbar ist.

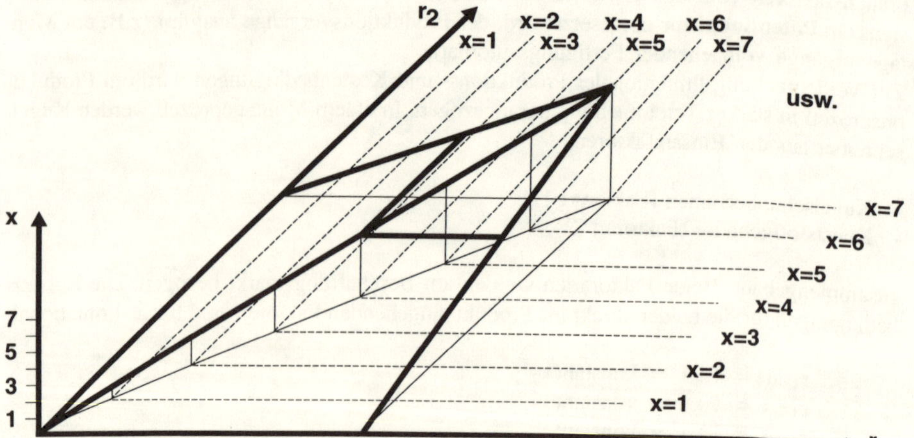

Abbildung 26: Ertragsgebirge bei einem linear-limitationalen Produktionsverfahren

Im Fall limitationaler Produktionsbedingungen finden sich im Rahmen dieses Gebirges lediglich auf der vom Nullpunkt ausgehenden Gebirgskante effiziente Faktorkombinationen und Produktionsmengenzuordnungen. Die Höhe der Gebirgskante kennzeichnet die jeweilige Produktmenge. Die Schnittpunkte der Senkrechten der Gebirgskante mit dem effizienten Prozeßstrahl im r_2/r_1-Diagramm geben die jeweils effizienten Isoquantenpunkte an. Sie erhalten die durch die Höhe der Gebirgskante gekennzeichneten Zuordnungen der Erzeugnismengen. Horizontale Schnitte durch das Ertragsgebirge markieren den rechtwinkligen Verlauf der ineffizienten Faktorkombinationen für eine bestimmte Erzeugnismenge mit der effizienten Kombination im Scheitelpunkt. In Abbildung 26 ist dies für x = 4 besonders hervorgehoben.

Im Hinblick auf eine betriebswirtschaftlich orientierte Produktionsplanung sind Analysen darüber erforderlich, in welcher Weise bestimmte Erzeugnismengen kostenminimal hergestellt werden können. Dies erfordert Kosteninformationen.

Unter Einbeziehung der Faktormengen r_i und der Faktorpreise q_i erhält man für die Einsatzbedingungen zweier Produktionsfaktoren folgende Kostenfunktion:

$$K = r_1 \cdot q_1 + r_2 \cdot q_2$$

Für einen bestimmten Kostenbeitrag K^* gilt bei konstanten Faktorpreisen ($q_1 = q_1^*$; $q_2 = q_2^*$)

$$K^* = r_1 \cdot q_1^* + r_2 \cdot q_2^*$$

Löst man diese Gleichung nach r_2 auf, so erhält man eine Geradengleichung, die im r_2/r_1-Diagramm graphisch darstellbar ist (Abbildung 27):

$$r_2 = \frac{K^*}{q_2^*} - \frac{q_1^*}{q_2^*} \cdot r_1$$

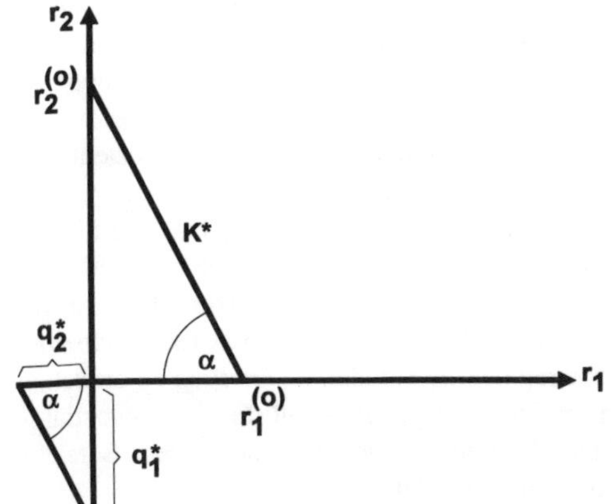

Abbildung 27: Isokostenlinie und ihre Steigung

Die Gerade kennzeichnet alle Faktormengenkombinationen, die zu demselben Kostenbetrag K^* führen. Sie wird als **Isokostenlinie** für K^* bezeichnet. Ihre negative Steigung resultiert aus dem Faktorpreisverhältnis $-\frac{q_1^*}{q_2^*}$. Die Achsen des Faktordiagramms werden jeweils bei den Mengen $r_1^{(0)}$ bzw. $r_2^{(0)}$ geschnitten, bei denen der Kostenbetrag K^* allein durch Einsatz des zugehörigen Produktionsfaktors zustande kommt.

$$r_1^{(0)} = \frac{K^*}{q_1^*}$$

$$r_2^{(0)} = \frac{K^*}{q_2^*}$$

Auf dieser Basis läßt sich die Identität von Isokostenliniensteigung und Faktorpreisverhältnis nachweisen:

$$\tan\alpha = \frac{r_2^{(0)}}{r_1^{(0)}} = \frac{K^*}{q_2^*} : \frac{K^*}{q_1^*} = \frac{q_1^*}{q_2^*}$$

Dies wird auch graphisch erkennbar, wenn im 3. Quadranten der Darstellung die Faktorpreise abgetragen und linear verbunden werden (vgl. Abbildung 27).
Isokostenlinien für Kostenbeträge, die höher (niedriger) als K^* sind, liegen weiter (weniger weit) vom Ursprung des Diagramms entfernt. Bei konstanten Faktorpreisen verlaufen alle Isokostenlinien parallel. Faktorpreisänderungen bewirken Steigungsveränderungen der Isokostenlinien, wenn zugleich auch das Faktorpreisverhältnis variiert.
Unter Beachtung der beschriebenen Kostenzusammenhänge lassen sich für bestimmte Erzeugnismengen **Minimalkostenkombinationen** für die Einsatzfaktoren bestimmen. Isokostenlinien müssen dabei in die Darstellung der Ertragsisoquanten aufgenommen werden. Aus der Forderung, einen bestimmten Output (Ertrag) mit minimalen Kosten herzustellen, resultiert die Lösung dort, wo eine Isokostenlinie die dem Output zugehörige Isoquante gerade berührt.
Umgekehrt kann man fordern, mit einem vorgegebenen Kostenbetrag den maximal möglichen Output zu erwirtschaften. Die Lösung erhält man in dem Punkt, in dem eine Ertragsisoquante die für den gegebenen Kostenbetrag geltende Isokostenlinie gerade berührt.
Beide Planungssituationen sind Ausdruck des **Wirtschaftlichkeitsprinzips,** das in seiner Ausprägung als **Minimumprinzip** fordert, einen bestimmten Ertrag mit minimalem Einsatz an Geldmitteln hervorzubringen. In der Form des **Maximumprinzips** gilt die Forderung, mit einem gegebenen Geldbetrag den maximalen Güterertrag zu erreichen. Durch beide Ausprägungsformen des Wirtschaftlichkeitsprinzips soll die Verschwendung von Gütern und Geld vermieden werden. Dieses Prinzip läßt sich auch auf andere Bereiche im Hinblick auf Mitteleinsätze und Zweckerreichungen übertragen.
Integriert man die Überlegungen zur Minimalkostenkombination und zum Wirtschaftlichkeitsprinzip in die limitationalen Bedingungen des Produktionsbeispiels der Kugelschreibermontage, so zeigt sich das in Abbildung 28 dargestellte Bild.
Minimalkostenkombinationen fallen **bei limitationalen Produktionsbedingungen** stets mit den **effizienten Faktorkombinationen** zusammen. In Abbildung 28 sind dies die Punkte A bis E. Betrachtet man den Prozeß der Erzeugnismengenausweitung (etwa aufgrund steigender Nachfrage), so erfolgt die Outputexpansion unter Wirtschaftlichkeitsgesichtspunk-

ten stets entlang der Minimalkostenkombinationen. In umgekehrter Richtung werden Outputschrumpfungen (z.B. bei Nachfragerückgang) herbeigeführt. Die Verbindungslinie der Minimalkostenkombinationen wird als **Minimalkostenlinie** oder **Expansions- bzw. Schrumpfungslinie** bezeichnet. Sie fällt bei limitationalen Faktoreinsatzbedingungen stets mit dem **Prozeßstrahl** für die effizienten Faktorkombinationen zusammen.

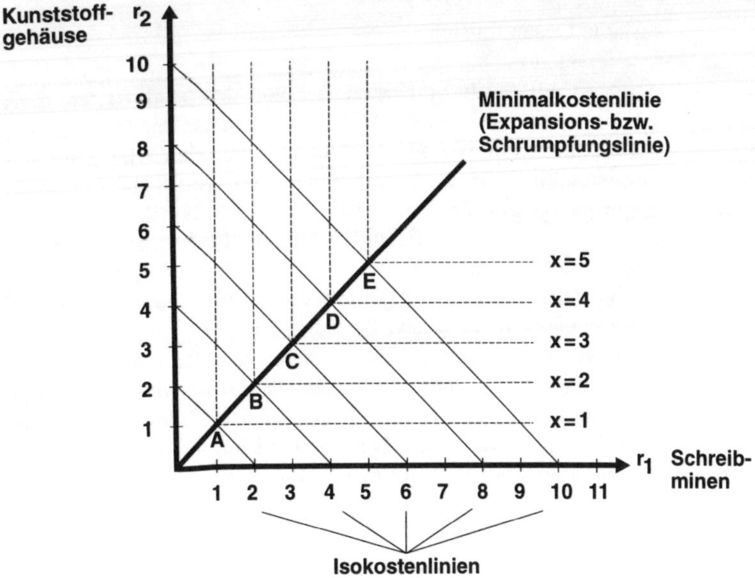

Abbildung 28: Minimalkostenkombination bei einem linear-limitationalen Produktionsverfahren

Hier erhebt sich die Frage nach den Kosten, die aus Variationen der Erzeugnismenge entlang der Minimalkostenlinie resultieren. Wesentlich ist dabei die Ermittlung erzeugniseinheitsspezifischer Kostensätze. Diese erhält man durch Multiplikation der Einsatzmengen aller Faktoren je Outputeinheit mit den konstanten Faktorpreisen q_i^*. Die Einsatzmenge der Faktorart i je Erzeugniseinheit wird durch den Produktionskoeffizienten $\bar{r}_i$ angegeben. Für den Kostensatz je Erzeugniseinheit erhält man unter Berücksichtigung der beiden betrachteten Einsatzfaktoren:

$$k_v = \bar{r}_1 \cdot q_1^* + \bar{r}_2 \cdot q_2^*$$

k_v = variable Kosten je Erzeugniseinheit (variable Stückkosten)

Der Kostensatz je Produkteinheit k_v resultiert hier aus denjenigen Kostenbestandteilen, die durch den Einsatz der betrachteten Verbrauchsfaktoren anfallen. Aufgrund der Konstanz der Produktionskoeffizienten bei linear-limitationalen Bedingungen ist er bei konstanten Faktorpreisen ebenfalls konstant.

$$k_v = k_v^* = \text{konstant}$$

Betrachtet man die insgesamt durch die Produktion von Erzeugnissen anfallenden Kosten, so variieren die bisher diskutierten Anteile mit der Erzeugnismenge. Man spricht daher produktmengenbezogen von **variablen Gesamtkosten.** Bei Limitationalität ergeben sich diese durch Multiplikation des konstanten Stückkostensatzes k_v^* mit der Erzeugnismenge:

$$K_v(x) = k_v^* \cdot x = (\bar{r}_1 \cdot q_1 + \bar{r}_2 \cdot q_2) \cdot x$$

K_v = variable Gesamtkosten

Potentialfaktoreinsätze führen zusätzlich zu Kosten, die von der produzierten Erzeugnismenge unabhängig sind. Sie ergeben sich bei Produktionsanlagen aus der Verteilung der Anschaffungsauszahlung (Investitionssumme) auf die Nutzungsperioden. Bei Mitarbeitern ist der Entlohnungszeitraum wesentlich, der als Berechnungsgrundlage für die Lohnkosten unabhängig von der Erzeugnismenge gilt (Zeitlohn). Aufgrund des fixen Charakters gegenüber Produktmengenvariationen spricht man von **fixen Kosten** oder **Fixkosten** in bezug auf den Output. Erzeugnismengenabhängige Lohnkosten (Leistungslohnkosten) gehen in die variablen Kostenbestandteile ein. Dies gilt auch für Betriebsstoffe zum Antrieb von Fertigungsanlagen. Hier sei zunächst vereinfachend unterstellt, daß der Betriebsstoffverbrauch je Outputeinheit konstant ist und wie der Einsatz von Materialteilen ermittelt und kostenmäßig bewertet werden kann. Die in diesem Zusammenhang vielfach bedeutsamen mittelbaren Produktionsfaktor-Produkt-Beziehungen werden im 2. Kapitel des 2. Teiles aufgegriffen.
Bezeichnet man die fixen Kosten mit K_f, so ergeben sich bei Limitationalität die Gesamtkosten K(x) eines Betrachtungszeitraumes (z.B. für einen Monat) wie folgt:

$$K(x) = K_f + k_v^* \cdot x$$

Graphisch ergibt sich der in Abbildung 29 dargestellte Zusammenhang:

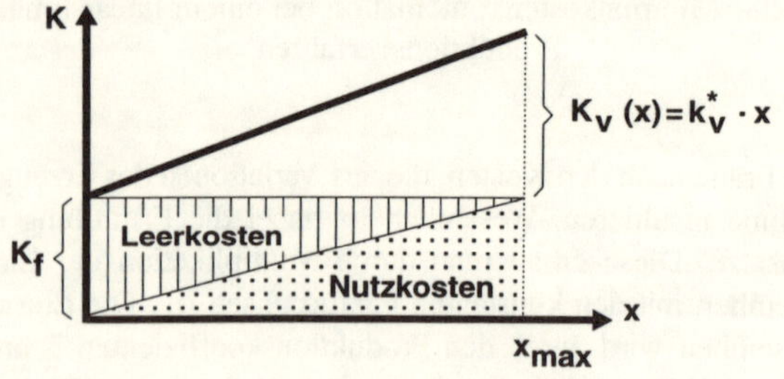

Abbildung 29: Gesamtkosten in Abhängigkeit von der Produktmenge

x_{max} kennzeichnet hier die quantitative Kapazität des Produktionsbereichs für die betrachtete Erzeugnisart.
Bisweilen wird der Versuch unternommen, **Fixkosten** in einen **Nutzkostenanteil** und in einen **Leerkostenanteil** aufzuteilen. Dabei wird eine Proportionalisierung entsprechend der Ausnutzung der disponierbaren Produktionskapazität x_{max} innerhalb des Betrachtungszeitraumes vorgenommen. Der zugehörige Verlauf findet sich in Abbildung 29. Für jede produzierbare Erzeugnismenge $0 \leq x \leq x_{max}$ ergibt sich die Leerkostenhöhe als Ausmaß der Senkrechten in der schraffierten Fläche und die Nutzkostenhöhe als Vertikalabstand in der punktierten Fläche. Diese rein verrechnungstechnische Aufspaltung der Fixkosten im Ver-

hältnis der genutzten zur ungenutzten Kapazität ist jedoch für Produktionsentscheidungen wertlos. Die oft hervorgehobene Signalwirkung hoher Leerkosten im Hinblick auf die Forderung nach höherer Kapazitätsauslastung geht auch bereits von der Kapazitätsnutzung selbst aus. Insgesamt kann eine Orientierung an Nutz- und Leerkostenangaben die Höhe der Fixkosten nicht beeinflussen. Fixkosten sind innerhalb kurzfristiger Planungszeiträume entscheidungsunabhängig.

Zur Ermittlung der **durchschnittlichen Kosten je Erzeugniseinheit (Stückkosten k)** werden die Gesamtkosten durch die Produktmenge dividiert:

$$k = \frac{K}{x}$$

Produktmengenbezogen kann auch dabei eine Unterteilung in variable und fixe Bestandteile vorgenommen werden. Die Möglichkeit der Ermittlung der variablen Durchschnittskosten durch Bewertung der Produktionskoeffizienten mit den Faktorpreisen wurde bereits diskutiert. Bei vorab bekannten variablen Gesamtkosten sind sie auch retrograd durch Division dieser Größe durch die Erzeugnismenge zu errechnen:

$$k_v = \frac{K_v}{x}$$

Auf den jeweils produzierten Output entfallen rein rechentechnisch folgende durchschnittliche Fixkosten k_f:

$$k_f = \frac{K_f}{x}$$

Sie nehmen mit zunehmender Produktmenge ab. Die gesamten Durchschnittskosten (Stückkosten) bestimmen sich auch wie folgt:

$$k = \frac{K_v}{x} + \frac{K_f}{x} = k_v + k_f$$

Im Hinblick auf den diskutierten Fall einer linearen Gesamtkostenfunktion erhält man die in Abbildung 30 dargestellten Stückkostenverläufe für k und k_v.

Die fixen Kosten je Erzeugniseinheit k_f ergeben sich jeweils als senkrechter Abstand zwischen k und k_v^*. Bei der hier betrachteten linearen Limitationalität der variablen Einsatzfaktoren ist k_v^* über das gesamte realisierbare Erzeugnismengenintervall (quantitative Kapazität des bzw. der beteiligten Potentialfaktoren) konstant. Diejenige Ausbringungsmenge, bei der die gesamten Durchschnittskosten ihr Minimum annehmen, wird als das **Betriebsoptimum** bezeichnet. Es liegt bei dem hier diskutierten linearen Gesamtkostenverlauf an der Kapazitätsgrenze. Den Output mit den minimalen variablen Stückkosten nennt man **Betriebsminimum.** Bei linearen Gesamtkosten ist dies über den gesamten Bereich realisierbarer Erzeugnismengen gegeben. Die beiden genannten Begriffe entstammen der Absatztheorie und beziehen sich auf einen Vergleich der Stückkosten mit dem Absatzpreis. Zur Sicherung langfristiger Unternehmungsexistenz ist eine Deckung der gesamten Stückkosten durch den Absatzpreis p und möglichst eine zusätzliche Erwirtschaftung von Gewinnen erforderlich ($p \geq k$). Die gesamten Durchschnittskosten bilden die langfristige Preisuntergrenze. Die Kenntnis ihres Minimums ist daher von beachtlicher Bedeutung. Das Stückkostenminimum wird als Betriebsoptimum bezeichnet, weil hier die positive Differenz zwischen (erzeugnismengenunabhängigem) Preis und Durchschnittskosten (Stückgewinn) das Maximum annimmt. Voraussetzung ist jedoch stets die Absetzbarkeit der zugehörigen Ausbringungsmenge. Eine Unterschreitung der Durchschnittskosten durch den Preis erfordert in langfristiger Sicht die Einstellung der Produktion. Kurzfristig ist eine Unterschreitung der gesamten Stückkosten durch den Preis vertretbar, wenn künftig eine positive Gewinnentwicklung zu erwarten ist. Eine preisbezogene Deckung der variablen Stückkosten ist jedoch zu fordern (Betriebsminimum), weil sie meist direkt mit notwendigen Auszahlungen verbunden sind.

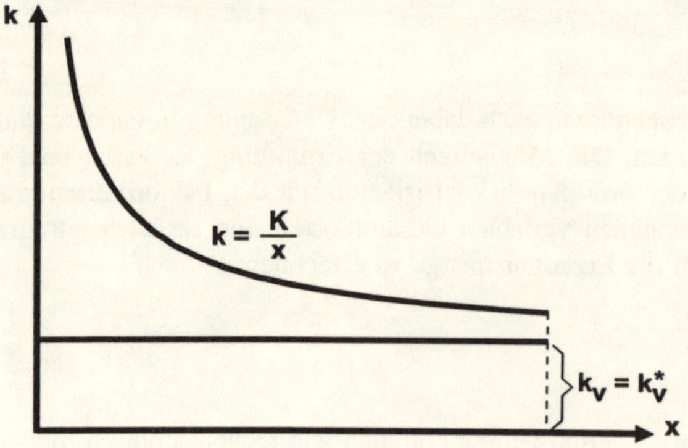

Abbildung 30: Stückkosten in Abhängigkeit von der Produktmenge

Im Rahmen der Produktionsplanung ist bei Expansionsüberlegungen (Schrumpfungsüberlegungen) eine Aussage über den Kostenzuwachs (die Kostenreduzierung) bei Erhöhung (Reduzierung) der Erzeugnismenge um **eine Einheit** von beachtlicher Bedeutung. Diese Kostenveränderungen werden als **Grenzkosten in bezug auf die Produktmenge** (vielfach nur als **Grenzkosten**) bezeichnet ($K'(x)$). Sie entsprechen der Steigung der Gesamtkostenfunktion bei der jeweils betrachteten Erzeugnismenge, die mit der Steigung der Funktion der variablen Gesamtkosten identisch ist.

$$\frac{dK}{dx} = K'(x) = K'_v$$

Bei **linearem Gesamtkostenverlauf** erhält man **konstante Grenzkosten.** Sie entsprechen den variablen Stückkosten.

$$K'(x) = k_v^* = \text{konstant}$$

Die Diskussion der Kostenverläufe hat gezeigt, wie bei gegebenen Faktorpreisen unter linear-limitationalen Bedingungen relevante Kostengrößen ermittelt werden können. Nunmehr soll untersucht werden, welche Auswirkungen sich ergeben, wenn in Folgeperioden mit Faktorpreisänderungen zu rechnen ist.

Bisher wurde ein bestimmtes Faktorpreisverhältnis unterstellt. Die Ausgangssituation des betrachteten Produktionsbeispiels (Kugelschreibermontage)' sei wie folgt gekennzeichnet:

Faktorpreis je Mengeneinheit für Schreibminen: $q_1^* = 0{,}50$ DM

Faktorpreis je Mengeneinheit für Kunststoffgehäuse: $q_2^* = 0{,}50$ DM

Daraus resultiert folgendes Faktorpreisverhältnis:

$$\frac{q_1^*}{q_2^*} = 1$$

Ist beispielsweise bei den Kunststoffgehäusen aufgrund zunehmender Rohstoffverknappungen mit einer beachtlichen Preiserhöhung zu rechnen, so müssen die Kostenwirkungen abgeschätzt werden. Fraglich ist, welche Auswirkungen daraus im Hinblick auf eine kostenminimale Produktion resultieren. Verändern sich Minimalkostenlinie und Kostenverläufe? Für eine bestimmte Erzeugnismenge x^*, für die in der Ausgangssituation der Kostenbetrag K^* bei den Faktorpreisen q_1^* und q_2^* erforderlich war, ergeben sich bei Preissteigerungen von q_2^* auf $q_2^{(neu)}$ $(q_2^{(neu)} > q_2^*)$ die in Abbildung 31 skizzierten Zusammenhänge.

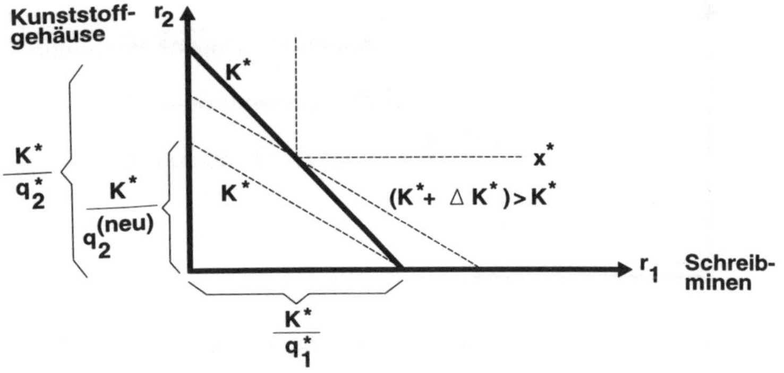

Abbildung 31: Faktorpreisänderung bei einem linear-limitationalem Produktionsverfahren

Die Isokostenlinie für K^* erhält einen anderen Anstieg. Aufgrund der Kunststoffverteuerung ist die Menge x^* mit diesem Kostenbetrag nicht mehr produzierbar. Ein höherer Betrag $(K^* + \Delta K^*) > K^*$ ist erforderlich.

Es ist jedoch erkennbar, daß sich die bei limitationalen Bedingungen gültige Minimalkostenlinie nicht verändert. Sie fällt hier stets mit dem effizienten Prozeßstrahl zusammen. Allerdings ergeben sich veränderte Gesamtkosten. Die Ausgangssituation war gekennzeichnet durch:

$$K(x) = k_v^* \cdot x + K_f$$

$$k_v^* = \bar{r}_1 \cdot q_1^* + \bar{r}_2 \cdot q_2^*$$

Nunmehr gilt:

$$k_v^{*(neu)} = \bar{r}_1 \cdot q_1^* + \bar{r}_2 \cdot q_2^{(neu)}$$
$$q_2^{(neu)} > q_2^*$$

Daraus resultiert:

$$k_v^{*(neu)} > k_v^*$$
$$K(x)^{(neu)} = K_f + k_v^{*(neu)} \cdot x$$
$$K(x)^{(neu)} > K(x)$$

Allgemein ergeben sich bei Limitationalität folgende Zusammenhänge:
Bei steigenden Faktorpreisen steigen die Gesamtkosten. Sinkende Faktorpreise bewirken ein Sinken der Gesamtkosten. Abbildung 32 verdeutlicht exemplarisch entsprechende Entwicklungen.

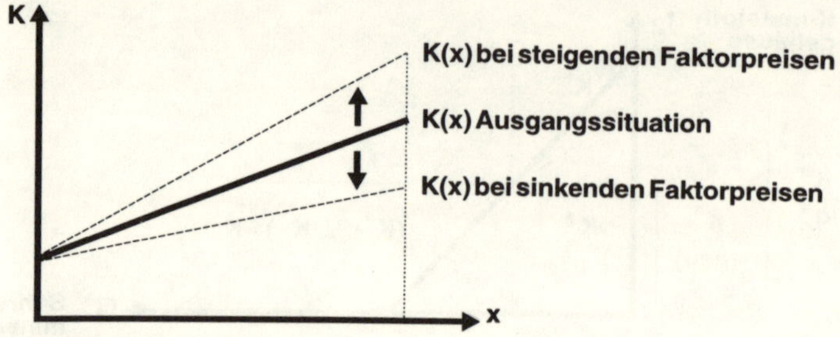

Abbildung 32: Gesamtkostenverläufe bei Faktorpreisänderungen

Bei den diskutierten Interdependenzen wird davon ausgegangen, daß eine Faktorpreisänderung nicht durch eine andere kompensiert bzw. überkompensiert wird. Für alle Fälle lassen sich in der angegebenen Vorgehensweise Kostenfunktionen ermitteln:

$$K(x) = K_f + k_v(q_i) \cdot x \qquad i = 1, 2, \ldots, m$$

B. Modelle mit substitutionalen Bedingungen

Substitutionale Produktionsbedingungen bedeuten **Kombinationsmöglichkeiten der Produktionsfaktoren in unterschiedlichen Einsatzverhältnissen** für einheitliche Erzeugnismengen. Die Darstellung von Produktions- und Kostenmodellen für entsprechende Bereiche soll durch schrittweise Erweiterung der limitationalen Bedingungen erläutert werden. Dies kann durch die Analyse mehrerer linear-limitationaler Prozesse erfolgen, durch die bei Einsatz gleichartiger Verbrauchsfaktorarten in unterschiedlichen Einsatzverhältnissen gleichartige Erzeugnisse produziert werden. Entsprechende Bedingungen finden sich vor allem in der chemischen Industrie sowie in der Stahlproduktion. Stahl kann durch unterschiedliche Verfahren (z.B. Bessemer-, Thomas-, Siemens-Martin-, Oxygen-Verfahren) erzeugt werden. Die Verbrauchsfaktoren Roheisen und Schrott werden dabei in unterschiedlichen Einsatzverhältnissen kombiniert (BUSSE v. COLBE/LASSMANN 1991, S. 249f.). Substitutionsmöglichkeiten ergeben sich durch Niveauvariation bei den einzelnen Prozessen. Dies kann an einem Beispiel für zwei linear-limitationale Produktionsprozesse verdeutlicht werden. Abbildung 33 zeigt eine entsprechende Produktionssituation.

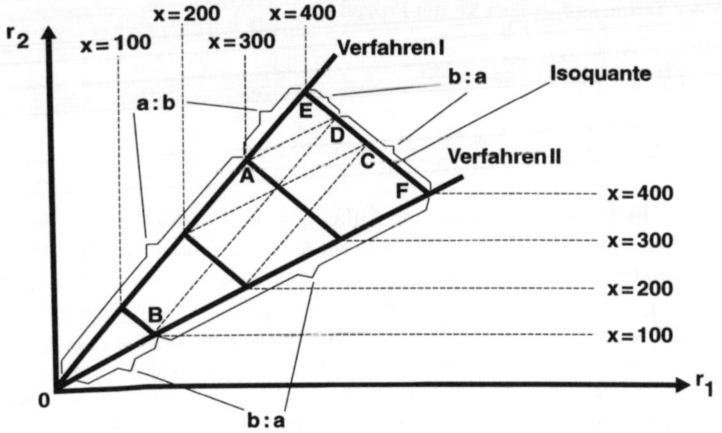

Abbildung 33: Substitutionsmöglichkeiten bei zwei linear-limitationalen Produktionsverfahren

Die beiden Produktionsprozesse weisen voneinander abweichende Faktoreinsatzverhältnisse - daraus resultierend - unterschiedliche Produktionskoeffizienten auf. Obwohl für jeden Prozeßstrahl lineare Limitationalität gilt, liegen substitutionale Bedingungen für die Gesamtsituation insoweit vor, als eine bestimmte Erzeugnismenge x^* zum Teil mit dem einen Prozeß (Verfahren I), zum restlichen Teil mit dem anderen Prozeß (Verfahren II) in unterschiedlichen Kombinationen produziert werden kann. Substitution zwischen den Prozessen bedeutet zugleich Substitution zwischen den Verbrauchsfaktormengen r_1 und r_2. Dies wird deutlich, wenn man Punkte gleicher Outputmengen auf den Prozeßstrahlen durch Geraden miteinander verbindet. Die Geraden, die durch die Prozeßstrahlen begrenzt werden, stellen die Isoquanten dar. Darüber hinaus werden ineffiziente Teile der Isoquanten durch koordinatenparallele (waagerechte und senkrechte) Verläufe gekennzeichnet. Ein Punkt auf einer Isoquante gibt die gesamten Faktoreinsatzmengen r_1 und r_2 an, die bei den zugehörigen Prozeßrealisationen erforderlich sind. Wird eine bestimmte Erzeugnismenge beispielsweise zur Hälfte von Prozeß I erstellt, ist durch Prozeß II die andere Hälfte zu produzieren. Werden drei Viertel des Outputs durch Prozeß I realisiert, erfordert dies eine Produktion von einem Viertel der Produktmenge durch Prozeß II. Dies ist in Abbildung 33 für die Produktmenge x = 400 erkennbar.

Allgemein gilt für die Produktion eines vorgegebenen Outputs x^* folgender Zusammenhang:

Produktion der Teilmenge $\frac{a}{a+b} \cdot x^*$ mit Prozeß I

Produktion der Teilmenge $\frac{b}{a+b} \cdot x^*$ mit Prozeß II

Insgesamt ergibt sich x^*:

$$\frac{a}{a+b} \cdot x^* + \frac{b}{a+b} \cdot x^* = \frac{a+b}{a+b} \cdot x^* = x^*$$

Im Hinblick auf die Prozeßstrahlen ist eine Aufteilung des Prozeßstrahles I bis zur Erzeugnismenge x^* im Verhältnis a : b bei Realisation des Anteils a und eine Aufteilung des Prozeßstrahles II bis zum Output x^* im Verhältnis b : a bei Realisation des Anteils b erforderlich. Die in Abbildung 33 gewählte Aufteilung der Erzeugnismenge x = 400 im Verhältnis 3 : 1 auf die Verfahren I und II wird durch die Punkte A und B markiert. Zeichnet man von diesen Punkten aus die Parallelen zu dem jeweils anderen Prozeßstrahl, so treffen sich diese im Punkt D auf der Isoquante für x = 400. Die Parallelstrecke $\overline{AD}$ (gestrichelte Gerade) kennzeichnet graphisch nichts anderes als die Verlagerung des Prozesses II bis zur Produktmenge x = 100 aus dem Nullpunkt in den Punkt A. Analog ist die Parallelstrecke $\overline{BD}$ eine graphische Verschiebung des Prozesses I bis zum Output x = 300.
Der in der beschriebenen Weise entstehende Punkt D teilt die Isoquante ebenfalls im Verhältnis b : a. Jedem Punkt auf der Isoquante können also die zugehörigen Prozeßrealisationen und die prozeßbezogenen Teilproduktmengen und Faktorkombinationen durch Parallelen zu den Prozessen zugeordnet werden. Die Gesamteinsatzmengen r_1 und r_2 für beide Prozesse sind aus den Koordinaten des Punktes D ablesbar.
Wird also die Isoquantengerade $\overline{EF}$ durch den Punkt D im Verhältnis b : a aufgeteilt und werden zusätzlich die Parallelen zu den Prozeßstrahlen durch D gezeichnet, so werden die Prozeßstrecken $\overline{OE}$ und $\overline{OF}$ in dem entsprechenden Verhältnis geteilt (Strahlensatz). Der Isoquantenpunkt C gilt für den Fall, daß die gesamte Erzeugnismenge (x = 400) je zur Hälfte durch die Verfahren I und II produziert wird.
Die Isoquantenermittlung läßt sich analog zu den Fertigungsbedingungen eines limitationalen Produktionsprozesses auf der Basis eines Ertragsgebirges vornehmen. Dies hat für den vorliegenden Fall zweier substituierbarer Verfahren die in Abbildung 34 dargestellte Gestalt. Im r_2/r_1-Diagramm ergeben sich die Isoquanten durch die Projektion horizontaler Schnittgeraden im Ertragsgebirge auf die Grundfläche. Ineffiziente Isoquantenabschnitte sind als gestrichelte Geraden erkennbar.

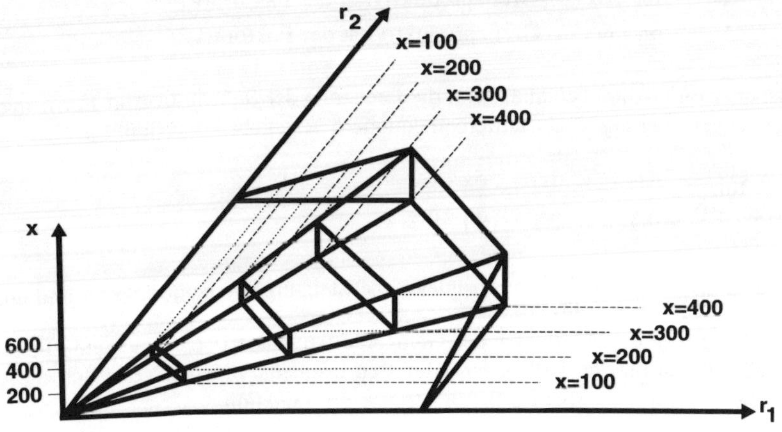

Abbildung 34: Ertragsgebirge bei zwei linear-limitationalen Produktionsverfahren

Der Verlauf der Isoquanten ist für die Bestimmung von Substitutionsbedingungen von grundlegender Bedeutung. Aufgrund der Veränderungsmöglichkeiten der Verfahrenskombinationen kann eine Faktorkombination r_1^* und r_2^* bei gleichem Output x^* z.B. durch die Faktorkombination

$$r_1^* + \Delta r_1 \quad \text{und} \quad r_2^* - \Delta r_2$$

ersetzt werden. Zusammenhänge dieser Art werden durch die **Grenzrate der Substitution** erfaßt, die sich durch den Quotienten der Form

$$-\frac{\Delta r_2}{\Delta r_1}$$

ergibt. Es geht dabei um die Angabe, auf wieviel Einsatzmengeneinheiten der Faktorart 2 bei Konstanz des Outputs verzichtet werden kann, wenn von der Faktorart 1 eine zusätzliche Mengeneinheit eingesetzt wird. Um einen positiven Wert des ohnehin negativen Quotienten zu erhalten, wird die Grenzrate der Substitution meist negativ definiert.

Das **totale Grenzprodukt** Δx (vgl. Abschnitt »Outputeffekte bei Faktormengenänderungen«) liefert zusätzliche Aussagen über die Grenzrate der Substitution. Auf einer Isoquante muß das totale Grenzprodukt, d.h. die durch die Faktorsubstitution verursachte Outputmengenveränderung, den Wert Null annehmen.

$$\Delta x \approx \frac{\delta x}{\delta r_1} \cdot \Delta r_1 + \frac{\delta x}{\delta r_2} \cdot \Delta r_2 = 0$$

Daraus resultiert:

$$\frac{\delta x}{\delta r_1} \cdot \Delta r_1 = -\frac{\delta x}{\delta r_2} \cdot \Delta r_2$$

$$-\frac{\Delta r_2}{\Delta r_1} = \frac{\delta x}{\delta r_1} : \frac{\delta x}{\delta r_2} = \frac{\text{Grenzproduktivität der Faktorart 1}}{\text{Grenzproduktivität der Faktorart 2}}$$

Ist die Isoquantenfunktion bekannt, kann die Grenzrate der Substitution in Form marginaler Faktoreinsatzveränderungen als Differentialquotient angegeben werden:

$$\lim_{\Delta r_1 \to 0} -\frac{\Delta r_2}{\Delta r_1} = -\frac{d r_2}{d r_1} = \frac{\delta x}{\delta r_1} : \frac{\delta x}{\delta r_2}$$

Der Differentialquotient $-\frac{dr_2}{dr_1}$ gibt zugleich die Steigung der Isoquante an und entspricht ebenfalls dem reziproken Verhältnis der Grenzproduktivitäten der betrachteten beiden Faktorarten. Erhält man für den Verlauf einer linearen Isoquante innerhalb des Substitutionsbereichs zweier Produktionsprozesse beispielsweise die Funktion

$$r_2 = -3r_1 + 15,$$

so läßt sich der Isoquantenanstieg durch den Differentialquotienten (1. Ableitung) bestimmen.

$$\frac{dr_2}{dr_1} = -3$$

Entsprechend ist die Grenzrate der Substitution für marginale Faktoreinsatzänderungen definiert, allerdings mit negativem Vorzeichen. Man erhält also als Grenzrate der Substitution

$$-\frac{dr_2}{dr_1} = 3.$$

Bei Erhöhung des Einsatzes der Faktorart 1 um eine Mengeneinheit können in diesem Falle 3 Mengeneinheiten der Faktorart 2 eingespart werden. Diesen Zusammenhang zeigt Abbildung 35 für die Erzeugnismenge x^* bei Substitutionsmöglichkeiten durch unterschiedlichen Einsatz zweier Produktionsverfahren (I und II). Die Einsatzmengen r_1^* und r_2^* kennzeichnen die Ausgangssituation.
Bei der Ermittlung von Ertragsisoquanten für die Kombination unterschiedlicher Produktionsprozesse mit gleichen Einsatzfaktoren ist zu beachten, daß einzelne Prozeßkombinationen ineffizient sein können. Zwei Beispiele mit jeweils drei linear-limitationalen Prozessen können dies verdeutlichen (Abbildungen 36 und 37).

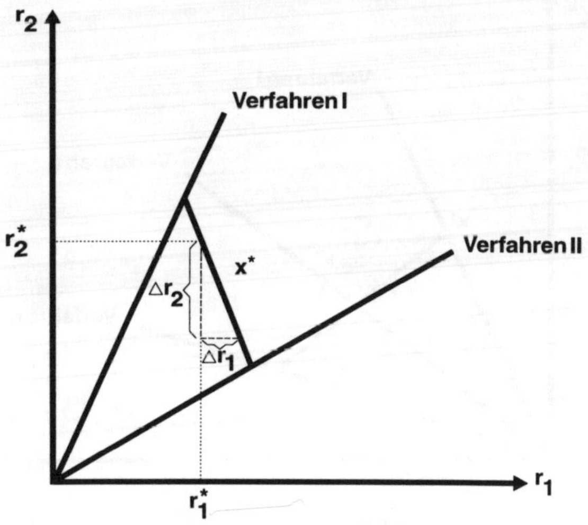

Abbildung 35: Faktorsubstitutionen bei Verfahrenskombinationen

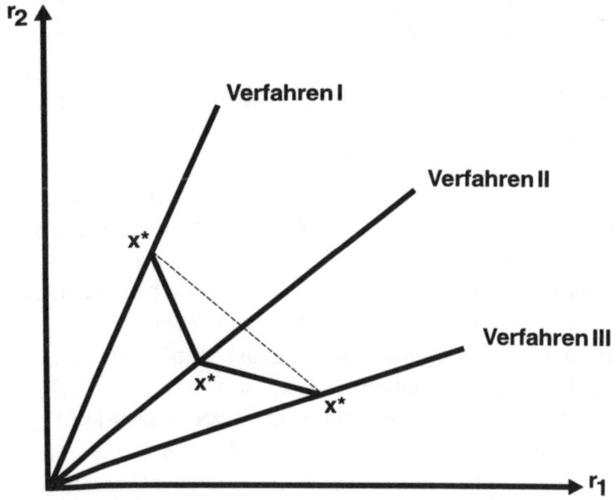

Abbildung 36: Effiziente und ineffiziente Verfahrenskombinationen (Fall A)

Die dargestellten Verfahren sind grundsätzlich alle miteinander kombinierbar. Im Fall A (Abbildung 36) sind Kombinationen der Prozesse I und III ineffizient, weil gleiche Erzeugnismengen (hier x^*) mit geringeren Faktoreinsätzen erreicht werden können. Die (gestrichelte) Kombinationsisoquante ist gegenüber den Isoquanten für Kombinationen der Prozesse I und II einerseits sowie der Prozesse II und III andererseits ineffizient.

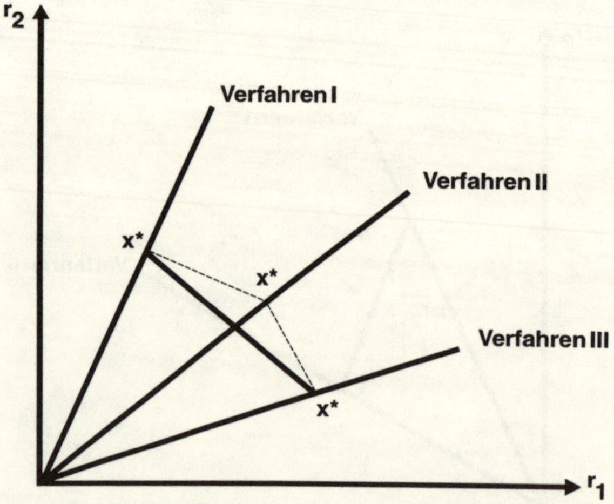

Abbildung 37: Effiziente und ineffiziente Verfahrenskombinationen (Fall B)

Entsprechendes gilt für Fall B (Abbildung 37) im Hinblick auf Kombinationen der Prozesse I und II sowie der Prozesse II und III. Sie sind ineffizient, weil durch Kombinationen der Prozesse I und III geringere Faktoreinsatzmengen zu gleichem Output führen. Dies bedeutet zugleich eine generelle Ineffizienz von Prozeß II im Vergleich zu den beiden anderen und deren Kombinationen. Prozeß II wird daher stets nur dann realisiert, wenn die Produktionsmöglichkeiten der Prozesse I und III bereits voll ausgeschöpft sind und dennoch eine Erzeugnismengenerweiterung vorgenommen werden soll.

Die kostengünstigste Produktionsweise ist bei Realisierbarkeit mehrerer Prozesse durch Einbeziehung von Isokostenlinien bestimmbar. Abbildung 38 verdeutlicht dies für eine ähnliche Produktionssituation, wie sie in Abbildung 33 dargestellt wurde.

Die **Minimalkostenkombination** bzw. das **Wirtschaftlichkeitsprinzip** ist dann erfüllt, wenn eine Isoquante eine Isokostenlinie gerade berührt. Hier werden vorbestimmte Erzeugnismengen mit minimalen Kosten bzw. mit vorgegebenen Kostenbeträgen maximale Outputmengen realisiert. In dem dargestellten Beispiel ist dies stets im Verfahren II der Fall. Prozeß I ist bei allen Produktmengen kostenungünstiger. Der Prozeßstrahl II stellt daher die Minimalkostenlinie bzw. die Expansions- bzw. Schrumpfungslinie dar und bildet analog zu der Produktionssituation mit lediglich einem linear-limitationalen Prozeß die Ausgangsbasis für die Ermittlung der Kostenfunktion. Die Vorgehensweise ist nach der Vorauswahl des kostenminimalen Verfahrens grundsätzlich identisch (vgl. Abbildungen 28 und 29). Jedoch gilt für Erzeugnismengen, die über den maximalen Output des Verfahrens II hinausgehen, die Kostensituation des Verfahrens I.

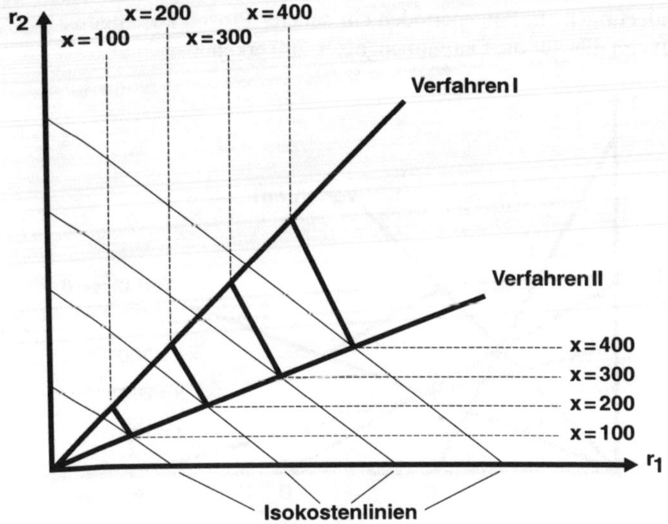

Abbildung 38: Minimalkostenkombinationen bei zwei linear-limitationalen Produktionsverfahren

Abbildung 39 zeigt diesen Zusammenhang unter der Annahme, daß die verfahrensbezogenen Fixkosten unabhängig von dem Verfahrenseinsatz anfallen.

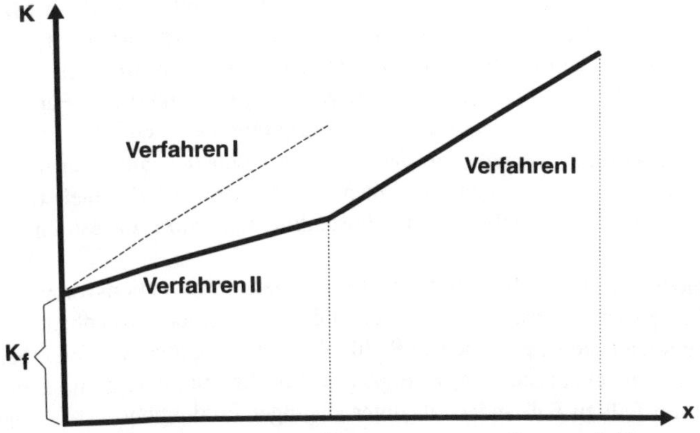

Abbildung 39: Gesamtkostenverlauf unter Beachtung der Minimalkostenkombinationen

In Produktionssituationen mit mehreren Prozessen der beschriebenen Art kann durch **Faktorpreisänderungen** in Folgeperioden ein anderer Prozeß kostengünstiger werden. In Abbildung 40 wird dies für die Outputmenge x = 200 erkennbar.

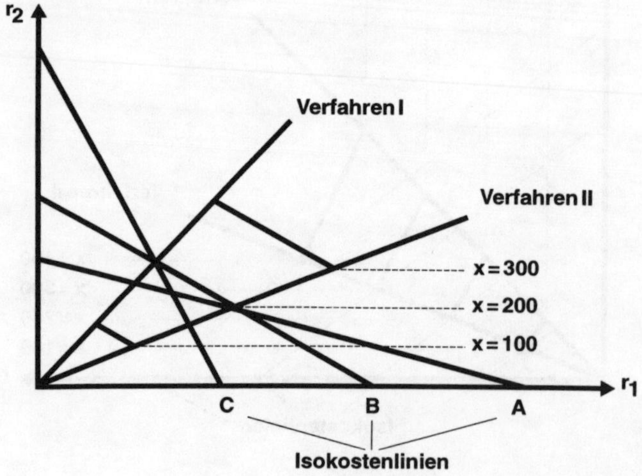

Abbildung 40: Faktorpreisänderungen bei zwei linear-limitationalen Produktionsverfahren

Die kostenbezogene Ausgangssituation wird durch die Isokostenlinie A gekennzeichnet. Verfahren II ist stets kostengünstiger. Der zugehörige Prozeßstrahl wird zur Minimalkostenlinie. Verändert sich ein Faktorpreis bzw. variieren beide Faktorpreise derart, daß der Anstieg der Isokostenlinie mit dem Anstieg der Isoquante zusammenfällt, so führen alle Faktorkombinationen auf der Isoquante zu einheitlichen variablen Gesamtkosten. Für die jeweils betrachtete Isoquante stellen alle realisierbaren Prozeßkombinationen bzw. Einzelprozeßrealisationen Minimalkostenkombinationen dar. Eine entsprechende Situation findet sich in der Isokostenlinie B. Verlaufen die Isokostenlinien in dem gezeigten Beispiel steiler als die Isoquanten, wird Prozeß I kostengünstiger (Isokostenlinie C). Sein Prozeßstrahl wird damit zugleich zur Minimalkostenlinie.

Bei unterschiedlichen Umweltbelastungen der nutzbaren Produktionsverfahren reicht eine reine Produktionskostenbetrachtung nicht aus. Die dargestellten Kostenbeträge sind je Verfahren um ökologiebezogene Kosten (z.B. für Abfallentsorgung, -wiederaufbereitung, Bewertungen von Umweltbelastungen) zu ergänzen. Vor diesem Hintergrund kann die Verfahrensauswahl von Fall zu Fall anders als unter alleiniger Produktionskostenorientierung ausfallen.

Die dargestellten Zusammenhänge für Produktionssituationen mit überschaubarer (endlicher) Anzahl substituierbarer limitationaler Prozesse bilden eine Basis für Erweiterungen der Fragestellungen, die aus der vollständigen oder partiellen Substituierbarkeit von Einsatzfaktoren in einem meist nichtlinearen Isoquantenfeld resultieren.

Ist beispielsweise die Heißwasserversorgung eines Produktionsbereiches durch Gasbefeuerung, Ölbefeuerung oder durch gemischte Beheizung möglich, so kann sich ein Isoquantenfeld wie in Abbildung 41 ergeben.

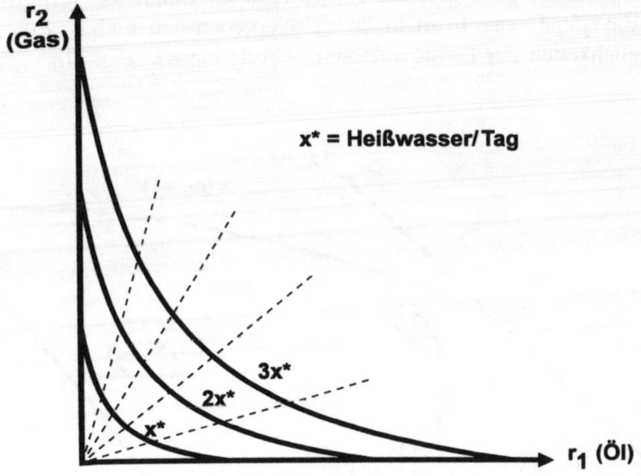

Abbildung 41: Isoquantenfeld bei substitutionalen Faktoreinsatzbedingungen

Derartige Isoquantenfelder können formal als die Darstellung unendlich vieler limitationaler Prozesse aufgefaßt werden. Jede auch nur geringfügige Veränderung des Einsatzverhältnisses bedeutet Übergang auf einen anderen Produktionsprozeß und den damit verbundenen Prozeßstrahl.

Analysiert man für diese Bedingungen die Entstehung der Isoquanten, so ist - wie bei der Diskussion eines limitationalen Prozesses - von dem zugehörigen Ertragsgebirge auszugehen. Für totale Substituierbarkeit zweier Faktoren erhält man beispielsweise die in Abbildung 42 dargestellte Form.

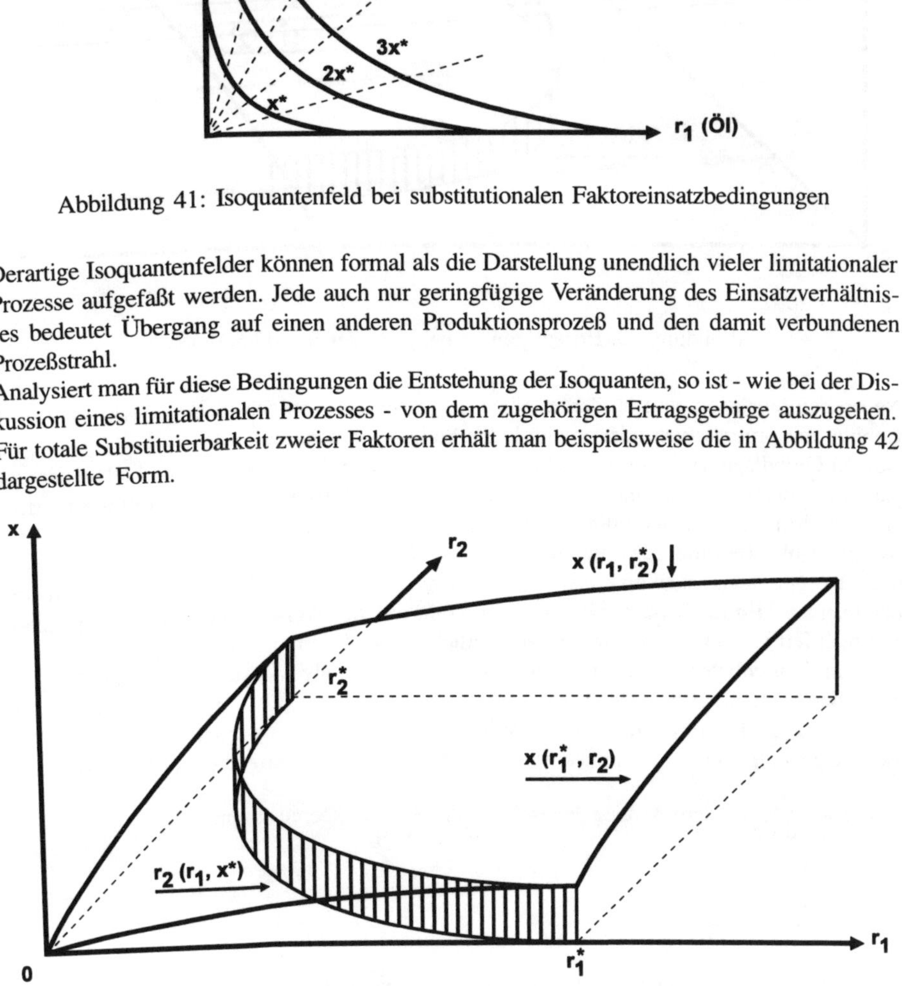

Abbildung 42: Ertragsgebirge bei totaler Substituierbarkeit

Die Isoquanten resultieren auch hier aus Projektionen horizontaler Schnitte durch das Ertragsgebirge auf die r_2/r_1-Ebene. In analoger Weise ergeben sich auch Isoquanten für partielle Substitutionsmöglichkeiten der Einsatzfaktoren. Abbildung 43 zeigt ein entsprechendes Ertragsgebirge:

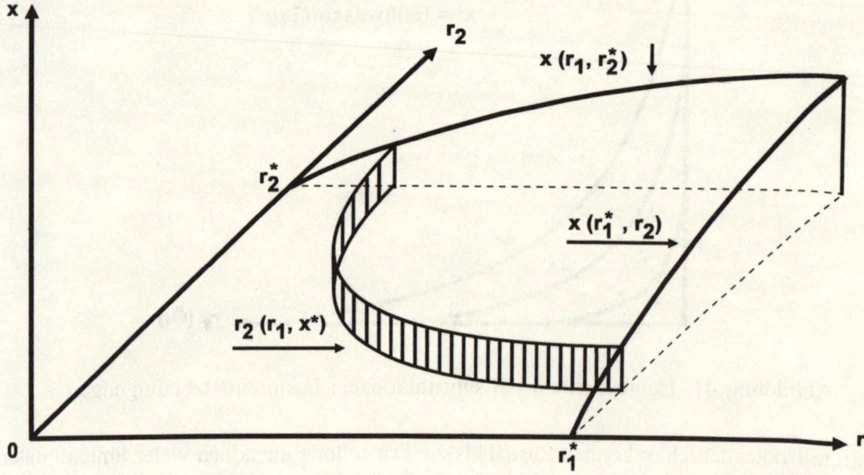

Abbildung 43: Ertragsgebirge bei partieller Substituierbarkeit

Neben den hier exemplarisch dargestellten degressiv ansteigenden Gebirgstypen sind auch Gebirge mit progressiven oder wechselnden Steigungen denkbar.
Auf der Grundlage des Wirtschaftlichkeitsprinzips soll die Produktion für den Fall totaler und partieller Substitution ebenfalls durch Realisation der **Minimalkostenkombination** erfolgen. Die Minimalkostenkombination für eine bestimmte Erzeugnismenge ist dort erreicht, wo eine **Isokostenlinie** zur **Tangente** der zugehörigen **Ertragsisoquante** wird. Verbindet man alle Minimalkostenkombinationen für unterschiedliche Ausbringungsmengen, so erhält man die **Minimalkostenlinie.** Sie gibt an, in welcher Weise Erzeugnismengenvariationen realisiert werden. Abbildung 44 verdeutlicht diese Zusammenhänge.
Mit dem Kostenbetrag K^* wird in dem vorliegenden Fall als höchster Output der Ertrag x^* produziert. In umgekehrter Sicht kann eine bestimmte Erzeugnismenge x^* im Tangentialpunkt mit einer Isokostenlinie mit den geringsten Kosten (hier K^*) erstellt werden.
Der Tangentialpunkt der Minimalkostenkombination wird dort erreicht, wo der Anstieg der Isoquante $\frac{dr_2}{dr_1}$ mit dem Anstieg der Isokostenlinie $-\frac{q_1^*}{q_2^*}$ übereinstimmt:

$$\frac{dr_2}{dr_1} = -\frac{q_1^*}{q_2^*}$$

Bei Umkehrung der Vorzeichen ergibt sich eine Verbindung zur Grenzrate der Substitution:

$$-\frac{dr_2}{dr_1} = \frac{q_1^*}{q_2^*}$$

Der letztgenannte Zusammenhang verdeutlicht, daß bei den genannten Produktionsbedingungen in der Minimalkostenkombination das Preisverhältnis der Einsatzfaktoren umgekehrt proportional zur Grenzrate der Substitution ist.

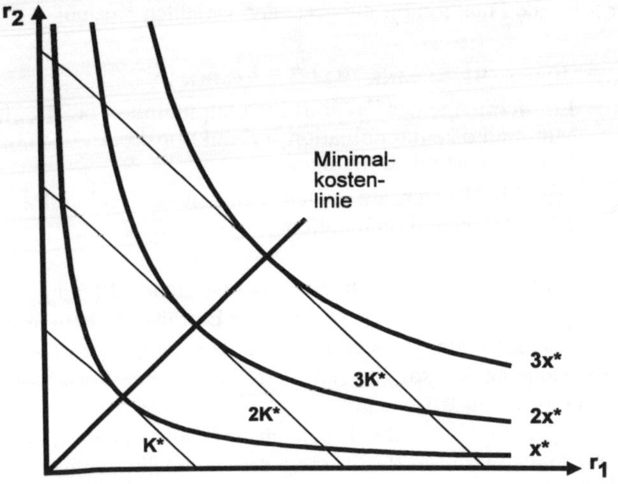

Abbildung 44: Minimalkostenkombinationen bei substitutionalen Produktionsbedingungen

Wie gezeigt wurde, entspricht die Grenzrate der Substitution dem reziproken Verhältnis der Grenzproduktivitäten der betrachteten Faktoren.

$$-\frac{dr_2}{dr_1} = \frac{\delta x}{\delta r_1} : \frac{\delta x}{\delta r_2}$$

Insofern gilt für Minimalkostenkombinationen folgende Beziehung:

$$\frac{q_1^*}{q_2^*} = \frac{\delta x}{\delta r_1} : \frac{\delta x}{\delta r_2}$$

Die Faktorpreise verhalten sich in der Minimalkostenkombination ebenso zueinander wie die Grenzproduktivitäten der beteiligten Faktorarten. Zur Ermittlung der Kostenfunktion werden die jeweils kostenminimalen Einsatzmengen der Produktionsfaktoren mit ihren Faktorpreisen q_1^* bewertet. Bei Einsatz zweier Verbrauchsfaktoren erhält man für die variablen Gesamtkosten:

$$K_v(x) = r_{1MKK}(x) \cdot q_1^* + r_{2MKK}(x) \cdot q_2^*$$

r_{iMKK} = Einsatzmenge der Faktorart i bei Realisation der Minimalkosten - kombination

Bei Ergänzung der Fixkosten ergeben sich entsprechende Gesamtkostenverläufe wie im Falle linearer Limitationalität. Dies resultiert aus der Festlegung der Faktoreinsatzverhältnisse durch die Forderung nach kostenminimaler Produktion. Bei linear-homogenen Isoquantenfeldern substitutionaler Prozesse lassen sich analog zu linear- limitationalen Prozessen unter Minimalkostenbedingungen Faktoreinsatzmengen und Kostensätze je Erzeugniseinheit ermitteln.

Man erhält daher folgende Funktion für die gesamten variablen Kosten:

$K_v = (\bar{r}_{1MKK} \cdot q_1^* + \bar{r}_{2MKK} \cdot q_2^*) \cdot x = k_{vMKK}^* \cdot x$

$\bar{r}_{iMKK}$ = Einsatzmenge der Fakorart i je Outputeinheit bei Realisation der Minimalkostenkombination (Produktionskoeffizienten unter Minimalkostenbedingungen)

k_{vMKK}^* = variabler Kostensatz je Outputeinheit bei Realisation der Minimalkostenkombination

Die Kostenverläufe werden auch hier durch die Kapazitätsgrenze der eingesetzten Potentialfaktoren begrenzt (x_{max}). Es tritt die Frage auf, welche Einflüsse **Faktorpreisänderungen** im Rahmen der beschriebenen substitutionalen Produktionsbedingungen bewirken. Aufgrund der Veränderung der Steigung der Isokostenlinien erfolgt stets eine **Verschiebung** der **Minimalkostenkombination** auf einer Isoquante.

Steigt beispielsweise q_2^* auf $q_2^{(neu)}$ und soll zugleich die Produktmenge nicht verändert werden, so muß bei der Forderung nach Realisierung der Minimalkostenkombination Faktor 2 so lange durch Faktor 1 substituiert werden, bis das Verhältnis der Grenzproduktivitäten der Einsatzfaktoren dem veränderten Faktorpreisverhältnis gleich ist. Diese Verschiebung der Minimalkostenkombination durch Faktorpreisvariation auf einer Isoquante wird als **Substitutionseffekt** bezeichnet. Ein Beispiel wird in Abbildung 45 dargestellt.

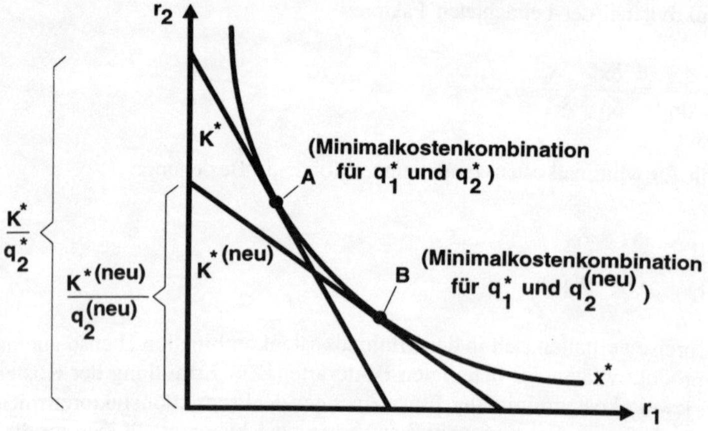

Abbildung 45: Substitutionseffekt aufgrund einer Faktorpreisänderung

Es wird gezeigt, wie sich die Minimalkostenkombination durch eine Erhöhung des Faktorpreises für die Faktorart 2 verschiebt. Aufgrund der Preiserhöhung erhält die Isokostenlinie einen flacheren Anstieg ($K^{*(neu)}$). Der Tangentialpunkt von Isokostenlinie und Isoquante (Minimalkostenpunkt) verlagert sich von Punkt A nach Punkt B. Ist bei Faktorpreissteigerungen eine Erhöhung des Gesamtkostenbetrages (z.B. aufgrund von Finanzrestriktionen) ausgeschlossen, wird eine Reduzierung der Erzeugnismenge erforderlich. Abbildung 46 verdeutlicht die relevanten Zusammenhänge.

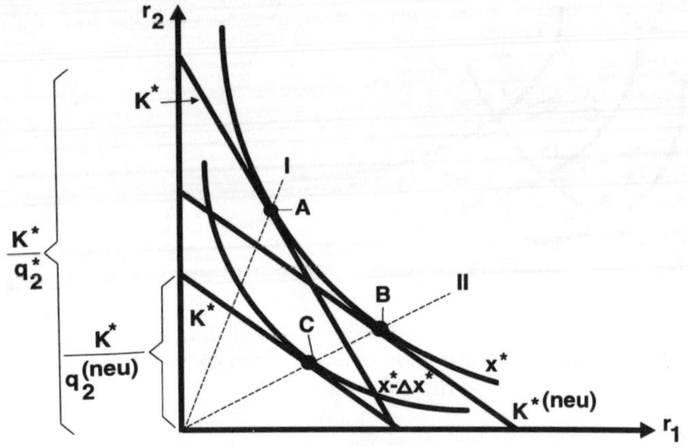

Abbildung 46: Substitutions- und Mengeneffekt aufgrund einer Faktorpreisänderung

Ausgangspunkt der Betrachtung bildet eine Preiserhöhung bei der Faktorart 2. Unter Beibehaltung der Erzeugnismenge dreht sich die Isokostenlinie von K^* auf $K^{*(neu)}$, wobei $K^{*(neu)} > K^*$ ist. Auf den Isoquanten x^* findet ein Substitutionseffekt von Punkt A nach Punkt B statt. Soll der Ausgangskostenbetrag K^* nicht überschritten werden, so ist für die entsprechende Isokostenlinie mit der neuen Steigung die tangierte Isoquante zu suchen. Dies entspricht einer Reduzierung der Outputmenge. Man bewegt sich dabei auf dem Prozeßstrahl II, der den Minimalkostenbedingungen des neuen Preisverhältnisses entspricht, von Punkt B nach Punkt C. Aufgrund der Erzeugnismengenvariation spricht man vom **Mengeneffekt.** Im Falle von Preissenkungen würde sich der Mengeneffekt in umgekehrter (outputsteigender) Richtung vollziehen. Bei proportionaler Variation beider Faktorpreise ergibt sich unter Beibehaltung des Kostenbetrages ausschließlich ein Mengeneffekt, weil die Steigung der Isokostenlinien und damit auch der Verlauf der Minimalkostenlinie keine Änderung erfahren.

Wenn ökologisch nicht vertretbare Isoquantenbereiche vorliegen (vgl. Abschnitt »Substitutionalität«), kann die zulässige Minimalkostenkombination von Tangentialpunkten abweichen. Abbildung 47 zeigt ein entsprechendes Beispiel.

Zulässige Isoquantenbereiche befinden sich zwischen den Punkten A und B (x^*), C und D ($2x^*$) sowie E und F ($3x^*$). In den unzulässigen Bereichen ist die Entsorgung belastender Abfallprodukte nicht gewährleistet. Es handelt sich um eine Situation der Nutzung von Anlagen der chemischen Industrie, bei der mit zunehmenden Einsatzmengen auch die zulässigen Faktoreinsatzverhältnisse variieren können (Verlauf OBDF). Als Minimalkostenpunkte ergeben sich abweichend von T_1, T_2 und T_3 die Punkte B, D und F. Die Verbindungslinie bildet die nichtlineare Minimalkostenlinie. Entsprechende Eingrenzungen der Isoquantenbereiche werden von Unternehmungen auch dann vorgenommen, wenn Erfüllungen staatlicher Auflagen mit überaus hohen Kosten verbunden sind.

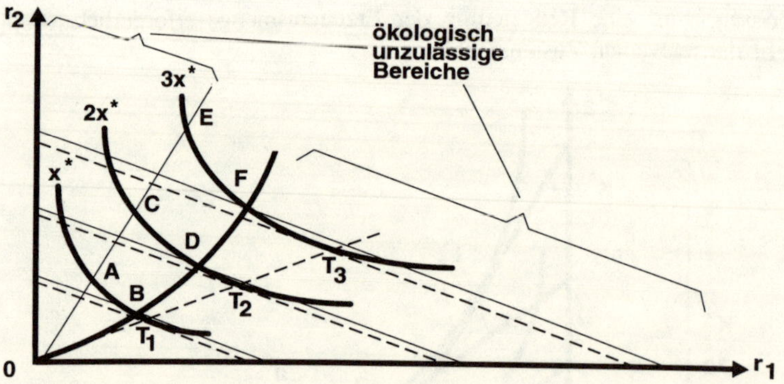

Abbildung 47: Minimalkostenkombinationen bei ökologisch unzulässigen Produktionsbereichen

C. Modelle auf der Basis der Produktionsfunktion vom Typ A

Auf der Grundlage von Produktionsmodellen mit unmittelbaren Produktionsfaktor-Produkt-Beziehungen bei substitutionalen Faktoreinsatzbedingungen läßt sich eine spezielle Produktionsfunktion erklären, die zugleich die älteste überlieferte Form der Quantifizierung von Input-Output-Relationen darstellt. Es handelt sich um das klassische Ertragsgesetz, das von J. TURGOT im 18. Jahrhundert für Bereiche der Landwirtschaft formuliert wurde. TURGOT stellte fest, daß aus zunehmendem Arbeitseinsatz auf einer Ackerfläche bei konstantem Saatgut- und Düngemitteleinsatz zunächst steigende, anschließend jedoch abnehmende Outputzuwächse resultieren. Die statistische Absicherung und formale Beschreibung dieser Zusammenhänge lieferte J. H. v. THÜNEN durch Untersuchungen auf seinem Gut Teltow. Vielfach wurde versucht, die beschriebene **Gesetzmäßigkeit vom zunehmenden und abnehmenden Ertragszuwachs** auf die Wirtschaftswissenschaften zu übertragen. In der Betriebswirtschaftslehre wird eine verallgemeinerte Fassung als **Ertragsgesetz** bzw. **Produktionsfunktion vom Typ A** diskutiert (GUTENBERG 1983, S. 303ff.). Dabei wird die Ausbringungsmenge x in Abhängigkeit von dem Einsatz eines variablen Faktors bei Konstanz eines oder mehrerer weiterer Produktionsfaktoren dargestellt. Der Funktionsverlauf weist analog zu den Agrarbedingungen anfangs steigende, dann abnehmende und nachfolgend bisweilen sogar negative Ertragszuwächse (Grenzerträge) auf. Die entsprechenden Zusammenhänge lassen sich aus einem einfachen Ertragsgebirge ableiten, das in Abbildung 48 dargestellt wird. Das Ertragsgebirge gilt für die substituierbaren Faktorarten 1 und 2. Ertragsisoquanten ergeben sich analog zu den bisherigen Betrachtungen als Projektion horizontaler Schnittflächen durch das Ertragsgebirge auf die r_2/r_1-Ebene. Der ertragsgesetzliche Verlauf der Produktionsfunktion bezieht sich auf die partielle Betrachtung eines Faktors. Dabei wird die Einsatzmenge des anderen Faktors vorgegeben.

Bei konstantem Einsatz der Faktorart 2 mit der Einsatzmenge r_2^* wirken Variationen der Einsatzmenge des Faktors 1 in der vorab beschriebenen Weise auf den Output. Der Bezug auf einen variablen Produktionsfaktor führt zu einer **partiellen Produktionsfunktion** (Ertragsfunktion), deren Verlauf im vorliegenden Fall durch die schraffierte Fläche dargestellt wird.

Ein entsprechender Verlauf ergibt sich, wenn die Einsatzmenge der Faktorart 1 konstant gesetzt ($r_1 = r_1^*$) und lediglich r_2 variiert wird.

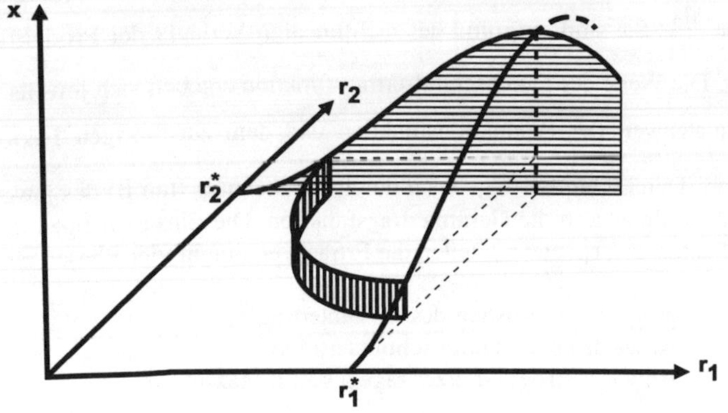

Abbildung 48: Ertragsgesetzliches Outputgebirge

Greift man eine partielle Produktionsfunktion (hier bezogen auf r_1) heraus, so lassen sich dafür zusätzlich die Verläufe der **Durchschnittsertragsfunktion** $\bar{x}(r_1)$ und der **Grenzertragsfunktion** $\frac{dx}{dr_1}(r_1)$ darstellen. Abbildung 49 zeigt die relevanten Zusammenhänge.

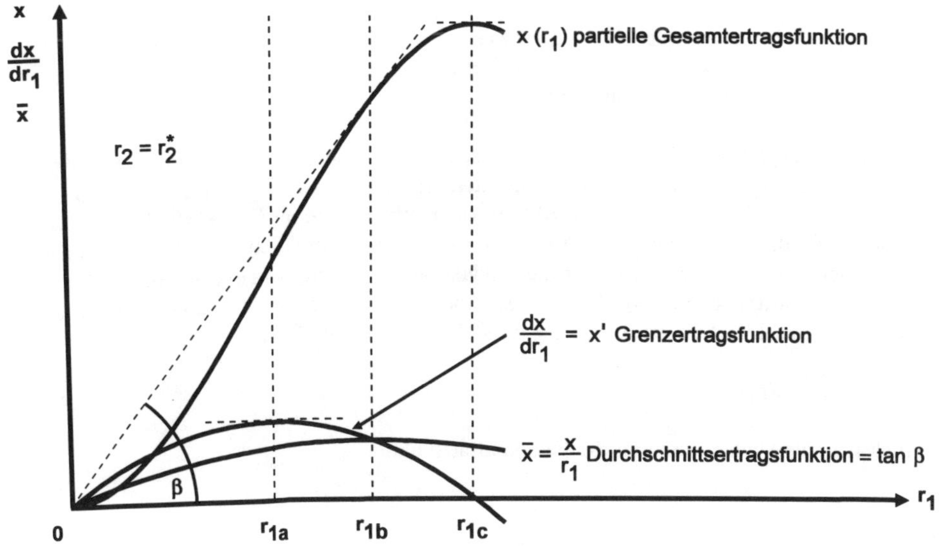

Abbildung 49: Ertragsgesetzliche Outputfunktionen

Die auf die Faktorart 1 bezogene Gesamtertragsfunktion gibt an, welche Erzeugnismenge durch alternative Faktoreinsatzmengen erreichbar ist. Die bei den einzelnen Faktoreinsätzen für r_1 erzielbaren Grenzerträge (Outputzuwächse) resultieren aus der Steigung der Gesamtertragsfunktion $\frac{dx}{dr_1}$. Sie sind aufgrund des nichtlinearen Verlaufs der Produktionsfunktion nicht konstant. Die Werte der Durchschnittsertragsfunktion ergeben sich jeweils als Quotient aus dem Ordinatenwert der Produktionsfunktion und dem zugehörigen Faktoreinsatz $\frac{x}{r_1}$. Man erhält diese Durchschnittserträge auch durch die Steigung (tan β) des jeweiligen Fahrstrahls aus dem Nullpunkt an die Gesamtertragsfunktion. Die Einsatzmengen des betrachteten variablen Faktors r_{1a}, r_{1b} und r_{1c} teilen die Ertragsverläufe in vier Phasen ein:

$0 \leq r_1 \leq r_{1a}$: progressiver Anstieg des Gesamtertrages,
Anwachsen des Durchschnittsertrages,
Anwachsen der Grenzerträge bis zum Maximum.

$r_{1a} \leq r_1 \leq r_{1b}$: degressiver Anstieg des Gesamtertrages,
Anwachsen des Durchschnittsertrages bis zum Maximum,
Sinken des Grenzertrages,
bei r_{1b} Grenzertrag = Durchschnittsertrag.

$r_{1b} \leq r_1 \leq r_{1c}$: degressiver Anstieg des Gesamtertrages bis zum Ertragsmaximum,
Sinken des Durchschnittsertrages,
Sinken des Grenzertrages bis auf Null bei r_{1c}.

$r_1 \geq r_{1c}$: Sinken des Gesamtertrages,
Sinken des Durchschnittsertrages,
negative Grenzerträge.

Im Rahmen einer kostentheoretischen Analyse ist zu untersuchen, wie aufgrund der vorliegenden Produktionsfunktion **Kostenfunktionen** ermittelt werden können. Dies erfolgt über die Bestimmung der **Faktoreinsatzfunktion,** die mathematisch als Umkehrfunktion aus der partiellen Produktionsfunktion resultiert. Eine Faktoreinsatzfunktion gibt den Gesamtverbrauch der betrachteten Faktorart für die Produktion der Outputmenge x an. Sie wird daher auch als **Gesamtverbrauchsfunktion** bezeichnet (vgl. Abschnitt »Produktionsfunktionen und Faktoreinsatzfunktionen«). Für die Produktionsfunktion (Gesamtertragsfunktion)

$$x = f(r_1)$$

erhält man als Umkehrfunktion die Faktoreinsatzfunktion

$$r_1 = g(x).$$

Graphisch ergibt sich die Umkehrfunktion durch Austausch der Koordinaten und Spiegelung der Funktion an der 45°-Achse (Abbildung 50).

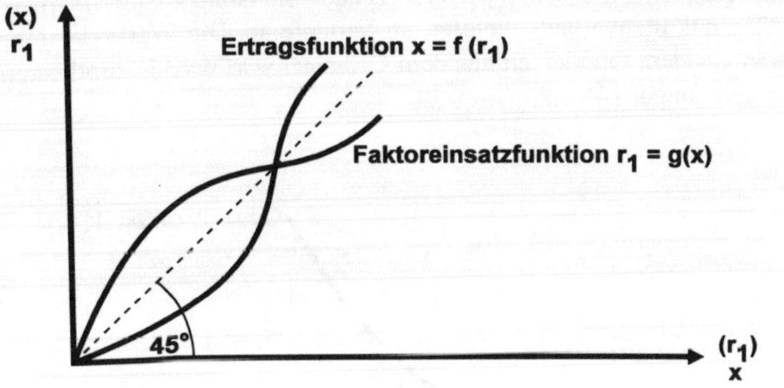

Abbildung 50: Zusammenhang zwischen Ertrags- und Faktoreinsatzfunktionen

Bewertet man den der Faktoreinsatzfunktion entsprechenden Faktorverbrauch des variablen Faktors mit dem zugehörigen Faktorpreis q_1^*, so gelangt man zur Kostenfunktion für die variablen Gesamtkosten K_v. Dies vollzieht sich wie folgt:

$$K_v(x) = g(x) \cdot q_1^*$$

Wird die Faktoreinsatzfunktion mit einer Konstanten (hier q_1^*) multipliziert, so erhält man die **Kostenfunktion,** deren Verlauf in der Gestalt der Faktoreinsatzfunktion entspricht. Je nach der Preishöhe kann bei Einführung des Kostenmaßstabes auf der Ordinate eine Verschiebung nach oben oder nach unten erfolgen. Abbildung 51 zeigt ein entsprechendes Beispiel.

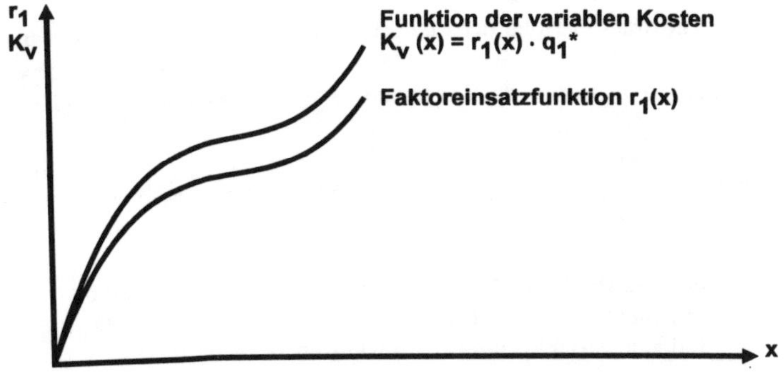

Abbildung 51: Funktionsverläufe für Faktoreinsätze und variable Gesamtkosten

Bezieht man die bewerteten konstanten Faktoreinsätze der zusätzlich erforderlichen Produktionsfaktoren in die Kostenermittlung ein (z.B. $r_2^* \cdot q_2^*$), so ergibt sich die Gesamtkostenfunktion. Abbildung 52 zeigt zugleich die zugehörigen Verläufe der gesamten und der variablen Durchschnittskosten sowie der Grenzkosten (vgl. dazu die Ausführungen zu linearen Gesamtkostenverläufen in Abschnitt »Modelle mit limitationalen Bedingungen«). Sowohl die gesamten und variablen Durchschnittskosten als auch die Grenzkosten nehmen aufgrund des S-förmigen Gesamtkostenverlaufs nichtlineare Verläufe an. Die Werte der Durchschnittskosten resultieren aus dem Quotienten aus dem Ordinatenwert der Gesamtkostenfunktion und dem zugehörigen Output ($\frac{K}{x}$).

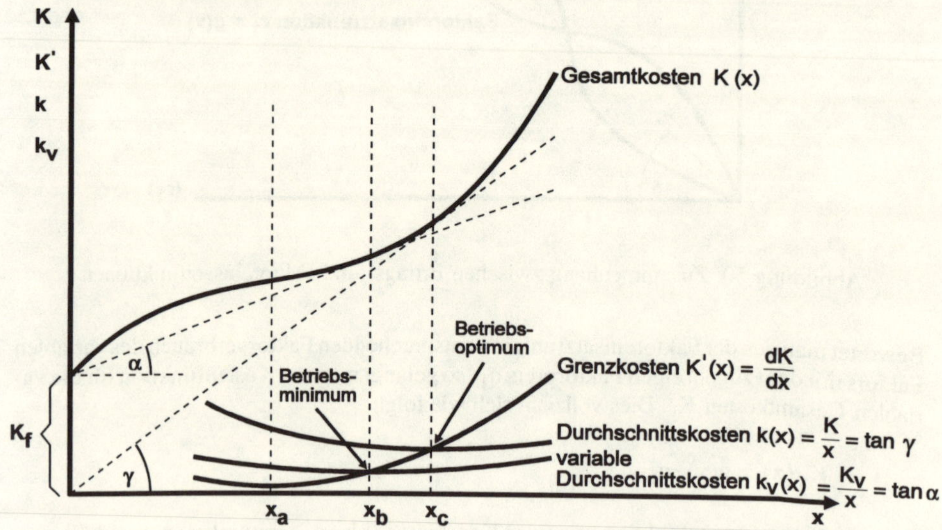

Abbildung 52: Ertragsgesetzliche Kostenfunktionen

Man erhält die Stückkosten ebenfalls durch die Steigung (tan γ) des jeweiligen Fahrstrahls aus dem Nullpunkt an die Gesamtkostenfunktion. Entsprechendes gilt für die variablen Stückkosten, wenn der Fahrstrahl in Höhe der Fixkosten K_f an der Ordinate beginnt (tan α). Die Grenzkosten als Kostenzuwachs für jeweils eine zusätzliche Produkteinheit ergeben sich als Anstieg der Gesamtkosten (Anstieg der Tangenten), was der 1. Ableitung der Gesamtkostenfunktion gleichkommt $\frac{dK}{dx} = K'$.

Die Erzeugnismengen x_a, x_b und x_c kennzeichnen auch hier vier Phasen, die mit zunehmendem Output folgende Eigenschaften aufweisen:

$0 \leq x \leq x_a$: degressiver Anstieg der Gesamtkosten bis zum Wendepunkt,
fallende Durchschnittskosten,
fallende variable Durchschnittskosten,
bis zum Minimum fallende Grenzkosten.

$x_a \leq x \leq x_b$: progressiver Anstieg der Gesamtkosten,
fallende Durchschnittskosten,
bis zum Minimum fallende variable Durchschnittskosten,
steigende Grenzkosten.

$x_b \leq x \leq x_c$: progressive Anstieg der Gesamtkosten,
bis zum Minimum fallende Durchschnittskosten,
steigende variable Durchschnittskosten,
steigende Grenzkosten.

$x \geq x_c$: stark progressiver Anstieg der Gesamtkosten,
steigende Durchschnittskosten,
steigende variable Durchschnittskosten,
steigende Grenzkosten.

Das **Betriebsoptimum** (Minimum der gesamten Durchschnittskosten k) liegt hier nicht an der Kapazitätsgrenze, weil sich aufgrund des Kostenverlaufs für x_c übersteigende Produktmengen ein Stückkostenanstieg ergibt. Das **Betriebsminimum** (Minimum der variablen Durchschnittskosten k_v) ist im Gegensatz zu Produktionssituationen mit linearen Gesamtkostenverläufen eindeutig fixierbar (vgl. dazu die entsprechenden Ausführungen in Abschnitt »Modelle mit limitationalen Bedingungen«).
Unter Beachtung praktischer Produktionssituationen ist zu fragen, ob derartige direkte Beziehungen zwischen einem Einsatzfaktor und dem Output sowie den daraus abgeleiteten Kostenabhängigkeiten den Bedingungen industrieller Produktionsprozesse entsprechen. Wenngleich empirisch abgesicherte Kostenverläufe zumindest teilweise Ähnlichkeiten zu dem ertragsgesetzlichen Kostenverlauf aufweisen, so ist dies doch regelmäßig auf die Berücksichtigung eines umfassenderen Kosteneinflußgrößensystems zurückzuführen. Die Ausführungen über mittelbare Produktionsfaktor-Produkt-Beziehungen werden dies verdeutlichen. Von einer Übertragbarkeit ertragsgesetzlicher Produktions- und Kostenfunktionen auf betriebliche Fertigungsbereiche kann nicht die Rede sein (vgl. auch die abschließenden Anmerkungen in Abschnitt »Modelle auf der Basis der Produktionsfunktionen vom Typ D, E und F«).
Allgemein ist im Hinblick auf die bisher insgesamt diskutierten unmittelbaren **Produktionsfaktor-Produkt-Beziehungen** hervorzuheben, daß diese Betrachtungsweise für die produktions- und kostentheoretische Erfassung betrieblicher Fertigungsprozesse nicht ausreicht. Die behandelten Interdependenzen, die insbesondere für substantiell in die Produkte eingehende Faktoren (z.B. Material) Bedeutung erlangen, müssen ergänzt werden. Für Potentialfaktoreinsätze wurde bisher lediglich Konstanz der Einsatzbedingungen unterstellt. Jedoch ist darauf hinzuweisen, daß bei Einsatz maschineller Anlagen vielfach über beeinflußbare Betriebszeiten und Produktionsgeschwindigkeiten Auswirkungen auf den Faktorverbrauch und die Outputmenge zu verzeichnen sind. Diesen **mittelbaren Produktionsfaktor-Produkt-Beziehungen** ist daher in erheblichem Maße Beachtung zu schenken.

Kontrollfragen und -aufgaben

1. Die folgende Abbildung zeigt eine nichtlinear-limitationale Produktionssituation für die Einsatzfaktorarten 1 und 2.

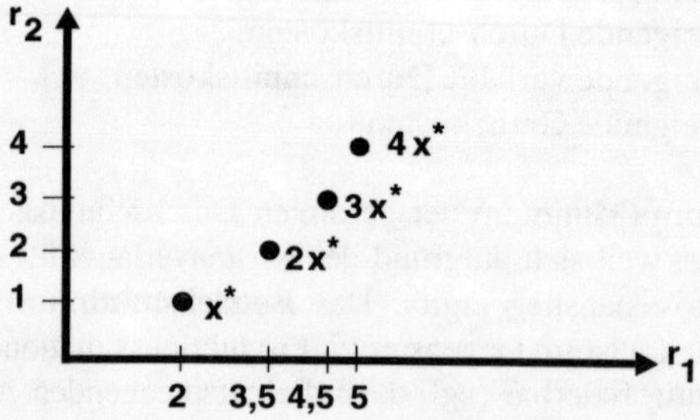

   Für die Produktionskoeffizienten gilt: $\bar{r}_1$ = variabel, $\bar{r}_2$ = konstant.
   a) Entwickeln Sie das zugehörige Ertragsgebirge.
   b) Ermitteln Sie die Minimalkostenlinie sowie die typischen Verläufe der Funktionen für die variablen Gesamt- und Stückkosten $K_v(x)$ und $k_v(x)$.

2. Können bei mehreren substituierbaren Produktionsverfahren ineffiziente Produktionsfaktoreinsätze auftreten, wenngleich für jedes Verfahren lediglich effiziente Einsatzmengenkombinationen Beachtung finden? Konstruieren Sie Beispiele für zwei Einsatzfaktoren und erläutern Sie zugleich die Bedeutung der Grenzrate der Substitution.

3. Erläutern Sie das Wirtschaftlichkeitsprinzip an einem Produktionsbeispiel mit zwei substitutionalen Einsatzfaktoren und linear-homogenem Ertragsisoquantenfeld sowie konstanten Faktorpreisen.

4. Erläutern Sie die Auswirkungen im Hinblick auf das Beispiel in Aufgabe 3, wenn für eine Einsatzfaktorart eine Senkung des Beschaffungspreises zu erwarten ist?

5. Erläutern Sie Begrenzungen des Isoquantenfeldes am Beispiel zweier substituierbarer Einsatzfaktoren aufgrund von Umweltbelastungen und beschreiben Sie die Einflüsse auf Minimalkostenkombinationen.

Literatur

Adam, D., Produktions- und Kostentheorie, 2. Aufl., Tübingen und Düsseldorf 1977.

Adam, D., Produktionsmanagement, 8. Aufl., Wiesbaden 1997.

Bloech, J. / Bogaschewsky, R. / Götze, U. / Roland, F., Einführung in die Produktion, 2. Aufl., Heidelberg 1993.

Bloech, J. / Lücke, W., Produktionswirtschaft, Stuttgart-New York 1982.

Busse v. Colbe, W. / Laßmann, G., Betriebswirtschaftstheorie, Bd. 1, 5. Aufl., Berlin-Heidelberg-New York-London-Paris-Tokyo-Hong Kong-Barcelona-Budapest 1991.

Dellmann, K., Betriebswirtschaftliche Produktions- und Kostentheorie, Wiesbaden 1980.

Diederich, H., Allgemeine Betriebswirtschaftslehre, 7. Aufl., Stuttgart-Berlin-Köln 1992.

Dyckhoff, H., Betriebliche Produktion, 2. Aufl., Berlin-Heidelberg-New York-London-Paris-Tokyo-Hongkong-Barcelona-Budapest 1994.

Ellinger, Th. / Haupt, R., Produktions- und Kostentheorie, 3. Aufl., Stuttgart 1996.

Gutenberg, E., Grundlagen der Betriebswirtschaftslehre, 1. Band, Die Produktion, 24. Aufl., Berlin-Heidelberg-New York 1983.

Heinen, E., Betriebswirtschaftliche Kostenlehre, 6. Aufl., Wiesbaden 1983.

Heinen, E., Produktions- und Kostentheorie, in: Allgemeine Betriebswirtschaftslehre in programmierter Form, Hrsg. H. Jacob, 5. Aufl., Wiesbaden 1988, S. 205-296.

Kilger, W., Produktions- und Kostentheorie, Wiesbaden 1958.

Kistner, K.-P., Produktions- und Kostentheorie, 2. Aufl., Würzburg-Wien 1993.

Klaus, J., Produktions- und Kostentheorie, Stuttgart 1974.

Küpper, H.-U., Kostenthoerie, in: Handwörterbuch der Produktionswirtschaft, Hrsg. W. Kern / H.-H. Schröder / J. Weber, 2. Aufl., Stuttgart 1996, Sp. 959-971.

Laßmann, G., Die Produktionsfunktion und ihre Bedeutung für die betriebswirtschaftliche Kostentheorie, Köln-Opladen 1958.

Lücke, W., Produktions- und Kostentheorie, 3. Aufl., Würzburg-Wien 1976.

Pohmer, D. / Bea, F. X., Produktion und Absatz, 3. Aufl., Göttingen 1994.

Schierenbeck, H., Grundzüge der Betriebswirtschaftslehre, 12. Aufl., München-Wien 1995.

Schneeweiß, Ch., Einführung in die Produktionswirtschaft, 5. Aufl., Berlin-Heidelberg-New York-London-Paris-Tokyo-Hongkong-Barcelona-Budapest 1993.

Schweitzer, M. / Küpper, H.-U., Produktions- und Kostentheorie der Unternehmung, 2. Aufl., Wiesbaden 1997.

Wittmann, W. , Produktionstheorie, Berlin-Heidelberg-New York 1968.

Wöhe, G., Einführung in die Allgemeine Betriebswirtschaftslehre, 19. Aufl., München 1996.

Zweites Kapitel: Produktions- und Kostenmodelle mit mittelbaren Produktionsfaktor-Produkt-Beziehungen

A. Modelle auf der Basis der Produktionsfunktion vom Typ B

1. Produktions-, Verbrauchs- und Kostenfunktionen bei mittelbaren Produktionsfaktor-Produkt-Beziehungen

Im Zentrum der Betrachtung mittelbarer Produktionsfaktor-Produkt-Beziehungen stehen die **Potentialfaktoren,** die aufgrund ihres Nutzungsvorrats über längere Zeiträume hinweg einsetzbar sind. Angesprochen sind dabei insbesondere Betriebsanlagen, die bei Einsatz geeigneter Verbrauchsfaktoren (Betriebsstoffe) an Werkstoffen bzw. Bearbeitungsgegenständen Produktionsvorgänge vollziehen können. Die Verbrauchsmengen der Betriebsstoffe hängen von den technischen Eigenschaften der Potentiale ab. Dies sind bei vielen Anlagen einerseits **durch Konstruktion festliegende Anlagenmerkmale** wie

- Hubraum eines Verbrennungsmotors,
- Gestellfläche eines Hochofens,
- Herdfläche eines Stahlwerks,
- Durchmesser einer Turbine

sowie andererseits die **Produktionsgeschwindigkeit,** ausgedrückt als realisierbare Anzahl Basisprozesse bzw. Produktionsvorgänge b pro Zeiteinheit (betrachtete Zeitspanne t = 1, z.B. 1 Minute). Vielfach wird mit jedem Fertigungsvorgang die Bearbeitung einer Produkteinheit vollzogen (b = x). Diese Situation wird nachfolgend zur vereinfachten Darstellung komplexer produktions- und kostentheoretischer Zusammenhänge vorrangig aufgegriffen. Die Fertigungsgeschwindigkeit kann auch als **Produktionsintensität** bezeichnet werden. Ihr wird das Symbol d zugeordnet. Unter der Bedingung b = x bestimmt sie sich wie folgt:

$$d = \frac{x}{t} \qquad \text{(Erzeugnismenge in der Zeitspanne t bzw. pro Zeiteinheit)}$$

Bei vielen Produktionsanlagen ist die Leistungsabgabegeschwindigkeit variierbar (z.B. Preßteile/Minute bei einer Formteilpresse). Die maximal realisierbare Fertigungsintensität d_{max} ist zugleich eine bedeutsame Bestimmungsgröße der quantitativen Kapazität von Potentialen (vgl. Abschnitt »Produktionskapazitäten«). Sie ist entweder technisch begründet oder ökologisch determiniert, wenn Bereiche hoher Leistungen mit hohen Umweltbelastungen verbunden sind und deshalb nicht genutzt werden. Der Betriebsstoffbedarf für den Betrieb einer Fertigungsanlage ist über die Anlageneigenschaften mittelbar mit den Leistungseinheiten bzw. Erzeugnissen oder Erzeugnisteilen verbunden. Bezeichnet man die konstanten Konstruktionsmerkmale mit $z_1, z_2, \ldots, z_z$, so erhält man für die erforderliche Einsatzmenge der Verbrauchsfaktorart i je Produkteinheit $\bar{r}_i$ folgende Abhängigkeit (GUTENBERG 1983, S. 330):

$$\bar{r}_i = f(z_1, z_2, \ldots, z_z, d)$$

Aufgrund der im Betrachtungszeitraum unveränderlichen technischen Anlagenmerkmale genügt der Bezug auf die Intensitätsgröße d:

$$\bar{r}_i = f(d)$$

$\bar{r}_i$ kennzeichnet hier als Verbrauch pro Produkteinheit den Produktionskoeffizienten für die Verbrauchsfaktorart i. Im Gegensatz zu unmittelbaren Produktionsfaktor-Produkt-Beziehungen ist er meist nicht konstant. Er variiert mit der Produktionsgeschwindigkeit. Bezieht man die durch einen Potentialfaktor an einer Produkteinheit auszuführende Anzahl Basisprozesse (z.B. 3 Bohrlöcher je Erzeugnis) in die Betrachtung ein, so bestimmt sich der Betriebsstoffverbrauch je Erzeugniseinheit bei einer festgelegten Produktionsgeschwindigkeit wie folgt:

$$\bar{r}_i = \frac{r_i}{b} \cdot \frac{b}{x}$$

Verbrauch der Faktorart i pro Erzeugniseinheit	=	Verbrauch pro Basisprozeß	•	Basisprozesse pro Erzeugniseinheit

Werden je Basisprozeß zugleich mehrere Erzeugniseinheiten bearbeitet (z.B. mehrere Formbleche), so ist für die Bestimmung von $\bar{r}_i$ der Verbrauch pro Basisprozeß durch die jeweilige Anzahl der Produkte zu dividieren. Bei der vereinfachenden Annahme b = x ergibt sich der Ausdruck

$$\bar{r}_i = \frac{r_i}{x}$$

unmittelbar. Abhängigkeiten zwischen Einsatzfaktormenge je Produkteinheit $\bar{r}_i$ und Fertigungsintensität $(d = \frac{x}{t})$ werden als **Durchschnittsverbrauchsfunktionen** bezeichnet. Ermittelt man beispielsweise bei einer Presse für Autokarosserieteile den Stromverbrauch je Preßvorgang bzw. je Preßteil in Abhängigkeit von der Fertigungsgeschwindigkeit (Preßvorgänge pro Minute), so könnte sich der in Abbildung 53 dargestellte u-förmige Verlauf ergeben.

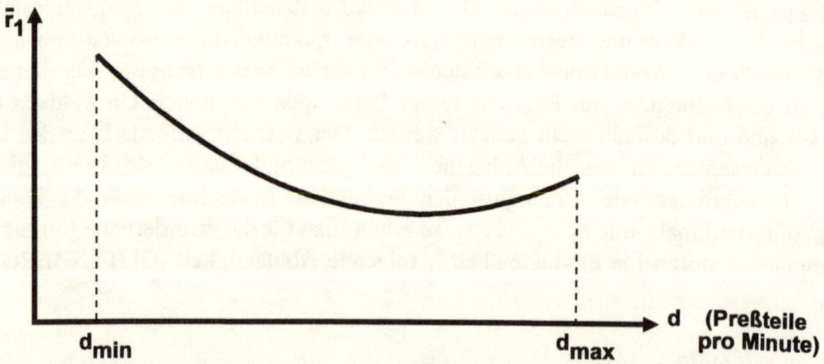

Abbildung 53: Verlauf einer Durchschnittsverbrauchsfunktion

Fertigungsanlagen erfordern meist eine Mindestproduktionsgeschwindigkeit d_{min}, bei deren Überschreitung der Faktorverbrauch zunächst sinkt und bei hohen Fertigungsintensitäten bis zur technischen bzw. umweltbelastungsbedingten Maximalintensität d_{max} wieder ansteigt. U-förmige Durchschnittsverbrauchsfunktionen lassen sich mathematisch vielfach als quadratische Funktionen formulieren. Zur Erfassung der gesamten Faktoreinsatzbedingungen an Produktionsanlagen sind für alle relevanten Betriebsstoffe (z.B. außer Energie auch Kühlmittel und Schmiermittel) entsprechende Durchschnittsverbrauchsfunktionen zu ermitteln. Soll der innerhalb eines Zeitraumes t^* anfallende **Gesamtverbrauch** einer Betriebsstoffart r_i in Abhängigkeit von der Produktionsintensität bestimmt werden, so ist der jeweilige Durchschnittsverbrauch $\bar{r}_i$ mit der je Zeiteinheit bearbeiteten Anzahl Erzeugnisse bzw. Bauteile $d = \frac{x}{t}$ und der Zeitspanne t^* zu multiplizieren.

$$r_i = \bar{r}_i(d) \cdot d \cdot t^*$$

Verbrauch in t* (Mengeneinheiten pro Periode)	=	Verbrauch pro Erzeugniseinheit (Mengeneinheiten pro Stück)	•	Erzeugniseinheiten pro Zeiteinheit (Stückzahl pro Zeiteinheit)	•	Einsatzzeiteinheiten im Betrachtungszeitraum (Zeiteinheiten pro Periode)

Abbildung 54 zeigt einen typischen Verlauf einer **Gesamtverbrauchsfunktion.**

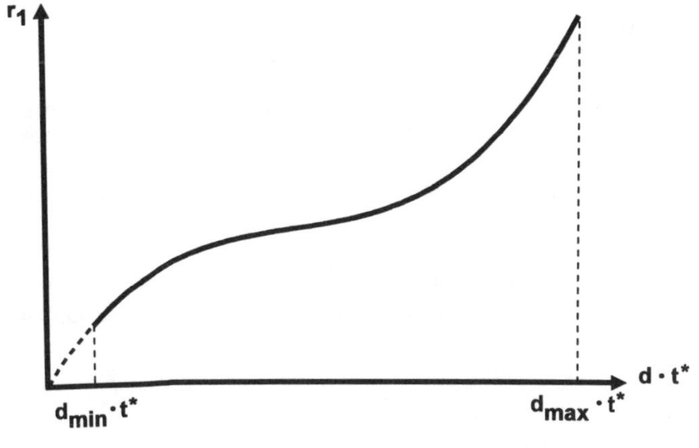

Abbildung 54: Verlauf einer Gesamtverbrauchsfunktion

In der Regel ergibt sich der Kurvenverlauf einer kubischen Funktion, der aus der Multiplikation der Ordinatenwerte mit den Abszissenwerten einer quadratischen Durchschnittsverbrauchsfunktion $\bar{r}_i(d)$ sowie jeweils mit der Konstanten t^* resultiert. Der Verlauf deutet zwar auf gewisse Analogien zu ertragsgesetzlichen Faktoreinsatzfunktionen hin (vgl. Abschnitt »Modelle auf der Basis der Produktionsfunktion vom Typ A«), jedoch ist bei detaillierter Analyse festzustellen, daß die Faktoreinsatzbedingungen unterschiedlich sind. Während bei den ertragsgesetzlichen Bedingungen bei konstantem Einsatz bestimmter Produktionsfaktoren lediglich eine Faktorart hinsichtlich der Einsatzmenge variiert wird, setzt die intensitätsabhängige Betrachtung von Verbrauchsfaktoreinsätzen in Verbindung mit einem Potentialfaktor zugleich notwendige Variationen anderer Verbrauchsfaktorarten (Werkstoffe, Betriebsstoffe, Hilfsstoffe) voraus, wenn Produktionsfortschritte erreicht werden sollen. Insoweit handelt es sich nur um eine vordergründige Ähnlichkeit. Dennoch läßt sich durch Vertauschen von Ordinate und Abszisse auch bei intensitätsbezogener Betrachtung des Verbrauchsfaktoreinsatzes eine partielle Ertragsfunktion wie in Abbildung 55 darstellen. Die Ähnlichkeit mit dem Ertragsverlauf der Produktionsfunktion vom Typ A ist aufgrund der beschriebenen Bedingungen rein formaler Natur.

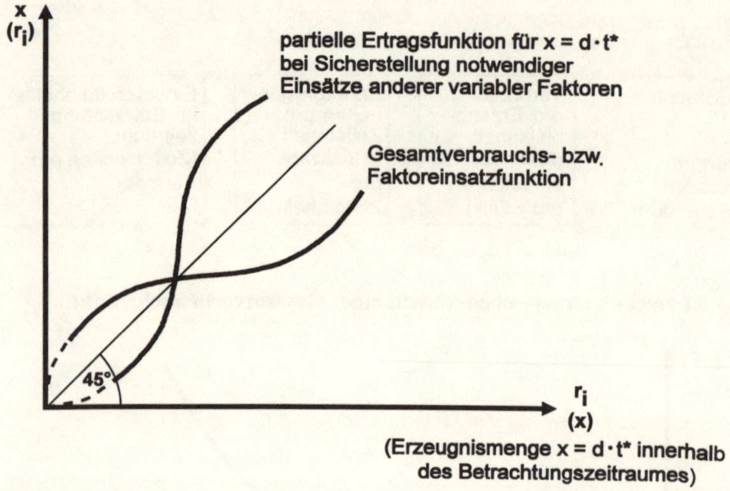

Abbildung 55: Verläufe einer Faktoreinsatz- und partiellen Ertragsfunktion

Ist für den Betrieb einer Produktionsanlage lediglich eine Betriebsstoffart erforderlich, so stellt sich die Frage nach der verbrauchsgünstigsten Fertigungsintensität. Dabei ist das Minimum der Verbrauchsfunktion

$$\bar{r}_i = f(d)$$

zu bestimmen. Das Verbrauchsminimum wird bei der Optimalintensität d_{opt} erreicht, bei der die 1. Ableitung der Durchschnittsverbrauchsfunktion nach d gleich Null und die 2. Ableitung positiv ist.

$$\frac{d\bar{r}_i}{dd} = 0 \quad \text{und} \quad \frac{d^2\bar{r}_i}{dd} > 0$$

Ein Beispiel, bei dem die Verbrauchsbedingungen für einen Betriebsstoff durch folgende Durchschnittsverbrauchsfunktion wiedergegeben werden, kann dieses Vorgehen verdeutlichen:

$$\bar{r}_i = 0{,}1\,d^2 - 4\,d + 90$$
$$d_{min} = 10 \text{ Erzeugniseinheiten pro Zeiteinheit}$$
$$d_{max} = 28 \text{ Erzeugniseinheiten pro Zeiteinheit}$$

Die Bestimmung der verbrauchsminimalen Intensität d_{opt} vollzieht sich wie folgt:

$$\frac{d\bar{r}_i}{dd} = 0{,}2d - 4 \stackrel{!}{=} 0$$
$$d_{opt} = 20$$
$$d^2\bar{r}_i = 0{,}2 \qquad (>0, \text{ d.h. Minimum})$$

Den minimalen Durchschnittsverbrauch $\bar{r}_{iopt}$ erhält man durch Einsetzen der Optimalintensität ($d_{opt} = 20$) in die Durchschnittsverbrauchsfunktion.

$$\bar{r}_{iopt} = 0{,}1 \cdot 400 - 4 \cdot 20 + 90$$
$$\bar{r}_{iopt} = 50$$

Je Produkteinheit wird bei Realisation der verbrauchsminimalen Fertigungsintensität der Einsatz von 50 Mengeneinheiten des Faktors i erforderlich.
Produktionssituationen sind in der Regel durch den Einsatz mehrerer Verbrauchsfaktorarten und Potentialfaktoren gekennzeichnet. Die Beschreibung der Faktoreinsatzbedingungen erfordert für alle Verbrauchsfaktorarten die Angabe der zugehörigen Verbrauchsfunktionen. Produktionsfunktionen, die sich auf ein System von Verbrauchsfunktionen der beschriebenen Art beziehen, werden von GUTENBERG als **Produktionsfunktionen vom Typ B** bezeichnet, um sie von den ertragsgesetzlichen Funktionen (Typ A) abzuheben (GUTENBERG 1983, S. 326ff.).
Im Falle der Notwendigkeit des Einsatzes mehrerer Verbrauchsfaktorarten für den Betrieb einer Anlage können unterschiedliche verbrauchsminimale Intensitäten existieren. Es stellt sich die Frage, welche Intensität für die Maschine in ökonomischer Sicht insgesamt als optimal zu bezeichnen ist. Hierzu ist eine Bewertung mit den Faktorpreisen q_i notwendig. Die dadurch ermittelten Kostengrößen sind addierfähig. Bei m Verbrauchsfaktorarten erhält man folgende variable Durchschnittskosten k_v:

$$k_v = \underbrace{\bar{r}_1(d) \cdot q_1}_{k_{v1}} + \underbrace{\bar{r}_2(d) \cdot q_2}_{k_{v2}} + \ldots + \underbrace{\bar{r}_m(d) \cdot q_m}_{k_{vm}}$$

k_{vi} = variable Durchschnittskosten für die Verbrauchsfaktorart i ($i = 1, 2, \ldots, m$)

$$k_v = \sum_{i=1}^{m} \bar{r}_i(d) \cdot q_i = \sum_{i=1}^{m} k_{vi}$$

Bei dieser Ermittlung der gesamten variablen Durchschnittskosten ist auch eine Einbeziehung derjenigen Verbrauchsfaktoren erforderlich, die unmittelbar in Erzeugnisse eingehen (unmittelbare Produktionsfaktor-Produkt-Beziehungen). Die Produktionskoeffizienten sind dabei meist konstant, so daß ein Intensitätseinfluß nicht wirksam ist. Die kostenminimale Intensität d_{opt} wird auf der Basis der Durchschnittskostenfunktion durch die 1. Ableitung nach d bestimmt, die den Wert Null annehmen muß.

$$\frac{dk_v}{dd} \stackrel{!}{=} 0$$

Die Minimumbedingung ist erfüllt, wenn die 2. Ableitung positiv ist.

$$\frac{d^2k_v}{dd} > 0$$

Auf der Basis der Abbildungen 56 und 56a kann die Ermittlung kostenminimaler Maschinenintensitäten graphisch veranschaulicht werden.

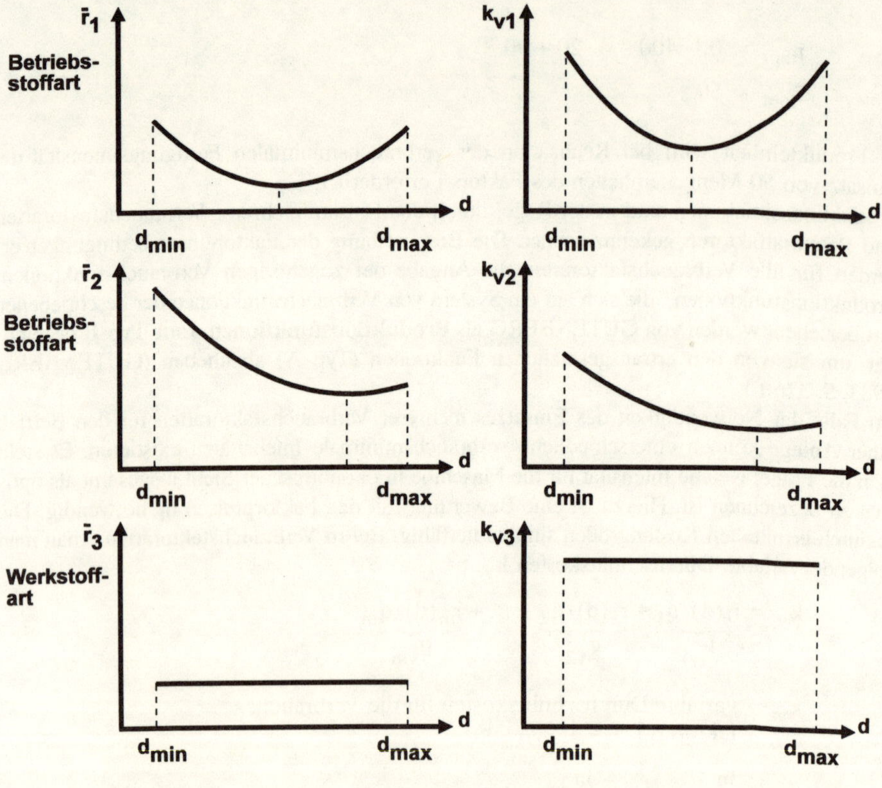

Abbildung 56: Verläufe faktorbezogener Durchschnittsverbrauchs- und -kostenfunktionen

Aus der Darstellung wird ersichtlich, daß die verbrauchs- und kostenminimale Intensität für die Faktorart 1 niedriger ist als für Faktor 2. Der Durchschnittsverbrauch bzw. der Durchschnittskostenbetrag des dritten Faktors ist unabhängig von der Intensität und bezieht sich auf den Werkstoffeinsatz. Die Addition der Durchschnittskosten aller Verbrauchsfaktoren ergibt die variablen Durchschnittskosten k_v für die gesamte Anlage. Die Intensitätsintervalle der faktorbezogenen Durchschnittsverbrauchs- und Durchschnittskostenfunktionen *für eine Anlage* sind identisch.

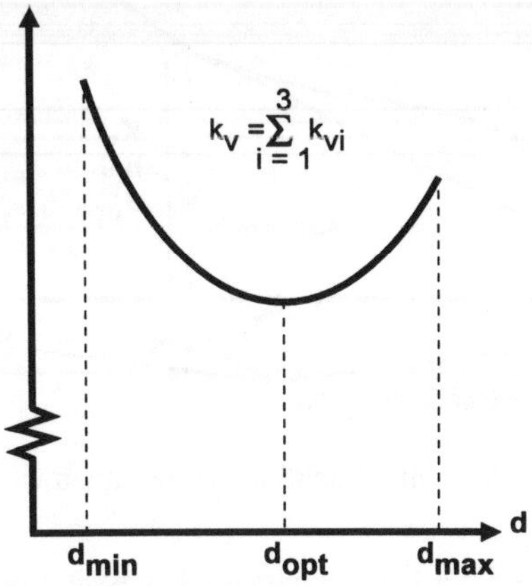

Abbildung 56a: Verlauf der Durchschnittskostenfunktion

Die gesamten variablen Kosten einer Betriebsanlage lassen sich für den Einsatz über einen längeren Zeitraum hinweg durch Multiplikation der variablen Durchschnittskosten mit dem Intensitätsausdruck $\frac{x}{t}$ und den Einsatzzeiteinheiten t^* ermitteln.

$$K_v = \underbrace{\underbrace{\underbrace{k_v(d)}_{\text{variable Kosten pro Stück}} \quad \underbrace{\frac{x}{t} \cdot t^*}_{\text{Erzeugnismenge in } t^*}}_{\text{variable Kosten pro Zeiteinheit (z.B. pro Minute)}}}_{\text{variable Kosten in } t^*}$$

Es ergibt sich der in Abbildung 57 dargestellte Kurvenverlauf.

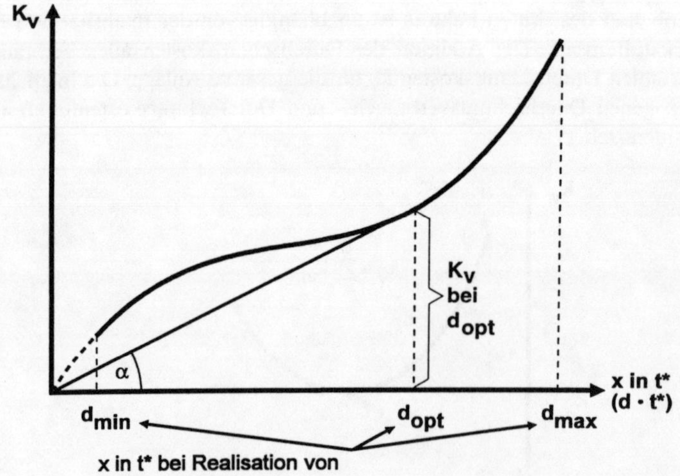

Abbildung 57: Verlauf einer Funktion der gesamten variablen Kosten

Die innerhalb der Einsatzdauer t^* bei kostenminimaler Intensität produzierbare Gesamterzeugnismenge resultiert aus der Multiplikation der Produktstückzahl pro Zeiteinheit d mit der Zeitspanne t^*. Retrograd erhält man die variablen Durchschnittskosten durch Division der variablen Gesamtkosten durch die Erzeugnismenge:

$$k_v = \frac{K_v}{x} = \tan \alpha$$

Dies entspricht dem Tangens des Winkels des jeweiligen Fahrstrahles an die Kurve der variablen Gesamtkosten. Der Winkel α ist dort minimal, wo der Fahrstrahl zur Tangente wird. Auch hier sind - wie im Falle linearer Gesamtkostenverläufe (vgl. Abschnitt »Modelle mit limitationalen Bedingungen«) - Fixkosten in die Betrachtung einzubeziehen, die aus dem Einsatz des beteiligten Potentialfaktors resultieren. Theoretisch müßte hier der **Anlagenverschleiß** analog zu Verbrauchsfaktoren in Verbrauchsfunktionen erfaßt werden. Entsprechende Abhängigkeiten sind allerdings in der Regel empirisch schwer ermittelbar. Jedoch ist bei einzelnen Anlagenteilen nutzungsabhängiger Verschleiß (Verbrauch) gegeben. Einflußgröße der Abnutzung dieser Teile und der damit verbundenen variablen Kosten ist die Erzeugnismenge bzw. die Anzahl vollzogener Basisprozesse. Ist beispielsweise ein Anlagenteil für die Bearbeitung von ca. 1000 Produkteinheiten nutzbar, so kann bei Produktion von 500 Outputeinheiten innerhalb des Betrachtungszeitraumes ein halbes Anlagenelement der beschriebenen Art als "verbraucht" angesehen werden. Mit jeder bearbeiteten Produkteinheit würde $\frac{1}{1000}$ dieses Anlagenteils "verzehrt" und durch entsprechende Bewertung (Ersatzteilpreis und Instandhaltungslohnkosten) in den variablen Kosten berücksichtigt werden. Für Einsatzfaktormengen dieser Art läßt sich folgende Gesamtverbrauchsfunktion formulieren:

$$r_i = f(x)$$

Eine zusätzliche Berücksichtigung von Einflüssen der Fertigungsintensität ist zwar empirisch begründbar und formal auszudrücken, jedoch stößt die Ermittlung der funktionalen Abhängigkeiten regelmäßig auf unüberwindbare Schwierigkeiten. Es ist daher zweckmäßig, den "Verbrauch" von Betriebsanlagen an den Haupteinflußgrößen auszurichten. Dies ist einerseits der beschriebene **nutzungsabhängige** Teil (Gebrauchsverschleiß), für den mittelbare Produktionsfaktor-Produkt-Beziehungen bestehen. Er wird allerdings aufgrund des Mangels exakter Verbrauchsfunktionen funktional wie unmittelbare Faktor-Produkt-Beziehungen behandelt.

$$r_i = \bar{r}_i \cdot x$$

$\bar{r}_i$ = näherungsweise disponierter Produktionskoeffizient für nutzungsbedingten Anlagenteileverschleiß

$$\bar{r}_i = \frac{1}{\text{mit dem Anlagenteil i produzierbare Produktmenge}}$$

Andererseits ist bei der produktions- und kostentheoretischen Beschreibung des Anlageneinsatzes der **nutzungsunabhängige** Anteil des Verschleißes zu berücksichtigen. Der Wert dieser Anlagenteile wird dabei auf die Anzahl Perioden der Nutzung verteilt. Mangels exakter Kenntnis der Verschleißeinflüsse werden zur näherungsweisen Angabe des **Verbrauchs pro Periode r_i** folgende Verbrauchsfunktionen für entsprechende Faktoren formuliert:

$$r_i = \frac{1}{t_i}$$

t_i = Lebensdauer des Anlagenteils i (Anzahl Nutzungsperioden, z.B. Anzahl Monate, Quartale, Jahre)

Durch die Bewertung im Sinne einer Verteilung der relevanten Beschaffungspreise ergeben sich Zuordnungen zu den Fixkosten der Periode.
Bei der Berücksichtigung der menschlichen Arbeit ist entscheidend, welche Lohnform vertraglich vereinbart wird. Bei Zeitlohn ist die Anzahl der Einsatzzeiteinheiten t^* als disponierte Einflußgröße des Faktorverbrauchs anzusehen. Bewertungen mit den zeitbezogenen Lohnsätzen (z.B. Stundenlohn), die für unterschiedliche Arbeitsplätze meist nach den zu bewältigenden Anforderungen differenziert werden, führen zu Fixkosten. Leistungsabhängige Entlohnungen (z.B. Akkordlohn) gehen in die variablen Kosten ein. Die Arbeitsanforderungen je Produktionsvorgang bzw. je Produkteinheit werden dabei mit einem stückbezogenen Lohnsatz bewertet (vgl. dazu auch die vereinfachte Berücksichtigung der beschriebenen Potentialfaktoreinsätze in Abschnitt »Modelle mit limitationalen Bedingungen«). Die variablen Kosten sind zur Ermittlung der **Gesamtkosten** der Faktorkombination um die Fixkosten zu ergänzen (Abbildung 58).

$$K = K_v + K_f$$

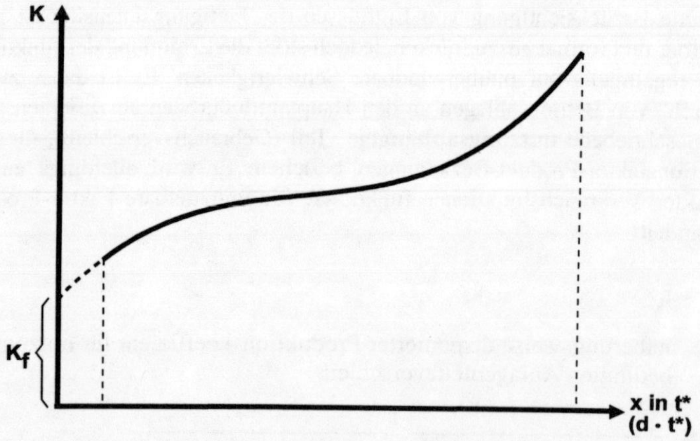

Abbildung 58: Verlauf einer Gesamtkostenfunktion

Die bisherigen Darstellungen von Verbrauchs- und Kostenbedingungen bezogen sich auf eine Betriebsanlage unter Berücksichtigung der notwendigen Verbrauchsfaktor- und Arbeitseinsätze (Vollzug von Basisprozessen). In Fertigungsbereichen vollzieht sich die Produktion in der Regel über viele Arbeitssysteme hinweg. In die Ermittlung kostenminimaler Produktionsintensitäten für Betriebsbereiche sind die Kostenbedingungen aller beteiligten Anlagen einzubeziehen.

Für die Bestimmung der **Durchschnittskosten einer Anlagengruppe** werden zunächst die **Durchschnittskostenverläufe der einzelnen Anlagen** aufgegriffen. Die Addition dieser Kurven ergibt die Durchschnittskostenkurve für den Anlagenkomplex. Hier ist jedoch zu beachten, daß die einzelnen Aggregate unterschiedliche kostenminimale Intensitäten und Intensitätsintervalle aufweisen können. Nach der Addition unter Berücksichtigung der Intervallgrenzen läßt sich die kostenminimale Intensität der Anlagengruppe wieder mit Hilfe der 1. Ableitung der Funktion nach d bestimmen. In Abbildung 59 wird die beschriebene Vorgehensweise für die Anlagengruppe G, der die Anlagen A, B und C zugehören, graphisch veranschaulicht.

$$k_{vG} = k_{vA} + k_{vB} + k_{vC}$$

$$d_{Gmin} = \max(d_{Amin}, d_{Bmin}, d_{Cmin})$$

$$d_{Gmax} = \min(d_{Amax}, d_{Bmax}, d_{Cmax})$$

Die Einflüsse unterschiedlicher Intensitätsintervalle der beteiligten Anlagen zeigen sich in dem rechten Diagramm der Abbildung 59. Im Anlagenverbund sind lediglich diejenigen Intensitätsgrade realisierbar, die von allen Anlagen der Anlagengruppe vollzogen werden können. Im Hinblick auf die Maximalintensität ergeben sich Einflüsse auf die **quantitative Kapazität** des Betriebsbereichs (vgl. Abschnitt »Produktionskapazitäten«).

Aufbereitungen produktionsbedingter Abfallstoffe für den Wiedereinsatz bzw. für umweltverträgliche Entsorgungen sind in das System der Verbrauchsfunktionen einzubeziehen. Dabei müssen für die Aufbereitungsprozesse Verbrauchs- und Kostenfunktionen analog zu der beschriebenen Vorgehensweise bei Fertigungsprozessen ermittelt werden. Aufbereitete Stoffe werden bei Wiedereinsatzfähigkeit als Inputgrößen in den Verbrauchsfunktionen der Produktionsprozesse berücksichtigt, und die Aufbereitungs- und Entsorgungsprozesse sind in die anlagengruppenbezogene Betrachtung der Verbrauchs- und Kostenbeziehungen zu integrieren (DINKELBACH/PIRO 1990, S. 640ff. und S. 700ff.).

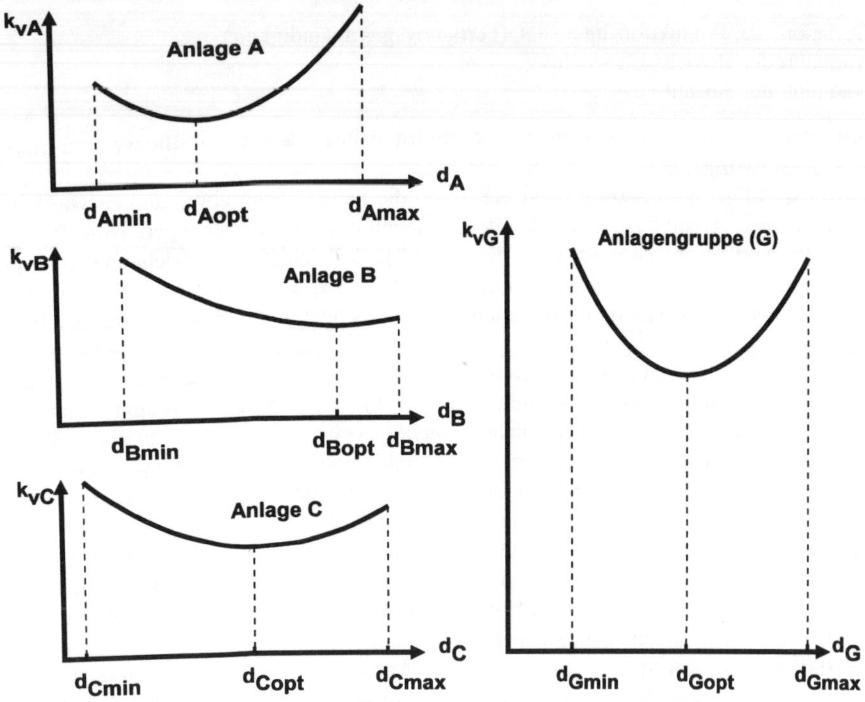

Abbildung 59: Verläufe der variablen Durchschnittskosten von Einzelanlagen und der Anlagengruppe

2. Produktions- und Kostenmodelle bei intensitätsmäßiger, zeitlicher und quantitativer Anpassung

Zur Erreichung von Unternehmungszielen müssen produzierte Leistungen am Markt abgesetzt werden, um anfallende Kosten durch Verkaufserlöse abdecken zu können. Grundsätzlich erfordert dies eine Abstimmung von Produktion und Absatz. Unternehmungspolitisch kann versucht werden, beide Bereiche in gewünschter Weise zu beeinflussen, z.B. Vermeidung von Nachfragereduzierungen durch Werbung im Rahmen der Absatzpolitik oder Reduzierung bzw. Steigerung der zu produzierenden Erzeugnismenge als Anpassung an Nachfrageschwankungen. Im Regelfall wird ein Bündel von Einzelaktivitäten aufgegriffen, für dessen Realisierung die Kosten- und Erlöswirkungen entscheidend sind. In produktions- und

kostentheoretischer Sicht ist hier eine Analyse der Kostenwirkungen produktionsbezogener Anpassungsmaßnahmen von grundlegender Bedeutung.
Innerhalb **kurzfristiger Planungszeiträume** (Monat, Quartal, Jahr) beziehen sich die einzelnen Anpassungsformen auf eine vorgegebene Potentialfaktorausstattung. In diesem Rahmen sind folgende Maßnahmen kostenmäßig zu untersuchen bzw. zu vergleichen:

- Variation der Produktionsintensität (Fertigungsgeschwindigkeit),
- Variation der Betriebszeit sowie
- Variation der Anzahl

eingesetzter Potentialfaktoren. Man spricht von **intensitätsmäßiger, zeitlicher** und **quantitativer Anpassung.**
Intensitätsmäßige Anpassung liegt vor, wenn die Fertigungsgeschwindigkeit von Potentialfaktoren bzw. Arbeitssystemen oder Betriebsteilen erhöht oder verringert wird. Bezogen auf eine Produktionsanlage wird dabei die Anzahl je Zeiteinheit zu vollziehender Basisprozesse b bzw. zu bearbeitender Erzeugniseinheiten x variiert. Bei rein intensitätsmäßiger Anpassung erfolgt die Veränderung produzierter Outputmengen unter Beibehaltung der Potentialfaktoreinsatzzeit t^*.
Diese Einsatzzeit wird unter Beibehaltung der Produktionsintensität bei **zeitlicher Anpassung** von Fertigungspotentialen variiert. Auch daraus resultiert eine Erzeugnismengenveränderung. Man denke an unterschiedliche tägliche, wöchentliche oder monatliche Einsatzzeiten von Maschinen und Mitarbeitern. Überstunden und Kurzarbeit beeinflussen hier die Produktmenge. Zu beachten sind dabei die Besonderheiten des zeitlichen Einsatzes von Mitarbeitern, der gesetzlichen Vorschriften unterworfen ist. So sind, ausgehend von der im allgemeinen geltenden tariflichen Tagesarbeitszeit, in der Regel lediglich zwei Überstunden pro Tag zugelassen. In Ausnahmefällen kann innerhalb zeitlicher Anpassungsmaßnahmen Samstags- und/oder Sonntagsarbeit in Erwägung gezogen werden. Auch die Einführung von Kurzarbeit unterliegt arbeitsrechtlichen Bestimmungen.
Quantitative Anpassung bedeutet Variation der Anzahl in einem Betrieb eingesetzter funktionsgleicher Potentiale. So werden z.B. Erzeugnismengenreduzierungen durch Stillegung einiger Maschinen erreicht. Wesentlich ist, daß es sich dabei um Potentialfaktoren mit identischen Eigenschaften wie Produktionsgeschwindigkeiten, Verbrauchsfaktorbedarf und damit verbundenen Kosten handelt. Alternativer bzw. additiver Einsatz ungleicher Potentialfaktoren für den gleichen Zweck stellt hingegen eine qualitative Faktorauswahl im Rahmen der quantitativen Anpassung dar. Die angesprochenen Faktoren sind zwar funktionsgleich, unterscheiden sich jedoch in einzelnen der genannten Eigenschaften. Diese (meist unter Kostengesichtspunkten vorgenommene) **selektive Anpassung** wird vielfach als Spezialfall quantitativer Anpassungsaktivitäten bezeichnet. Häufig werden auch Kombinationen der genannten Anpassungsmöglichkeiten aufgegriffen. Zur Analyse der Kosteneffekte empfiehlt sich jedoch zunächst eine isolierte Betrachtung der einzelnen Maßnahmen. Die **kostenmäßigen Auswirkungen intensitätsmäßiger und zeitlicher Anpassungen** lassen sich auf der Basis der Gesamtkostenfunktion für einen Potentialfaktor bzw. ein Arbeitssystem erklären:

$$K = K_f + \underbrace{k_v(d) \cdot \overbrace{\frac{x}{t} \cdot t^*}^{x \text{ in } t^*}}_{K_v}$$

Die Fixkosten K_f werden durch die genannten Maßnahmen nicht verändert, wohl aber die variablen Gesamtkosten K_v. Vereinfachend wird auch hier wieder der Fall unterstellt, daß je Erzeugniseinheit ein Bearbeitungsvorgang anfällt (b = x), so daß sich für die Intensität der Ausdruck $d = \frac{x}{t}$ ergibt. Bei Variation des Outputs für einen Planungszeitraum (Tag, Woche, Monat) durch **Intensitätsveränderung** reagieren zwei wesentliche Größen der Kostenfunktion:

- die gefertigte Erzeugnismenge pro Zeiteinheit $\frac{x}{t}$ und
- die variablen Kosten je Erzeugniseinheit k_v.

Die im Planungszeitraum vorgesehene Produktionszeit t^* wird nicht verändert. Sie ist jedoch die Steuergröße für die Beeinflussung der Produktmenge bei **zeitlicher Anpassung.** Dabei wird die Fertigungsintensität nicht variiert. Unter Kostengesichtspunkten wird meist die kostenminimale Intensität d_{opt} gewählt. Aufgrund der Fixierung der Fertigungsgeschwindigkeit ist mit konstanten variablen Stückkosten und demzufolge mit einem linearen Gesamtkostenverlauf zu rechnen. Vergleicht man unter den genannten Bedingungen die Kostenverläufe für eine Tagesproduktion bei intensitätsmäßiger und zeitlicher Anpassung, so zeigt sich der in Abbildung 60 dargestellte Zusammenhang.

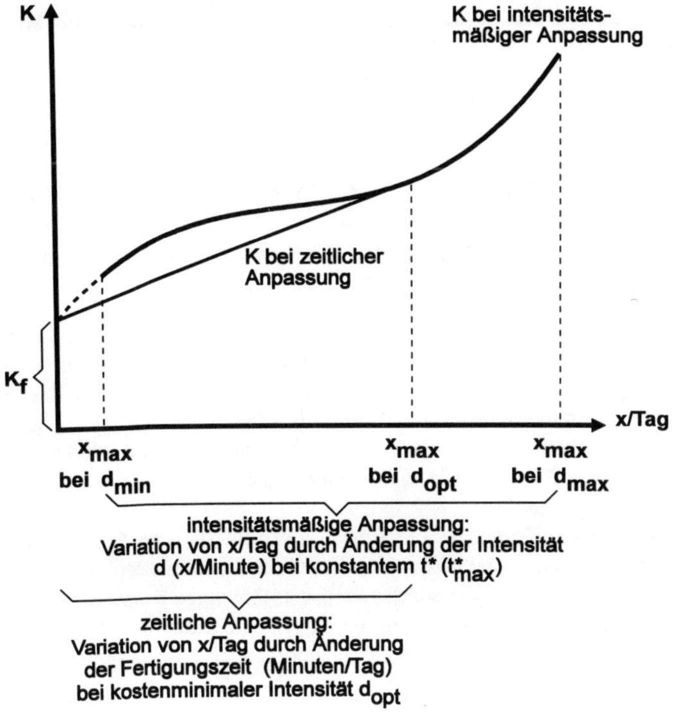

Abbildung 60: Verläufe der Gesamtkostenfunktion bei zeitlicher und intensitätsmäßiger Anpassung

Das Schaubild verdeutlicht, daß durch zeitliche Anpassungen bei Realisation der kostenminimalen Intensität bis zu einer bestimmten Produktmenge (x_{max} bei d_{opt} und t^*_{max}) eine im Vergleich zu Intensitätsvariationen kostengünstigere Situation vorliegt. Unter Beachtung des Wirtschaftlichkeitsprinzips ist daher innerhalb des angegebenen Mengenintervalls ($0 \leq x \leq x_{max}$) bei d_{opt} der zeitlichen Anpassung der Vorrang einzuräumen. Eine vorgegebene Erzeugnismenge wird hier mit den vergleichsweise geringeren Kosten produziert. Bei einem vorgegebenen Kostenbetrag ist mit zeitlicher Anpassung die höhere Produktmenge produzierbar. Allerdings ist eine Steigerung der Erzeugnismenge über x_{max} bei d_{opt} hinausgehend nur durch intensitätsmäßige Anpassung möglich. Insoweit gilt unter diesen Bedingungen der in Abbildung 61 dargestellte Verlauf für die variablen Stückkosten.

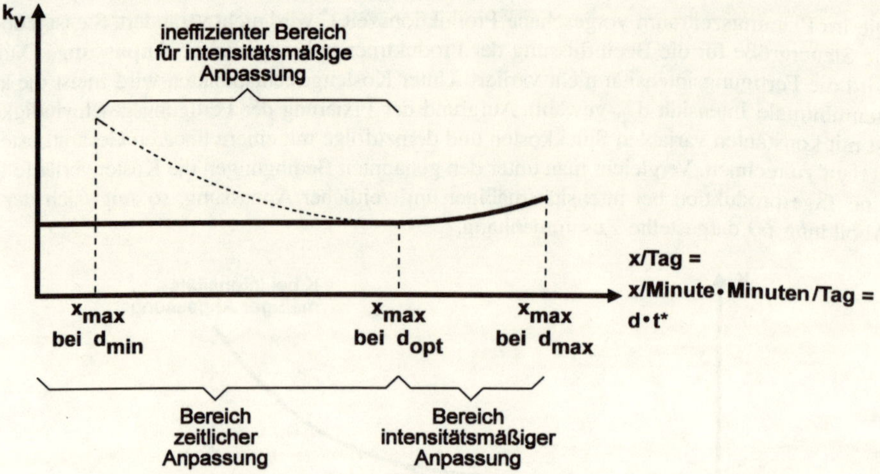

Abbildung 61: Verlauf der variablen Durchschnittskosten bei kostenminimaler Anpassung

Zeitliche Anpassungen sind mit unterschiedlichen Intensitätsstufen möglich. Jedoch ergeben alle von d_{opt} abweichenden Fertigungsgeschwindigkeiten höhere variable Stückkosten und steilere lineare Gesamtkostenverläufe. Zugleich weichen die in t^*_{max} produzierbaren Erzeugnismengen nach unten bzw. oben von der Produktionssituation mit kostenminimaler Intensität ab. Abbildung 62 verdeutlicht diesen Zusammenhang.

Die angegebenen linearen Kostenverläufe 1 bis 7 gelten für zeitliche Anpassungen mit unterschiedlichen Intensitätsgraden und enden jeweils auf der Gesamtkostenkurve, die für intensitätsmäßige Anpassung gilt. Bezogen auf die intensitätsabhängige Kurve der variablen Durchschnittskosten erhält man die in Abbildung 63 dargestellte Situation. Hier sind zugleich die den linearen Gesamtkostenverläufen 1 bis 7 zuzuordnenden ausgewählten Intensitätsstufen erkennbar.

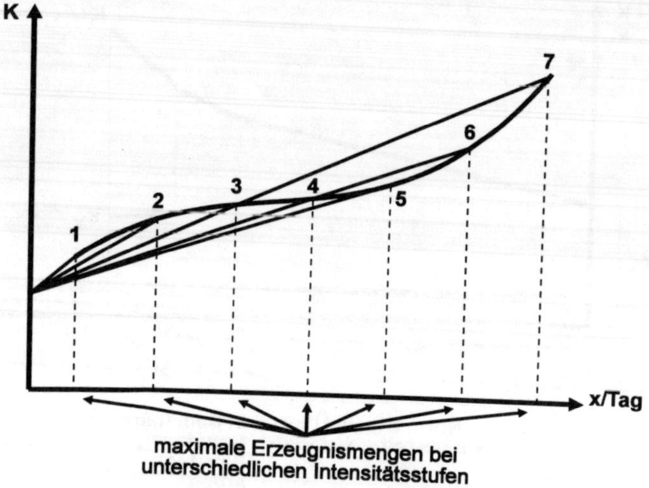

Abbildung 62: Gesamtkostenverläufe bei zeitlicher Anpassung mit unterschiedlichen Intensitätsstufen

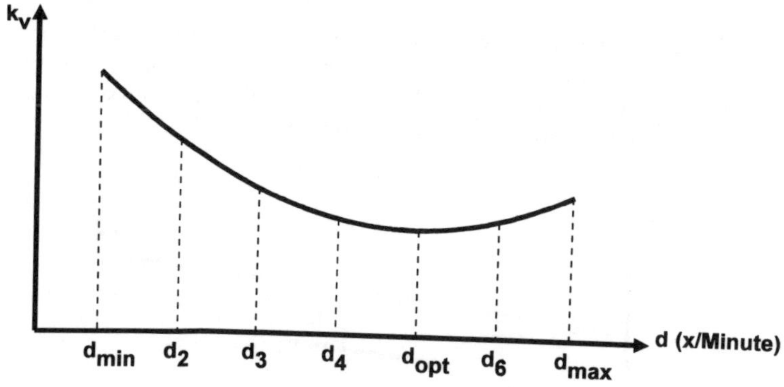

Abbildung 63: Verlauf der variablen Durchschnittskosten mit Intensitätsstufenangaben

Wenn im Rahmen zeitlicher Anpassungsmaßnahmen Überlegungen der Einführung von **Überstunden zur Steigerung der produzierbaren Erzeugnismenge** angestellt werden, so ist aufgrund höherer Überstundenlohnsätze im Vergleich zu normalarbeitszeitbezogenen Löhnen bei **stückbezogener Entlohnung** (Akkord) und durchgehend einheitlicher Leistung (bearbeitete Stückzahl pro Stunde) mit einem wachsenden Anstieg des linearen Gesamtkostenverlaufs zu rechnen. Dies ist bei zusätzlicher Realisation von Samstags-, Sonntags- bzw. Feiertagsarbeitszeit in der Regel noch stärker ausgeprägt. Abbildung 64 zeigt ein Beispiel. In Verbindung mit **Zeitentlohnungen** würden sich aufgrund des Fixkostencharakters bei Eintritt in Überstunden sowie in Samstags-, Sonntags- und Feiertagsarbeitsbereiche Fixkostensprünge ergeben.

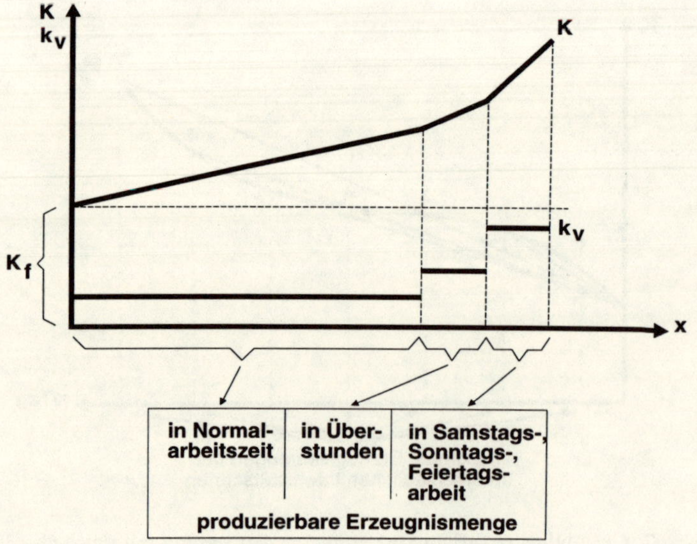

Abbildung 64: Kostenverläufe bei zeitlicher Anpassung

Im Rahmen **quantitativer Anpassungen** bildet die Anzahl eingesetzter gleichartiger Potentiale die Steuergröße für die Ausbringungsmenge. Sind für die Produktion bestimmter Erzeugnisse beispielsweise drei identische Fertigungsmaschinen verfügbar, so ergibt sich ein Gesamtkostenverlauf, wie er in Abbildung 65 dargestellt wird.

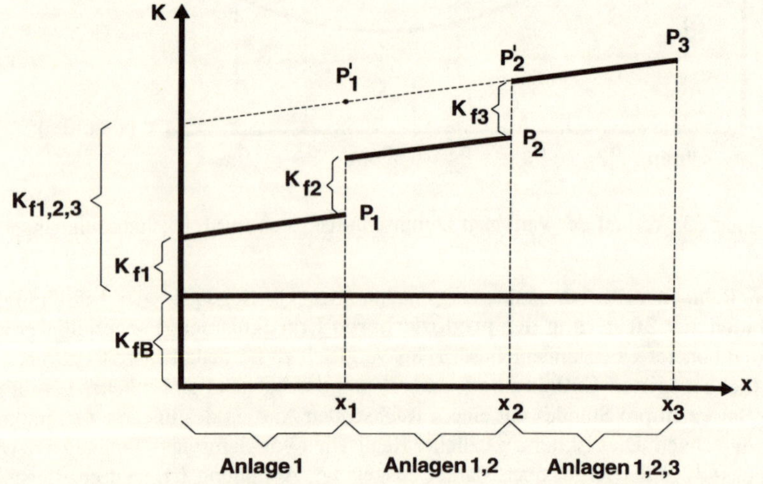

Abbildung 65: Gesamtkostenverlauf bei quantitativer Anpassung

Der **stufenförmige Gesamtkostenverlauf** besitzt nur unter der Voraussetzung Gültigkeit, daß mit der Stillegung einer Anlage zumindest teilweise Fixkosten entfallen (K_{f1}, K_{f2} und K_{f3}). Solche Fixkostenanteile sind z.B. Kosten für Instandhaltungsmaßnahmen, die in ihrer Höhe unabhängig von der Erzeugnismenge generell bei Anlagennutzung anfallen. Alle anderen Fixkostenanteile der Anlagen, die sich allein durch die Existenz der Maschinen in der Unternehmung ergeben, werden in Abbildung 65 in den Fixkosten des Betriebes K_{fB} berücksichtigt.

Bei rein quantitativer Anpassung ist davon auszugehen, daß die Einsatzzeit t^* nicht variiert wird und die Fertigungsintensität ebenfalls konstant ist. Im Regelfall wird hier die kostenminimale Intensität d_{opt} gewählt. Unter diesen Bedingungen sind in der Darstellung des Kostenverlaufs in Abbildung 65 lediglich die Punkte P_1, P_2 und P_3 bei den Erzeugnismengen x_1, x_2 und x_3 relevant. Der treppenförmige Verlauf der Kosten gilt nur bei einer Verbindung quantitativer und zeitlicher Anpassungsmaßnahmen.

Fixkostensprünge bei Variation der Anzahl eingesetzter gleichartiger Anlagen würden sich auch ergeben, wenn innerhalb des Betrachtungszeitraumes je nach Erzeugnismengenbedarf Maschinen veräußert bzw. hinzugekauft werden könnten. Diese Möglichkeit ist für kurzfristige Planungszeiträume in der Regel unrealistisch. Fallen alle Fixkostenanteile der betrachteten Anlagen **unabhängig** von deren Einsatz an, so gelten bei rein quantitativer Anpassung die Kostenpunkte P_1', P_2' und P_3. Ihre Verbindungsgerade bis zur Ordinate stellt die Kostenfunktion quantitativ-zeitlicher Anpassungen bei einsatzunabhängigen Fixkosten dar. Bei treppenförmigen Gesamtkostenverläufen für Kombinationen quantitativer und zeitlicher Anpassungen erhält man den in Abbildung 66 dargestellten **Verlauf der variablen und gesamten Durchschnittskosten.** Jeder zusätzliche Einsatz einer Anlage erhöht die Fixkosten und damit auch die Stückkosten k sprunghaft. Daher ergibt sich für die gesamten Durchschnittskosten eine sägezahnförmige Kurve, wobei das Ausmaß der senkrechten Sprünge mit zunehmender Anzahl eingesetzter Anlagen abnimmt, weil die Fixkosten des Betriebes K_{fB} auf eine jeweils höhere Erzeugnismenge verteilt werden.

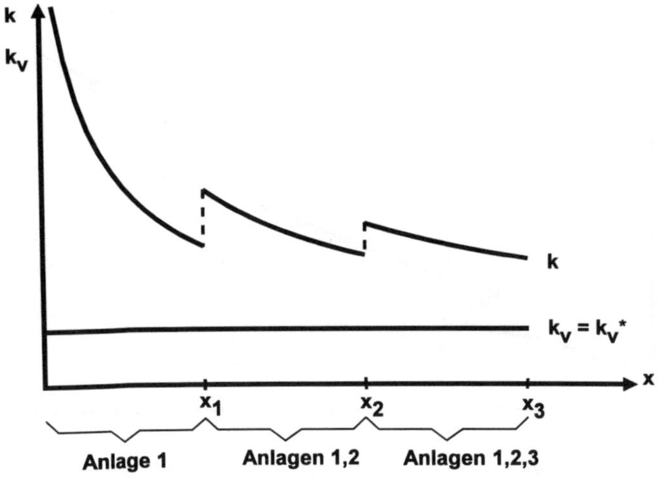

Abbildung 66: Stückkostenverlauf bei quantitativer Anpassung

Bei **selektiver Anpassung** erfolgt die Auswahl des Einsatzes funktionsgleicher Anlagen unter ökonomischen Gesichtspunkten auf der Basis der potentialbezogenen Kosten.
Sind bei den in diesem Zusammenhang betrachteten Betriebsanlagen die **Fixkosten einsatzunabhängig oder bei allen Anlagen identisch,** so ist der Auswahlprozeß für den Anlageneinsatz fixkostenneutral. In beiden Fällen werden bei anlagenspezifischen linearen Gesamtkostenverläufen mit steigender Erzeugnismenge jeweils Maschinen mit den geringeren Grenzkosten bzw. variablen Stückkosten zuerst eingesetzt. Ein Beispiel zeigt Abbildung 67, in der die Gesamtkostenverläufe für die Anlagen 1, 2 und 3 angegeben werden.

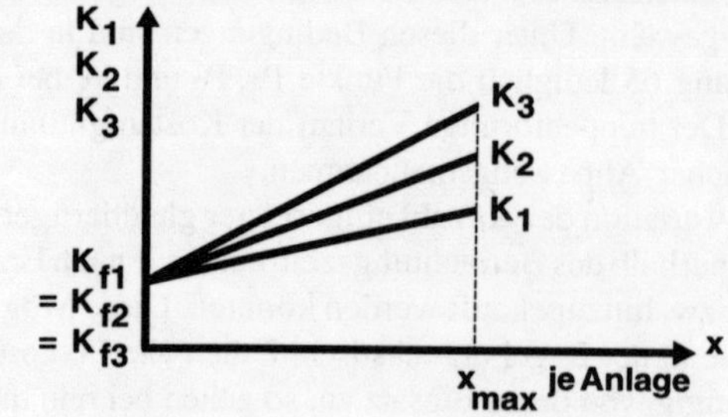

Abbildung 67: Anlagenbezogene Gesamtkostenverläufe bei einheitlichen Fixkosten und Kapazitäten

In Abbildung 68 wird der Auswahlprozeß für den Fall einsatzabhängiger (bei allen Anlagen gleich hoher), in Abbildung 69 der Selektionsvorgang für den Fall einsatzunabhängiger Anlagenfixkosten dargestellt. In beiden Fällen ist der Selektionsprozeß einheitlich. Er stützt sich auf einen **Grenzkostenvergleich.** Aufgrund von

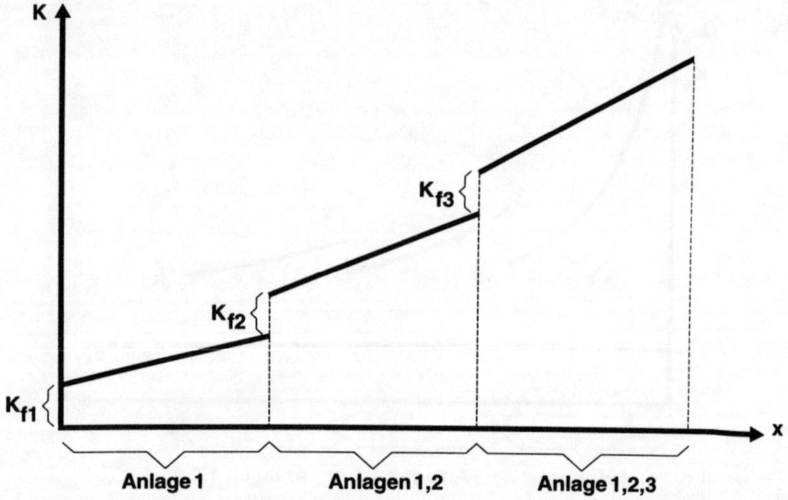

Abbildung 68: Gesamtkostenverlauf bei einsatzabhängigen Fixkosten

$$\frac{dK_1}{dx} < \frac{dK_2}{dx} < \frac{dK_3}{dx}$$

erfolgt bei zunehmenden Produktmengen der Einsatz der Anlagen in der Folge 1-2-3.

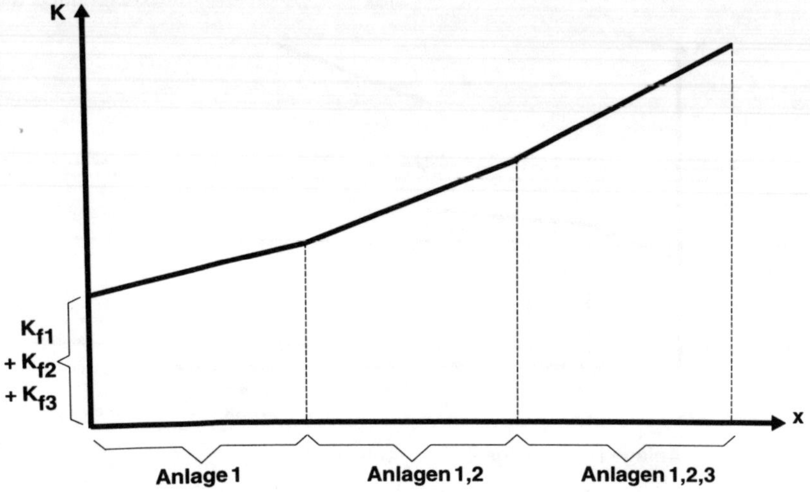

Abbildung 69: Gesamtkostenverlauf bei einsatzunabhängigen Fixkosten

Sind die **einsatzbezogenen Anlagenfixkosten** der verfügbaren Betriebsanlagen bzw. Arbeitssysteme **unterschiedlich,** so wirken sich diese Kosten auf die Einsatzentscheidung aus. Abbildung 70 kennzeichnet eine Ausgangssituation für zwei Produktionsanlagen mit unterschiedlichen quantitativen Kapazitäten.

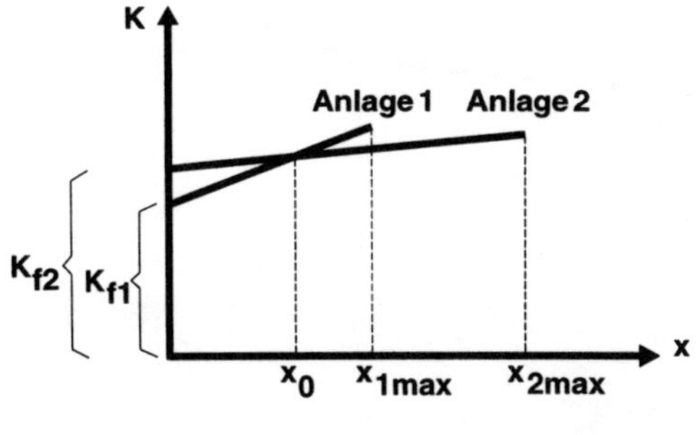

Abbildung 70: Anlagenbezogene Gesamtkostenverläufe bei unterschiedlichen Fixkosten und Kapazitäten

Erzeugnismengen zwischen 0 und x_0 werden mit der Anlage 1 kostenminimal hergestellt. Für die Produktion von $x_0 \leq x \leq x_{2max}$ sollte Anlage 2 herangezogen werden. Für darüber hinausgehende Produktmengenforderungen ist außerdem Anlage 1 zusätzlich heranzuziehen. In Abbildung 71 werden diese Erläuterungen erkennbar.

Entscheidend ist die jeweilige Gesamtkostensituation. Bis zur Produktmenge x_0 ist der Einsatz der Anlage 1 kostenminimal. Für darüber hinausgehende Outputmengen ist die Produktion mit Anlage 2 kostengünstiger. Wird deren Kapazität voll ausgelastet, sind Produktmengensteigerungen nur durch zusätzlichen Einsatz von Anlage 1 möglich. Nachdrücklich ist darauf hinzuweisen, daß im Intervall x_0 bis x_{2max} ausschließlich Anlage 2 genutzt wird.

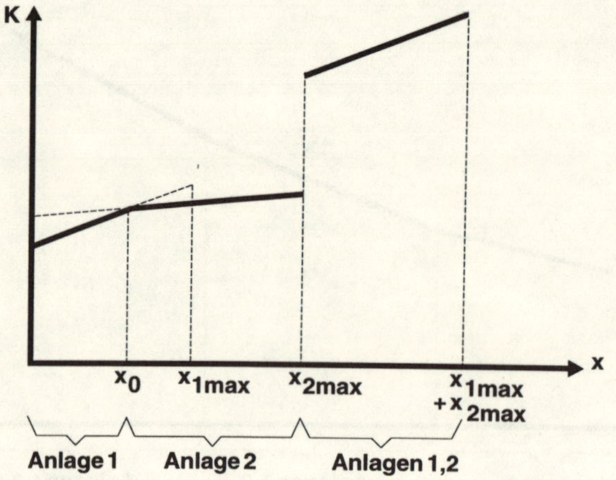

Abbildung 71: Gesamtkostenverlauf bei einsatzabhängigen Fixkosten

Bei **einsatzunabhängigen Fixkosten** würde auch hier eine **grenzkostenabhängige Entscheidung** wirksam werden. Dies würde zum Einsatz der Anlage 2 bis zur Produktmenge x_{2max} und bei zusätzlicher Outputausweitung zum Einsatz der Anlage 1 führen. Abbildung 72 zeigt den Gesamtkostenverlauf dieser Vorgehensweise.

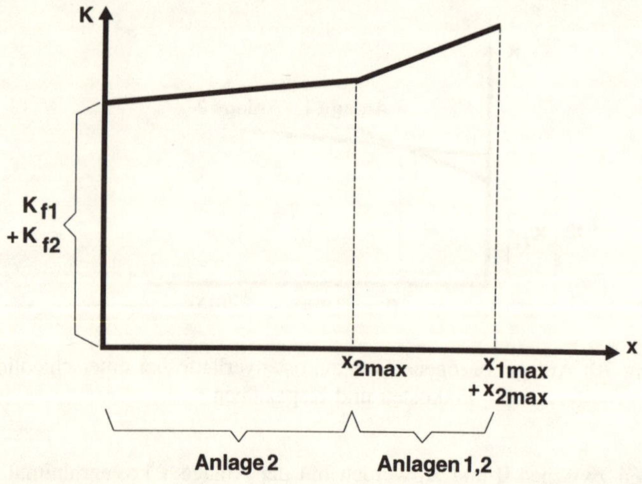

Abbildung 72: Gesamtkostenverlauf bei einsatzunabhängigen Fixkosten

Bei Realisierbarkeit mehrerer unterschiedlicher Anpassungsarten lassen sich **Auswahlentscheidungen** auf der Grundlage von **Gesamtkostenvergleichen** vornehmen. Anhand von zwei funktionsgleichen Betriebsanlagen A und B soll dies verdeutlicht werden.
Die Maschinen sind durch unterschiedliche quantitative Kapazitäten ($x_{Amax} < x_{Bmax}$), unterschiedliche einsatzabhängige Fixkosten ($K_{fA} < K_{fB}$) und unterschiedliche variable Kosten ($k_{vA} < k_{vB}$) gekennzeichnet. Beide Anlagen lassen zeitliche und intensitätsmäßige Anpassungen zu. In Abbildung 73 werden Kostenverläufe für unterschiedliche Produktionsweisen dargestellt.

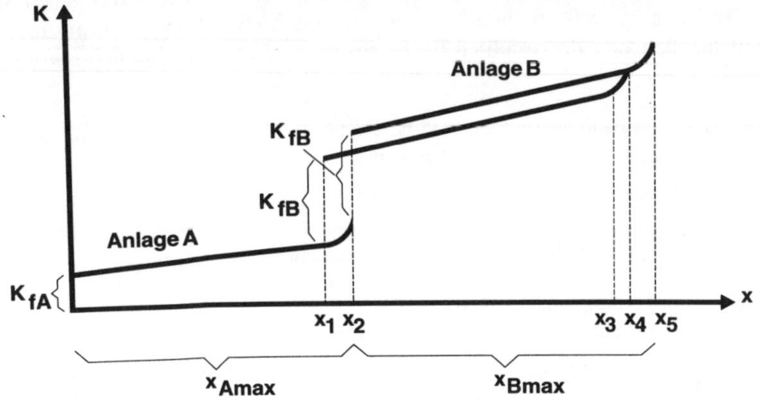

Abbildung 73: Kostenverläufe für die Auswahl von Anpassungsmaßnahmen

Da Anlage A die vergleichsweise geringeren variablen und fixen Kosten aufweist, gelangt sie für Erzeugnismengen bis zu ihrer Kapazitätsgrenze allein zum Einsatz (selektive Anpassung). Die Übersicht in Abbildung 74 gibt die jeweils kostengünstigsten Anpassungsmaßnahmen aus Abbildung 73 bei zunehmender Erzeugnismenge an.

Output	Anpassungsform
$0 \leq x < x_1$	zeitliche Anpassung mit Anlage A bei d_{Aopt}
$x_1 < x \leq x_2$	intensitätsmäßige Anpassung mit Anlage A
$x_2 < x \leq x_3$	zeitliche Anpassung mit Anlagen A **und** B bei jeweils kostenminimalen Intensitäten d_{Aopt} und d_{Bopt}
$x_3 < x \leq x_4$	zeitliche Anpassung mit Anlage A bei d_{Aopt} **und** intensitätsmäßige Anpassung mit Anlage B
$x_4 < x \leq x_5$	intensitätsmäßige Anpassung mit beiden Anlagen

Abbildung 74: Kennzeichnung relevanter Anpassungsarten für Abbildung 73

B. Modelle auf der Basis der Produktionsfunktion vom Typ C

In vielen Fällen reichen die vorgestellten Erklärungsansätze nicht aus, empirische Produktions- und Kostenbedingungen vollständig zu beschreiben. Es liegen einige erweiterte Ansätze vor, die geeignet sind, kompliziertere Produktionsverhältnisse in ihren Ursache-Wirkung-Beziehungen darzustellen.
Einen der umfassendsten Beiträge liefert in diesem Zusammenhang die **Produktionsfunktion vom Typ C,** die von HEINEN entwickelt wurde (HEINEN 1983, S. 244ff.). HEINEN knüpft an die von GUTENBERG konzipierte Produktionsfunktion vom Typ B an und erweitert bzw. verfeinert sie. Der Gesamtprozeß der Produktion wird in sog. **Elementarkombinationen** aufgeteilt. Sie entsprechen den dargestellten **Basisprozessen.** Für eine Elementarkombination sollen

- zwischen Produktionsfaktorverbrauch (z.B. Betriebsstoffe, Werkstoffe) und technisch-physikalischer Leistung (Potentialfaktorleistung, z.B. Umdrehungen/Minute)

sowie

- zwischen technisch-physikalischer Leistung und ökonomischer Leistung (Erzeugnismenge)

eindeutige Beziehungen angegeben werden.
Anlagenbezogene Verbrauchsbedingungen werden in **technischen Verbrauchsfunktionen** erfaßt. HEINEN spezifiziert die von GUTENBERG konzipierten Verbrauchsfunktionen dadurch, daß er die technischen Eigenschaften der Betriebsanlagen nicht global durch die Merkmale $z_1, z_2, \ldots, z_z$ erfaßt, sondern eine Aufteilung nach z-Merkmalen, u-Merkmalen und l-Merkmalen vornimmt. Bei HEINEN kennzeichnen die z-Größen $z_1, z_2, \ldots, z_h$ die konstruktiven Merkmale einer Anlage, die kurzfristig im Regelfall nicht verändert werden können (z.B. Hubraum eines Verbrennungsmotors, Fassungsvermögen eines Behälters). Mit den Größen $u_1, u_2, \ldots, u_c$ werden diejenigen technischen Daten angesprochen, die im Produktionsablauf von Zeit zu Zeit aufgrund von Planungen bewußt variiert werden. Umrüstungen von Maschinen auf veränderte Werkverrichtungen und veränderte Getriebeeinstellungen fallen beispielsweise in diesen Bereich.
Technische Größen, die sich laufend verändern oder verändert werden (z.B. Temperaturverhältnisse, Luftfeuchtigkeit und vor allem die Intensität von Anlagen), sollen durch die Symbole $l_1, l_2, \ldots, l_e$ erfaßt werden.
In dieser erweiterten Fassung ergibt sich für den Faktor der Art i folgende Gesamtverbrauchsbeziehung:

$$r_i = f_i(z_1, z_2, \ldots, z_h; u_1, u_2, \ldots, u_c; l_1, l_2, \ldots, l_e)$$

Werden neben den z-Größen die u-Größen und die l-Größen bis auf die Produktionsintensität fixiert, erhält man die **technische Verbrauchsfunktion,** die sich als Durchschnittsverbrauchsfunktion wie folgt formulieren läßt:

$$\bar{r}_i = f_i(d)$$

Die abhängige Variable $\bar{r}_i$ dieser Funktion bedeutet hier Verbrauch der Faktorart i pro technisch-physikalischer Kombinationsleistungseinheit (z.B. kW). Die Größe d gibt die Anzahl der Leistungseinheiten der Anlage pro Zeiteinheit an.

Da technische Anlagenleistungen bei Bearbeitungsvorgängen im Zeitablauf schwanken, erfaßt HEINEN in den technischen Verbrauchsfunktionen den **Momentanverbrauch in Abhängigkeit von der Momentanleistung.** Hier wird erkennbar, wie detailliert HEINEN Faktorverbräuche ermitteln will. Jede geringfügige Leistungsvariation soll produktionstheoretisch berücksichtigt werden. Diese Zielsetzung wird bei der Umrechnung technischer in ökonomische Leistungsgrößen besonders deutlich. Über die gesamte Bearbeitungszeit einer ökonomischen Leistungseinheit (Outputeinheit) hinweg soll der Betriebsstoffverbrauch kontinuierlich erfaßt werden. Dies will HEINEN durch Beobachtung der Belastung der Produktionsanlagen erreichen. Die Belastung einer Anlage wird durch die von ihr geforderte technisch-physikalische Leistungsabgabe gekennzeichnet.
Bei Belastungsermittlungen sind neben Bearbeitungsphasen weitere **Phasen des Anlageneinsatzes** zu berücksichtigen, in denen die Belastung unterschiedlich ist. HEINEN bezieht insgesamt fünf Phasentypen in die produktions- und kostentheoretische Analyse ein:

- Stillstandsphasen,
- Anlaufphasen,
- Leerlaufphasen,
- Bearbeitungsphasen,
- Bremsphasen.

Unter Berücksichtigung dieser Anlagenphasen kann ein Belastungsverlauf in Form eines **Zeitbelastungsbildes** ermittelt werden. Für eine Mehrzweckanlage könnte sich der in Abbildung 75 dargestellte Verlauf der Momentanleistung bzw. der Momentanbelastung $\frac{dA}{dt}$ ergeben (HEINEN 1983, S. 255).

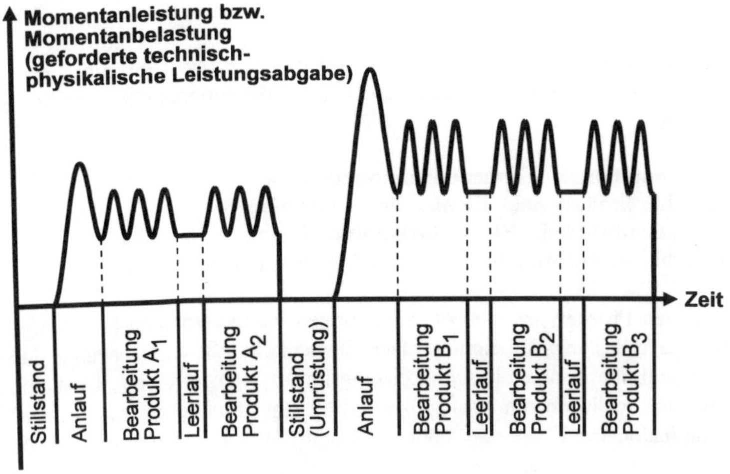

Abbildung 75: Zeitbelastungsbild

Die Belastung, d.h. die geforderte technisch-physikalische Leistungsabgabe, wird als Funktion der Zeit dargestellt. Unterschiedliche Einsatzweisen (z.B. Produktionsgeschwindigkeiten) und zu bearbeitende Materialien bedingen unterschiedliche Belastungen.

Zur Systematisierung von Produktionsvorgängen teilt HEINEN die Basisprozesse bzw. Elementarkombinationen ein in

- **outputfixe Elementarkombinationen** und

- **outputvariable Elementarkombinationen.**

Wenn die Outputmenge bei einmaliger Durchführung eines Basisprozesses nicht variierbar ist, wird von einer outputfixen Elementarkombination gesprochen. Dies ist im Regelfall bei Montageprozessen gegeben. Ist dagegen durch einen Basisprozeßvollzug eine unterschiedliche Outputmenge realisierbar, so liegt eine outputvariable Elementarkombination vor. In diesem Zusammenhang kann auf die **Chargenproduktion** verwiesen werden, bei der die Menge der Einsatzstoffe (Chargengröße) variiert werden kann und zu unterschiedlichen Ausstoßmengen führt. Beispiele finden sich in der chemischen Industrie und in der Stahlproduktion (z.B. Schmelzofenprozesse). **Kuppelproduktionen** können - je nach Ausprägung - in outputfixen und outputvariablen Basisprozessen erfolgen. Man spricht von Kuppelproduktion, wenn bei der Herstellung eines Produktes zwangsläufig ein anderes Erzeugnis bzw. mehrere andere Produkte anfallen (technisch bedingte Mehrproduktproduktion), z.B. Koks und Teer bei der Gaserzeugung; Roheisen, Gichtgas und Schlacke im Hochofenprozeß (vgl. Abschnitt »Produktionsfaktoren und Produkte«). Kuppelprodukte können in konstantem oder in variablem Verhältnis anfallen. Kuppelproduktion ist outputfix, wenn je Elementarkombination stets konstante Mengen der Kuppelprodukte anfallen. Sie ist outputvariabel, wenn

- Kuppelprodukte zwar in konstantem Verhältnis untereinander, jedoch in unterschiedlichen Mengen je Basisprozeß anfallen können,
- das Mengenverhältnis und damit auch die Ausbringungsmengen der einzelnen Kuppelprodukte variierbar sind.

Durch Verbindung der Outputverhältnisse mit limitationalen und substitutionalen Inputbedingungen (vgl. Abschnitte »Limitationalität« und »Substitutionalität«) ergeben sich vier Basisprozeßarten:

- **outputfixe limitationale Elementarkombinationen,**
- **outputvariable limitationale Elementarkombinationen,**
- **outputfixe substitutionale Elementarkombinationen,**
- **outputvariable substitutionale Elementarkombinationen.**

Für alle genannten Prozeßtypen sind die zugehörigen Faktorverbrauchsbeziehungen zu ermitteln. Sind die Belastungsverhältnisse einer Elementarkombination bekannt, lassen sich technisch-physikalische in ökonomische Leistungsgrößen transformieren. Deshalb ist es erforderlich, für alle realisierbaren Basisprozesse Belastungsfunktionen zu ermitteln. Da bei outputfixen limitationalen Elementarkombinationen die Ausbringungsmenge pro Kombinationsvollzug (das Outputniveau) konstant ist und Faktorsubstitutionen ausgeschlossen sind, kann lediglich die Kombinationszeit variiert werden. Für jede realisierbare Kombinationsdauer ergibt sich in der Regel ein anderes Zeitbelastungsbild und demzufolge auch eine andere Durchschnittsbelastung $\overline{A}$, die für einen großen Teil produktionstheoretischer Fragestellungen eine hinreichende Genauigkeit bietet. Will man detailliert vorgehen, so sind auch die Belastungsschwankungen zu berücksichtigen. Abbildung 76 (HEINEN 1983, S. 263) zeigt die Momentanbelastung $\frac{dA}{dt}$ für einen bestimmten Basisprozeß bei unterschiedlichen Kombinationszeiten t_k^* (Fertigungsintensitäten). Mit sinkender Kombinationsdauer (steigender Fertigungsintensität) wächst im Regelfall auch die Belastung einer Produktionsanlage.

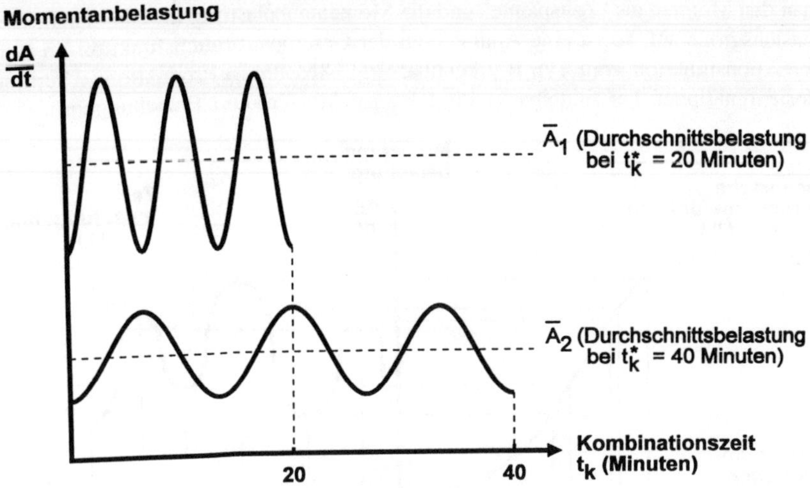

Abbildung 76: Zeitbelastungsbild bei unterschiedlichen Kombinationszeiten

In outputvariablen limitationalen Basisprozessen können bei einheitlichem Produktionsvollzug aufgrund unterschiedlicher Verbrauchsfaktoreinsatzmengen unterschiedliche Ausbringungsmengen erzielt werden. Das Einsatzmengenverhältnis kann dabei nicht variiert werden. Die Belastung einer Produktionsanlage wird in diesem Fall durch simultane Berücksichtigung der Kombinationszeit und des Outputs ermittelt. Dies gilt auch für Kuppelproduktion mit konstantem Ausstoßverhältnis der Kuppelerzeugnisse. Ist das Mengenverhältnis der Kuppelprodukte variierbar, so sind zwei Unterfälle denkbar:

- Jeder realisierbaren Kombinationszeit entspricht ein bestimmtes Mengenverhältnis. Das Mengenverhältnis determiniert sowohl die Kombinationszeit als auch die Belastung der Betriebsanlagen.

- Es bestehen keine eindeutigen Beziehungen zwischen dem Mengenverhältnis und der Kombinationszeit. Für die Ermittlung der Belastungsfunktion sind hier außer der Kombinationszeit die Mengen der einzelnen Kuppelprodukte zu berücksichtigen.

Bei limitationalen Elementarkombinationen ergeben sich für jede realisierbare Kombinationszeit (Intensität) eindeutige Verfahrensbedingungen mit eindeutigen Anlagenbelastungen. Bei substitutionalen Elementarkombinationen können unterschiedliche Verfahrensbedingungen realisiert werden, wobei die beteiligten Produktionsanlagen eine differenzierte Belastung erfahren. Auch für solche Fälle entwickelt HEINEN ein formales System zur Beschreibung der Belastungsbedingungen. Im folgenden wird gezeigt, wie für in der betrieblichen Praxis überwiegend anzutreffende outputfixe limitationale Basisprozesse **ökonomische Verbrauchsfunktionen** ermittelt werden. Dabei sei von einer bestimmten Kombinationszeit ausgegangen.

Die Ermittlungsteilschritte können auf der Basis von Abbildung 77 (HEINEN 1983, S. 272) erläutert werden. Im I. Quadranten ist ein **Zeitbelastungsbild** für eine bestimmte Kombinationszeit t_k^* dargestellt. Der II. Quadrant zeigt die **technische Verbrauchsfunktion** als Beziehung zwischen Momentanverbrauchsfaktorbedarf $\frac{dr_i}{dt}$ und Momentanbelastung $\frac{dA}{dt}$. Faßt man den Moment als "Zeitspanne" und die Momentanbelastung als eine darauf bezogene Intensitätsgröße auf, so ist eine Analogie zu der Gesamtverbrauchsfunktion im Rahmen der Produktionsfunktion vom Typ B erkennbar (vgl. Abschnitt »Produktions-, Verbrauchs- und Kostenfunktionen bei mittelbaren Produktionsfaktor-Produkt-Beziehungen«).

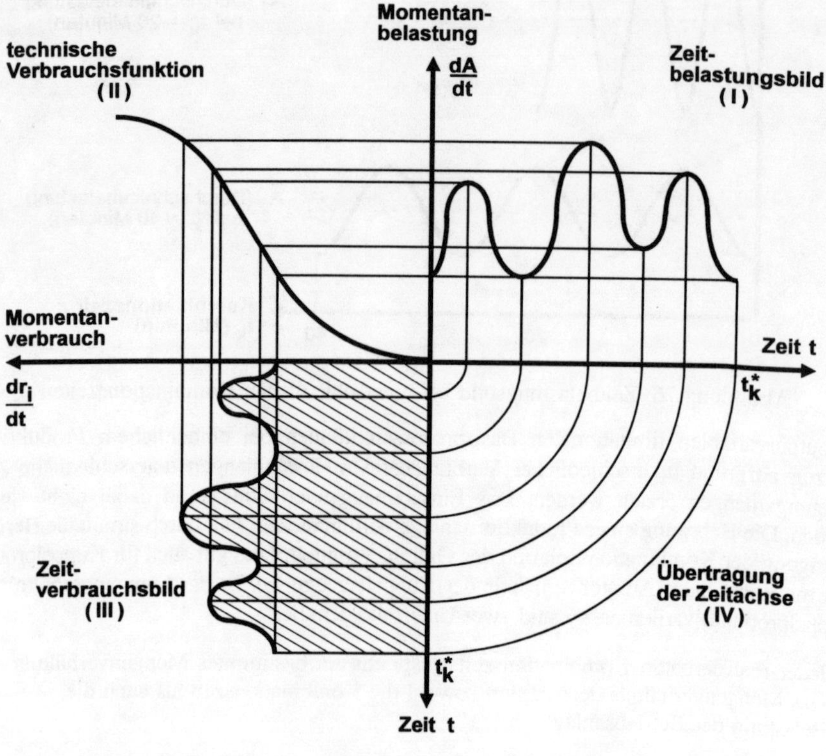

Abbildung 77: Verbrauchsermittlung für eine Elementarkombination

Für jede Momentanbelastung ergibt sich gemäß der technischen Verbrauchsfunktion ein ganz bestimmter Momentanverbrauch für die Verbrauchsfaktorart i.

$$\frac{dr_i}{dt} = f_i\left(\frac{dA}{dt}\right)$$

Aus der Verbindung des Zeitbelastungsbildes mit der technischen Verbrauchsfunktion erhält man im III. Quadranten ein sog. **Zeitverbrauchsbild,** in dem der Momentanverbrauch im Zeitablauf über die Kombinationsdauer t_k^* hinweg dargestellt wird.

$$\frac{dr_i}{dt} = \int_0^{t_k^*} f_{t_k^*}(t) \cdot dt$$

Der Verbrauch der betrachteten Faktorart i für die einmalige Durchführung der Elementarkombination in der Zeitspanne t_k^* ergibt sich aus der Summe der Momentanverbräuche, die der schraffierten Fläche im III. Quadranten entspricht. Wenn der Vollzug von Basisprozessen Bearbeitung von Erzeugnissen bedeutet, kann die Verbrauchsmenge je Elementarkombination als Produktionskoeffizient $\bar{r}_{ik}$ angesehen werden.

$$\bar{r}_{ik} = \int_0^{t_k^*} f_{t_k^*}(t) \cdot dt$$

Da der Inhalt der schraffierten Fläche für jede realisierbare Kombinationszeit t_k anders ist, erhält man für limitationale outputfixe Elementarkombinationen die **ökonomische Verbrauchsfunktion:**

$$\bar{r}_{ik} = f_{ik}(t_k)$$

Die ökonomischen Verbrauchsfunktionen sind für alle an Elementarkombinationen beteiligten Produktionsfaktoren zu ermitteln. Bei komplizierteren Elementarkombinationstypen (outputvariabel, substitutional) ergibt sich je Faktorart eine größere Anzahl Verbrauchsfunktionen, da jede mögliche Konstellation der Variablen (z.B. Faktoreinsatzverhältnis, Kombinationsdauer, Ausbringungsmenge, Ausstoßverhältnis bei Kuppelproduktion) durch eine Funktion beschrieben werden muß.
Für Verbrauchsfaktorarten, die direkt in Erzeugnisse eingehen (z.B. Werkstoffe), lassen sich meist unmittelbare Produktionsfaktor-Produkt-Beziehungen formulieren, die auch in entsprechender Weise in die Produktionsfunktion vom Typ C für eine Elementarkombination k integriert werden.

$$r_{ik} = f_{ik}(x_k)$$

bzw.

$$r_{ik} = \bar{r}_{ik} \cdot x_k$$

$\bar{r}_{ik}$ = Einsatzmenge der Werkstoffart i je Erzeugniseinheit

Für Potentialfaktoreinsätze (Anlagen und Mitarbeiter) formuliert HEINEN je nach Nutzungs- und Zeitabhängigkeit unmittelbar bzw. mittelbar outputabhängige und zeitabhängige Verbrauchsfunktionen. Entsprechende Abhängigkeiten wurden bereits im Rahmen der Darstellung der Produktionsfunktion vom Typ B beschrieben (vgl. Abschnitt »Produktions-, Verbrauchs- und Kostenfunktionen bei mittelbaren Produktionsfaktor-Produkt-Beziehungen«).
Alle angesprochenen Verbrauchsbeziehungen sind in ein geschlossenes Produktionsmodell zu integrieren. Für die Produktion bestimmter Erzeugnisarten und -mengen sind Wiederholungen der einzelnen Basisprozesse erforderlich. Die Anzahl der Wiederholungen (w) ist daher in die Verbrauchsabhängigkeiten zu integrieren. Zugleich sind alle zeitabhängigen Faktoreinsatzbedingungen (z.B. für zeitabhängig entlohnte Mitarbeiter, gemietete Maschinen sowie Betriebsanlagenabnutzung in der Rechnungsperiode mangels genauer Information

über den Verschleiß) zu erfassen. Insgesamt erhält man im Rahmen der Produktionsfunktion vom Typ C für m Faktorarten und z Basisprozesse folgendes System von Verbrauchsfunktionen:

$$r_i = \sum_{k=1}^{z} \bar{r}_{ik} \cdot w_k + r_i(t) \qquad i = 1, 2, \ldots, m$$

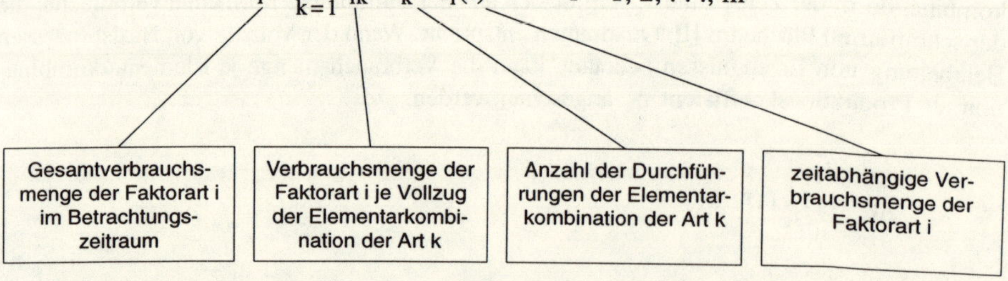

Basisprozesse, in denen Bearbeitungsvorgänge an Erzeugnissen erfolgen, werden als **primäre Elementarkombinationen** bezeichnet. Die Zahl ihrer Wiederholungen hängt in der Regel proportional von der Erzeugnismenge ab. Mit Abfallprodukten verbundene Aufbereitungs- und Entsorgungsprozesse sind entsprechend einzuordnen. Daneben gibt es Vorgänge, deren Wiederholung nur in weiten Grenzen auf Produktmengen bezogen werden kann, z.B. Umrüstungen von Mehrzweckmaschinen (Veränderung der u-Situation), Anlaufvorgänge usw. Sie werden **sekundäre Elementarkombinationen** genannt. Die Anzahl der Wiederholungen ist hier auf die jeweils relevanten Vorgänge zu beziehen (Anzahl Rüstvorgänge, Anzahl Maschinenanläufe usw.).
Zusätzlich berücksichtigt HEINEN bei der Angabe der Anzahl der Wiederholungen Ausschußprozentsätze bei erfahrungsgemäß auftretender fehlerhafter Fertigung sowie Aufteilungsmöglichkeiten einer geforderten Anzahl zu realisierender Basisprozesse auf mehrere gleichartige Maschinen. Das gesamte System der Verbrauchsfunktionen wird auf alle Produktionsstufen bezogen. Die notwendige Anzahl der Vorprodukte wird dabei aus der gewünschten Anzahl der Fertigerzeugnisse abgeleitet. Insgesamt lassen sich mit der Produktionsfunktion vom Typ C vielfältige Fertigungsprozesse der betrieblichen Praxis für Mehrproduktbetriebe und Mehrstufigkeit der Produktion empirisch fundiert beschreiben. Über die **Einbeziehung der Kostenwerte** der eingesetzten Produktionsfaktoren erhält man auf dieser Basis Kostenaussagen für alternative Gestaltungen der Produktion.

C. Modelle auf der Basis der Produktionsfunktionen vom Typ D, E und F

In zwei weiteren produktionstheoretischen Erklärungsansätzen werden die beschriebenen unmittelbaren und mittelbaren Produktionsfaktor-Produkt-Beziehungen aufgegriffen, um zusätzliche Aspekte ergänzt und für umfangreiche und vielstufige Fertigungsbereiche formal aufbereitet. Es handelt sich dabei um

- die **Produktionsfunktion vom Typ D,** die von KLOOCK entwickelt wurde (KLOOCK 1969a, S. 49ff.),
- die **Produktionsfunktion vom Typ E,** deren Konzeption von KÜPPER aufgebaut wurde (KÜPPER 1979a, S. 93ff.).

Beide Vorgehensweisen können hier nur in ihren Grundzügen vorgestellt werden. Sie basieren auf der Übertragung der von LEONTIEF für Volkswirtschaften entwickelten **Input-Output-Modelle** auf produzierende Unternehmen. In dem zuerst entwickelten Ansatz von KLOOCK werden Produktionsbereiche in einzelne Produktionsstellen gegliedert, in denen Verbrauchs- und Erzeugnisabhängigkeiten eindeutig beschrieben werden können. Zusätzlich werden Lagerstellen in die Betrachtung einbezogen und Verbindungen zu Beschaffungs- und Absatzmärkten hergestellt. Mit Hilfe der Matrizenrechnung werden die Input-Output-Beziehungen aller Stellen untereinander sowie zu den Märkten formal beschrieben. Je nach den vorliegenden Fertigungsbedingungen werden dabei auch variable Produktionskoeffizienten aufgrund unterschiedlicher Fertigungsintensitäten berücksichtigt. Für die in einem Planungszeitraum herzustellenden Produktarten und -mengen lassen sich auf der Basis des Ansatzes von KLOOCK die erforderlichen Bearbeitungsprozesse in allen Fertigungsstellen selbst bei komplexen Produktionsstrukturen ermitteln.
Die Produktionsfunktion vom Typ E stellt eine Weiterentwicklung des von KLOOCK aufgebauten Modells dar. Sie integriert jedoch zusätzlich zeitliche Abhängigkeiten von Produktionsprozessen untereinander. Die Endmontage bestimmter Erzeugnisse kann nur erfolgen, wenn die erforderlichen Bauteile oder Vorprodukte vorangehend rechtzeitig gefertigt wurden. Einsatz- und Ausbringungszeitpunkte aller Produktions- und Lagerstellen sind daher entscheidend für die Realisation bestimmter Produktionsprogramme. KÜPPER erreicht die Dynamisierung der Produktionsfunktion durch Aufteilung der Produktionsperiode in lückenlos aufeinanderfolgende diskrete Zeitintervalle (KÜPPER 1979a, S. 96ff.). In dieser Zeitstrukturierung wird den einzelnen Intervallen unter Berücksichtigung bestimmter Lagerbedingungen jeweils zugewiesen, welche Produktionsvorgänge von welchen Produktionsstellen zu vollziehen sind. Hinsichtlich der Durchführung der Fertigungsprozesse können die im Rahmen der Darstellung der Produktionsfunktionen vom Typ B und C diskutierten Bedingungen integriert werden. Für die spezifische Situation der Fertigung von Projekten im Sinne von komplexen Erzeugnissen entwickelt MATTHES die **Produktionsfunktion vom Typ F** (MATTHES 1979). Durch Bewertung der jeweils erforderlichen Faktoreinsätze gelangt man auf der Grundlage der Produktionsfunktionen vom Typ D, E und F zu umfassenden Kostenmodellen für komplexe Fertigungsstrukturen. Typ F greift zusätzlich Verbindungen zur Finanzwirtschaft auf.
Die Kenntnis der beschriebenen **produktions- und kostentheoretischen Abhängigkeiten** wäre für die **kostenmäßige Beurteilung der unternehmungspolitischen Maßnahmen** in der eingangs vorgestellten Fallstudie sehr hilfreich gewesen. Ein Vergleich mit der veränderten Erlössituation hätte im Planungsstadium offengelegt, daß die von der betrachteten Unternehmung aufgegriffene Aktivität betriebswirtschaftlich nicht tragfähig sein konnte (vgl. dazu Abschnitt »Eine Fallstudie«).
Anzumerken ist, daß die **alphabetische Ordnung der Produktionsfunktionen** keine inhaltliche, sondern lediglich eine historische Systematisierung darstellt, die in wissenschaftstheoretischer Sicht als unbefriedigend zu bezeichnen ist. So sind z.B. nicht alle real auftretenden Produktionsprozesse mit den Funktionstypen A bis F abzubilden (MÜLLER-MERBACH 1981, S. 19f.; DYCKHOFF 1994, S. 40f.). Dennoch findet sich die Orientierung am Alphabet in zahlreichen Lehrbüchern zur Allgemeinen Betriebswirtschaftslehre sowie zur Produktions- und Kostentheorie und kann insoweit mittlerweile fast schon als "klassische" Systematik der Produktionsfunktionen angesehen werden. Nachteilig ist unter anderem jedoch auch, daß sie in der Lehre nicht von der Behandlung der für industrielle Bereiche unzureichenden Funktion vom Typ A entbindet (wer B, C, D, E und F sagt, muß auch einmal A gesagt haben). Eine sachbezogene Systematisierung wird von MÜLLER-MERBACH ent-

wickelt. Er beschreibt die zwischen Input-Stoffen und Output-Stoffen befindliche Technologie mit Hilfe sog. Verzweiger-Knoten und Sammler-Knoten. So lassen sich z.B. Verzweigungen von Inputströmen mit festen, variablen oder offenen Relationen sowie entsprechend klassifizierte Zusammenführungen erfassen. Mit der gewählten Strukturierung sind durch unterschiedliche Kombinationen von Verzweigungen und Zusammenführungen alle realen Produktionssituationen erfaßbar. Die Vorgehensweise zur Modellierung der Input-Output-Prozesse ist zugleich EDV-gerecht angelegt (MÜLLER-MERBACH 1981, S. 19ff.).

Kontrollfragen und -aufgaben

1. Erläutern Sie die Ermittlung kostenminimaler Produktionsintensitäten für eine zweistufige Werkstattfertigung, wobei je Werkstatt mehrere funktionsgleiche und kostengleiche Arbeitssysteme zur Verfügung stehen. Skizzieren Sie dabei Verbrauchs- und Kostenfunktionsverläufe.

2. Erläutern Sie Outputgrößen, Verbrauchs- und Kostenfunktionen für Prozesse der Wiederaufbereitung von Abfallstoffen.

3. Erläutern Sie die Probleme der Erfassung von Potentialfaktoreinsätzen in Produktionsfaktor-Produkt-Beziehungen.

4. Skizzieren Sie Gesamtkostenverläufe für eine Produktionssituation der Mehrfachfertigung, bei der sich eine quantitative Anpassung im Vergleich zu intensitätsmässiger Anpassung als kostengünstiger erweist.

5. Inwieweit sind zeitliche Anpassungen mit minimaler Fertigungsintensität vielfach unwirtschaftlich?

6. Welcher(n) Anpassungsform(en) ordnen Sie den Übergang von Einschicht- auf Zweischicht-Betrieb in einem Produktionsbereich zu?

7. Erläutern Sie die Bedeutung der Abbaufähigkeit von Fixkosten im Rahmen der selektiven Anpassung.

8. Erläutern Sie die wesentlichen Erweiterungen und Verfeinerungen der Produktionsfaktor-Produkt-Beziehungen für Betriebsstoffe in der Produktionsfunktion vom Typ C gegenüber der Produktionsfunktion vom Typ B.

Literatur

Adam, D., Produktions- und Kostentheorie, 2. Aufl., Tübingen und Düsseldorf 1977.
Adam, D., Produktionsmanagement, 8. Aufl., Wiesbaden 1997.
Bloech, J. / Bogaschewsky, R. / Götze, U. / Roland, F., Einführung in die Produktion, 2. Aufl., Heidelberg 1993.
Bloech, J. / Lücke, W., Produktionswirtschaft, Stuttgart-New York 1982.
Blohm, H. / Beer, Th. / Seidenberg, U. / Silber, H., Produktionswirtschaft, Herne-Berlin 1987.
Busse v. Colbe, W. / Laßmann, G., Betriebswirtschaftstheorie, Bd. 1, 5. Aufl., Berlin-Heidelberg-New York-London-Paris-Tokyo-Hongkong-Barcelona-Budapest 1991.
Dellmann, K., Betriebswirtschaftliche Produktions- und Kostentheorie, Wiesbaden 1980.
Diederich, H., Allgemeine Betriebswirtschaftslehre, 7. Aufl., Stuttgart-Berlin-Köln 1992.
Dinkelbach, W. / Piro, A., Entsorgung und Recycling in der betriebswirtschaftlichen Produktions- und Kostentheorie: LEONTIEF-Technologien, in: Wirtschaftsstudium 1989, S. 399-405 und S. 474-480.
Dinkelbach, W. / Piro, A., Entsorgung und Recycling in der betriebswirtschaftlichen Produktions- und Kostentheorie: GUTENBERG-Technologien, in: Wirtschaftsstudium 1990, S. 640-645 und S. 700-705.
Dyckhoff, H., Betriebliche Produktion, 2. Aufl., Berlin-Heidelberg-New York-London-Paris-Tokyo-Hongkong-Bar celona-Budapest 1994.
Ellinger, Th. / Haupt, R., Produktions- und Kostentheorie, 3. Aufl., Stuttgart 1996.
Gutenberg, E., Grundlagen der Betriebswirtschaftslehre, 1. Band, Die Produktion, 24. Aufl., Berlin-Heidelberg-New York 1983.
Heinen, E., Betriebwirtschaftliche Kostenlehre, 6. Aufl., Wiesbaden 1983.
Heinen, E., Produktions- und Kostentheorie, in: Allgemeine Betriebswirtschaftslehre in programmierter Form, Hrsg. H. Jacob, 5. Aufl., Wiesbaden 1988, S. 205-296.
Kilger, W., Produktions- und Kostentheorie, Wiesbaden 1958.
Kistner, K.-P., Produktions- und Kostentheorie, 2. Aufl., Würzburg-Wien 1993.
Kistner, K.-P., Produktionsfunktionen, in: Handwörterbuch der Betriebswirtschaft, Hrsg. W. Wittmann / W. Kern/ R. Köhler / H.-U. Küpper / K. v. Wysocki, 5. Aufl., Stuttgart 1993, Sp. 3415-3432.
Kloock, J., Betriebswirtschaftliche Input-Output-Modelle, Wiesbaden 1969.
Kloock, J., Zur gegenwärtigen Diskussion der betriebswirtschaftlichen Produktionstheorie und Kostentheorie, in: Zeitschrift für Betriebswirtschaft 1969, 1. Ergänzungsheft, S. 49-82 (1969a).
Küpper, H.-U., Interdependenzen zwischen Produktionstheorie und der Organisation des Produktionsprozesses, Berlin 1979.
Küpper, H.-U., Dynamische Produktionsfunktion der Unternehmung auf der Basis des Input-Output-Ansatzes, in: Zeitschrift für Betriebswirtschaft 1979, S. 93-106 (1979a).
Laßmann, G., Die Produktionsfunktion und ihre Bedeutung für die betriebschaftliche Kostentheorie, Köln-Opladen 1958.
Laßmann, G., Kostenfunktionen und -verhalten, in: Handwörterbuch der Produktionswirtschaft, Hrsg. W. Kern, 2. Aufl., Stuttgart 1996, Sp. 946-959.
Lücke, W., Produktions- und Kostentheorie, 3. Aufl., Würzburg-Wien 1976.
Matthes, W., Dynamische Einzelproduktionsfunktion der Unternehmung (Produktionsfunktion vom Typ F), Betriebswirtschaftliches Arbeitspapier Nr. 2, Universität zu Köln 1979.
Müller-Merbach, H., Die Konstruktion von Input-Output-Modellen, in: Planung und Rechnungswesen in der Betriebswirtschaftslehre, Festschrift für G. v. Kortzfleisch zum 60. Geburtstag, Hrsg. H. Bergner, Berlin 1981, S. 19-113.
Pohmer, D. / Bea, F. X., Produktion und Absatz, 3. Aufl., Göttingen 1994.
Pressmar, D. B., Kosten- und Leistungsanalyse im Industriebetrieb, Wiesbaden 1971.
Reichwald, R., Arbeit als Produktionsfaktor, München-Basel 1977.
Schierenbeck, H., Grundzüge der Betriebswirtschaftslehre, 12. Aufl., München-Wien 1995.
Schweitzer, M. / Küpper, H.-U., Produktions- und Kostentheorie der Unternehmung, 2. Aufl., Wiesbaden 1997.
Steffen, R., Analyse industrieller Elementarfaktoren in produktionstheoretischer Sicht, Berlin 1973.
Steffen, R., Produktions- und Kostentheorie, in: Betriebswirtschaftslehre heute, Hrsg. K. Küting / A. Schnorbus, Frankfurt am Main 1992, S. 178-182.
Steffen, R., Anlagenwirtschaft, in: Handwörterbuch der Betriebswirtschaft, Hrsg. W. Wittmann / W. Kern/ R. Köhler / H.-U. Küpper / K. v. Wysocki, 5. Aufl., Stuttgart 1993, Sp. 84-96.
Wittmann, W., Produktionstheorie, in: Handwörterbuch der Betriebswirtschaft, Hrsg. W. Wittmann / W. Kern/ R. Köhler / H.-U. Küpper / K. v. Wysocki, 5. Aufl., Stuttgart 1993, Sp. 3491-3518.
Wöhe, G., Einführung in die Allgemeine Betriebswirtschaftslehre, 19. Aufl., München 1996.

Drittes Kapitel: Produktions- und Kostenmodelle zur Planung von Produktionsprogrammen

A. Produktions- und kostentheoretische Grundlagen der Standardansätze zur Programmoptimierung

Bei der Beschreibung produktionsbezogener Anpassungsmöglichkeiten wurde bereits darauf verwiesen, daß zur Sicherung langfristiger Unternehmungsexistenz eine Abstimmung von Produktions- und Absatzbedingungen zwingend erforderlich ist. Beide Planungsbereiche sind bei der Fixierung der in einem Planungszeitraum herzustellenden Erzeugnisarten und -mengen (Produktionsprogramm) zu berücksichtigen. **Produktionsprogramm** und **Absatzprogramm** (im Planungszeitraum abzusetzende Produktarten und -mengen) müssen in Einklang gebracht werden. Abweichungen zwischen Produktions- und Absatzprogramm treten auf, wenn absatzbestimmte Erzeugnisse für nachfolgende Perioden auf Lager genommen werden oder wenn teilweise Lagerbestände aus Vorperioden verkauft werden.
Für die **Optimierung von Produktionsprogrammen** liegen vielfältige Planungsansätze vor. Hier sollen einige grundlegende Vorgehensweisen vorgestellt und vornehmlich im Hinblick auf ihre produktions- und kostentheoretischen Ausgangsbedingungen analysiert werden. Die notwendige Einbeziehung des Absatzbereichs erfordert jedoch zugleich eine Angabe der absatz- bzw. preistheoretischen Ausgangsbedingungen. Bei den Ansätzen zur Produktionsprogrammplanung geht es um Modelle für Mehrfachproduktion einerseits und für Einzelproduktion andererseits. **Mehrfachproduktion** bedeutet Herstellung gleichartiger Erzeugnisse in größeren Stückzahlen. **Massen-**, **Großserien-** und **Sortenfertigung** fallen in diesen Bereich. **Einzelproduktion** bedeutet Wechsel der zu produzierenden Erzeugnisart nach jeder Produkteinheit. Eine derartige Situation liegt vor, wenn von den Kunden spezifische Produkteigenschaften gefordert werden (vgl. dazu auch die Beschreibung der einzelnen Produktionstypen in Abschnitt »Kosteneinflußgrößen«).
Die vorzustellenden Planungsansätze beziehen sich auf kurzfristige Planungszeiträume (z.B. Monat, Quartal) bei vorgegebener Potentialausstattung. Ausstattungsentscheidungen sind mit den Entscheidungen über die Wahl der Branche den kurzfristigen Produktions- und Absatzprogrammentscheidungen vorgelagert und setzen Rahmenbedingungen (vgl. Abschnitt »Produktion in volkswirtschaftlicher und betriebswirtschaftlicher Sicht«).
Der **Standardansatz zur Programmplanung** bei Mehrfachproduktion wurde für die **sukzessive Sortenfertigung** entwickelt, bei der in einer oder mehreren Fertigungsstufen bzw. Arbeitssystemen zeitlich nacheinander unterschiedliche Erzeugnisarten in größeren Stückzahlen hergestellt werden können. Dieser Standardansatz unterstellt, daß die innerhalb der Planungsperiode produzierten Erzeugnisse auch in derselben Periode abgesetzt werden. Analog gilt für den Standardansatz zur Programmplanung bei **auftragsorientierter Einzelfertigung,** daß die durch die Optimierungsrechnung in das periodenbezogene Produktionsprogramm aufgenommenen Einzelerzeugnisse (Aufträge) nach Fertigstellung von den Auftraggebern (Nachfragern) in der Planungsperiode abgenommen werden.
Produktions- und kostentheoretisch ist bedeutsam, daß sich die Planungsansätze auf **Fertigungsstufen** bzw. **Arbeitssysteme** beziehen, die **mit konstanten Produktionsintensitäten** arbeiten. Insoweit sind auch die **variablen Durchschnittskosten** je Erzeugnisart in jeder Fertigungsstufe **konstant** (vgl. Abschnitt »Produktions-, Verbrauchs- und Kostenfunktionen bei mittelbaren Produktionsfaktor-Produkt-Beziehungen«). Anpassungsprozesse intensitätsmäßiger, quantitativer und selektiver Art finden keine Beachtung. Es wird unterstellt, daß

vollständige Auslastungen verfügbarer Kapazitäten einzelner Arbeitssysteme ausschließlich durch **zeitliche Anpassungen** vorgenommen werden.

Die einzelnen Planungsansätze ermitteln für die jeweils betrachtete spezifische Produktionssituation diejenige Produktionsprogrammzusammensetzung, durch die insgesamt die **Differenz zwischen erzielbaren Verkaufserlösen und variablen Kosten ein Maximum** annimmt. Absatz- bzw. preistheoretisch werden in der Regel **konstante Preise** p^* für alle produzierbaren Fertigerzeugnisse unterstellt (z.B. Bedingung des Mengenanpassers auf vollkommenen Märkten bei vollkommener Konkurrenz; MEFFERT 1991, S. 255). Aus dieser Absatzpreisbedingung resultiert beispielsweise für eine Produktart der Mehrfachproduktion ein linearer Verlauf des Erlöses E in Abhängigkeit von der abgesetzten Erzeugnismenge x :

$$E = p^* \cdot x$$

p^* = konstanter Preis je Erzeugniseinheit der betrachteten Produktart

Bei konstanten variablen Stückkosten k_v^* bzw. linearem Gesamtkostenverlauf ist die Maximierung der Differenz zwischen Erlösen und variablen Gesamtkosten im Hinblick auf die zugehörige Produktmenge gleichbedeutend mit der Maximierung der Differenz zwischen Erlösen und Gesamtkosten. **Fixkosten** sind **entscheidungsunabhängig** und fallen in konstanter Höhe bei jeder Programmzusammensetzung an. Die Zielsetzung wird als **Deckungsbeitragsmaximierung** bezeichnet. Man spricht vom **Deckungsbeitrag,** weil bei positiver Differenz zwischen Erlösen und variablen Kosten ein **Beitrag zur Deckung der Fixkosten** geleistet wird. Deckungsbeiträge können als Gesamtgrößen und stückbezogen ermittelt werden.

Gesamtdeckungsbeitrag = Erlös − variable Gesamtkosten

$$DB = E - K_v$$

Stückdeckungsbeitrag
(Deckungsbeitrag je Erzeugniseinheit) = Absatzpreis − variable Stückkosten

$$db^* = p^* - k_v^*$$

Hier gilt:

$$DB = (p^* - k_v^*) \cdot x$$

$$DB = db^* \cdot x$$

In Abbildung 78 werden kosten-, erlös- und deckungsbeitragsbezogene Zusammenhänge vereinfacht für eine ausgewählte Produktart dargestellt, die in einer Einproduktunternehmung produziert wird.

Die schraffierte Fläche gibt den Bereich an, in dem die Erlöse die Gesamtkosten übersteigen, also Gewinn erzielt wird. Dieser Bereich beginnt bei der Menge x_B, die als **Break-even-Menge** bezeichnet wird. Sie ist dem **Break-even-Punkt** (Gewinnschwelle) zugeordnet, der den Beginn der Gewinnzone im Hinblick auf Produktionsausweitungen ankündigt.

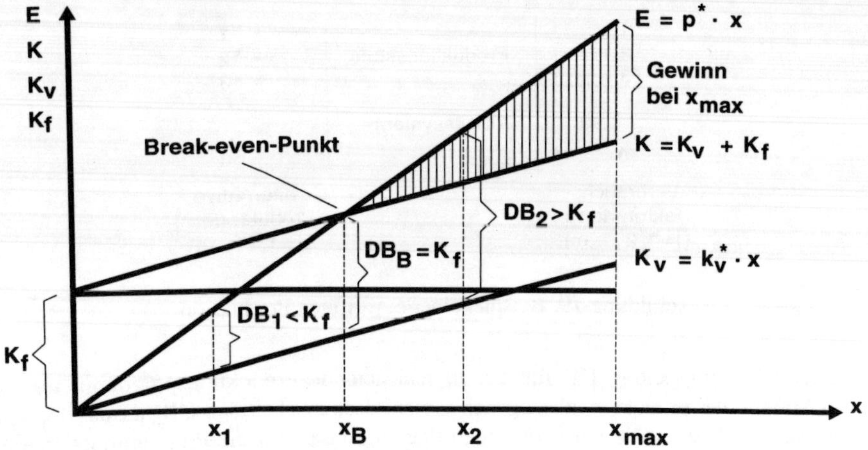

Abbildung 78: Break-even-Punkt-Ermittlung

Die Deckungsbeitragsmaximierung entspricht bei linearen Gesamtkosten- und Erlösverläufen der Gewinnmaximierung. Abbildung 78 zeigt drei ausgewählte Deckungsbeitragssituationen (DB_1, DB_B und DB_2). Insgesamt sind folgende Situationen denkbar:

$0 \leq x < x_B$	$\rightarrow$	$DB < K_f$	$\rightarrow$ Verlustzone	(z.B. DB_1)
$x = x_B$	$\rightarrow$	$DB = K_f$	$\rightarrow$ Break-even-Punkt	(DB_B)
$x_B < x \leq x_{max}$	$\rightarrow$	$DB > K_f$	$\rightarrow$ Gewinnzone	(z.B. DB_2)

Auf dieser Basis wird die deckungsbeitragsbezogene Zielsetzung verständlich. Sind mit den vorhandenen Produktionseinrichtungen mehrere absatzfähige Erzeugnisarten produzierbar, so ist die insgesamt **deckungsbeitragsmaximale Programmzusammensetzung** auszuwählen.

B. Standardansätze zur Programmoptimierung bei Mehrfachproduktion

1. Programmoptimierung bei Mehrfachproduktion mit einer Fertigungsstufe bzw. vorab bekanntem Produktionsengpaß

Die Ermittlung deckungsbeitragsmaximaler Produktionsprogramme soll zunächst für eine einfache **einstufige Produktionsstruktur** erläutert werden, in der **mehrere Erzeugnisarten** x_j ($j = 1, 2, \ldots, n$) gefertigt werden können. Abbildung 79 kennzeichnet die Ausgangssituation.

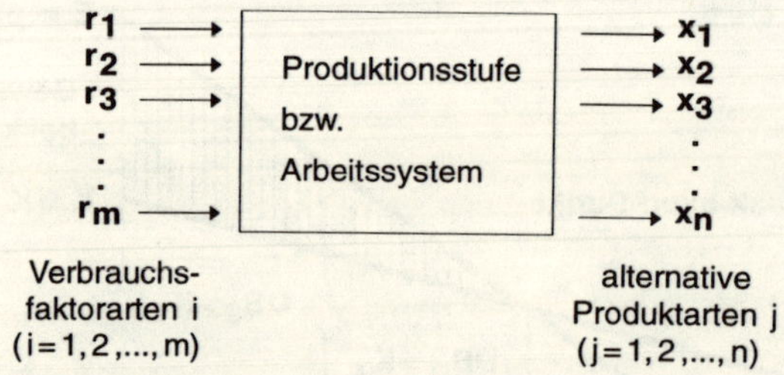

Abbildung 79: Beispiel einer einstufigen Produktion

Der Gesamtdeckungsbeitrag DB für das zu realisierende Produktionsprogramm resultiert aus der Summe der produktartenbezogenen Gesamtdeckungsbeiträge DB_j, die aus $db_j \cdot x_j$ berechnet werden. Man erhält daher folgenden Planungsansatz für die Programmoptimierung:

- **Zielfunktion**

$$DB = \sum_{j=1}^{n} db_j^* \cdot x_j \;\rightarrow\; \text{Max!}$$

- **Nebenbedingungen**

$$\sum_{j=1}^{n} t_j^* \cdot x_j \;\leq\; T$$

$$x_j \;\geq\; 0 \qquad (j = 1,2,...,n)$$

Die Summe der Deckungsbeiträge produzierbarer und absetzbarer Produkte ist unter den vorgegebenen Fertigungsbedingungen zu maximieren. Bei einstufiger Produktion sind folgende Größen von Bedeutung:

T = maximal mögliche Einsatzdauer des Produktionssystems im Planungszeitraum

t_j^* = zeitliche Inanspruchnahme des Produktionssystems durch Produktion einer Mengeneinheit der Produktart j bei vorgegebener (konstanter) Fertigungsintensität d^*

Die erstgenannte Nebenbedingung kennzeichnet die Produktionskapazität in folgender Weise:

n = Anzahl Produktarten (j = l, 2, . . . , n)
= **qualitative Kapazität**

$\frac{T}{t_j^*}$ = im Planungszeitraum maximal produzierbare Erzeugnismenge der Produktart $j = x_{jmax}$

= **quantitative Kapazität** für Produktart j bei Nichtproduktion aller anderen Erzeugnisarten unter der Annahme nicht variierbarer (vorgegebener) Intensität (vgl. Abschnitt »Produktionskapazitäten«)

Die zweitgenannte Nebenbedingung weist darauf hin, daß in einer Programmzusammensetzung Produktmengen nicht als negative Größen fixiert werden dürfen. Sie können jedoch den Wert Null annehmen.
Die Programmoptimierung soll für den einfachen Fall gegebener Produktionsmöglichkeiten für zwei Erzeugnisarten verdeutlicht werden:

- **Zielfunktion**

$$DB = db_1^* \cdot x_1 + db_2^* \cdot x_2 \rightarrow \text{Max!}$$

- **Nebenbedingungen**

$$t_1^* \cdot x_1 + t_2^* \cdot x_2 \leq T$$
$$x_1 \geq 0$$
$$x_2 \geq 0$$

Es wird von folgenden Stückdeckungsbeiträgen (in DM) ausgegangen:

$$db_1^* = 30$$
$$db_2^* = 25$$

Zunächst liegt die Vermutung nahe, daß wegen des höheren Stückdeckungsbeitrages von Erzeugnisart 1 nur diese Produktart in maximaler Menge produziert werden sollte. Ein derartiges Vorgehen vernachlässigt aber die als Nebenbedingung angegebene **zeitliche Inanspruchnahme des Fertigungssystems** durch die Produktion. Ergeben sich für die einzelnen Produktarten bei konstanter Fertigungsintensität je Mengeneinheit die Produktionszeiten

$$t_1^* = 10 \text{ Minuten und}$$
$$t_2^* = 5 \text{ Minuten,}$$

so wird erkennbar, daß in der Zeitspanne von 10 Minuten durch Produktion zweier Erzeugnisse der Produktart 2 ein Deckungsbeitrag von 50 DM erzielt werden kann. Dies ist im Vergleich zur Fertigung von Produktart 1 erheblich günstiger. Eine Orientierung an Stückdeckungsbeiträgen ist daher nicht hinreichend. Es empfiehlt sich ein Vergleich der mit den einzelnen Produktarten erzielbaren Deckungsbeiträge je Fertigungszeiteinheit:

$$\text{Deckungsbeitrag pro Zeiteinheit bei Produktion von Produktart j} = \frac{\text{Deckungsbeitrag je Produkteinheit } db_j^*}{\text{zeitliche Inanspruchnahme des Produktionssystems durch eine Produkteinheit } t_j^*}$$

Der Deckungsbeitrag je Zeiteinheit wird auch **spezifischer Deckungsbeitrag** des Fertigungssystems oder **engpaßbezogener Deckungsbeitrag** genannt, da die betrachtete Fertigungsstufe als Produktionsengpaß aufgefaßt werden kann. Er soll produktartenbezogen mit db_{Ej} bezeichnet werden. Für das diskutierte Beispiel erhält man:

$$db_{E1}^* = \frac{db_1^*}{t_1^*} = \frac{30}{10} = 3 \text{ (DM / Minute)}$$

$$db_{E2}^* = \frac{db_2^*}{t_2^*} = \frac{25}{5} = 5 \text{ (DM / Minute)}$$

Bei konstanten Stückdeckungsbeiträgen db_j^* und konstanten Fertigungszeiten je Produkteinheit t_j^* sind auch die spezifischen Deckungsbeiträge konstante Größen db_{Ej}^*. Obwohl Erzeugnisart 1 den höheren Stückdeckungsbeitrag aufweist, wird je Zeiteinheit (Minute) im Vergleich zur Produktion der Produktart 2 ein geringerer Deckungsbeitrag erzielt (3 < 5). Als Ergebnis ist festzuhalten:

Bei alternativer Produktion mehrerer Produktarten in einer Produktionsstufe bzw. auf einem Arbeitssystem wird der Gesamtdeckungsbeitrag maximiert, wenn die Produktart mit dem maximalen spezifischen Deckungsbeitrag in maximaler Menge produziert wird. Dies führt dazu, daß bei unbeschränktem Absatz nur eine einzige Güterart hergestellt wird, im vorangehenden Beispiel Produktart 2.

Ist der Absatz für die einzelnen Produktarten begrenzt, so werden die Produkte in der Reihenfolge fallender spezifischer Deckungsbeiträge, beginnend mit dem höchsten Wert, in das Produktions- und Absatzprogramm aufgenommen. In einem solchen Fall würde im diskutierten Beispiel von Erzeugnis 2 die maximale Absatzmenge produziert und die verbleibende Produktionszeit für die Fertigung von Erzeugnis 1 genutzt.

Die für Produktionssituationen mit einer Fertigungsstufe bzw. mit einem Arbeitssystem dargestellten Zusammenhänge gelten analog für mehrstufige Fertigungen, wenn von vornherein erkennbar ist, daß eine Produktionsstufe (ein Arbeitssystem) für alle Erzeugnisarten die jeweils geringste quantitative Kapazität aufweist. Dieser Fertigungsbereich stellt den Engpaß dar, und die Programmplanung ist an den hier zugehörigen spezifischen (fertigungszeitbezogenen) Deckungsbeiträgen auszurichten.

2. Programmoptimierung bei mehrstufiger Mehrfachproduktion mit vorab unbekanntem Produktionsengpaß

Meist sind in mehrstufigen Produktionssituationen **Fertigungsengpässe nicht von vornherein erkennbar.** Produktspezifische Engpässe konzentrieren sich nicht auf ein Arbeitssystem. Für die einzelnen Erzeugnisarten beziehen sich die geringsten quantitativen Kapazitäten auf unterschiedliche Fertigungsstufen. Insoweit kann eine engpaßbezogene Planung nicht unmittelbar vorgenommen werden. Der Programmplanungsansatz hat für solche Fälle alle Fertigungsstufen bzw. Arbeitssysteme s (s = 1, 2, . . ., z) zu berücksichtigen:

- **Zielfunktion**

$$DB = \sum_{j=1}^{n} db_j^* \cdot x_j \rightarrow Max!$$

- **Nebenbedingungen**

$$\sum_{j=1}^{n} t_{sj}^* \cdot x_j \leq T_s$$

$$x_j \geq 0 \qquad (j = 1,2,...,n ; s = 1,2,...,z)$$

T_s = maximal mögliche Einsatzdauer der Produktionsstufe bzw. des Arbeitssystems s im Planungszeitraum

t_{sj}^* = zeitliche Inanspruchnahme der Produktionsstufe bzw. des Arbeitssystems s durch Produktion einer Mengeneinheit der Produktart j bei vorgegebener (konstanter) Fertigungsintensität

Die Kapazitätsbedingungen sind hier für alle beteiligten Fertigungsstufen (Arbeitssysteme) anzugeben. Zur Verdeutlichung der Vorgehensweise des Standardansatzes bei mehrstufiger Mehrfachproduktion soll ein überschaubares Beispiel herangezogen werden:
In dem **Produktionsbereich einer Unternehmung der Elektrogerätebranche** werden **zwei unterschiedliche Kühlschranktypen** montiert, ein **Großraummodell "Maxifrost"** mit Gefrierteil und ein **Tischmodell "Kühlboy"** für Ein-Personen-Haushalte.

x_1 = Anzahl montierter Großraumkühlschränke "Maxifrost"
x_2 = Anzahl montierter Tischkühlschränke "Kühlboy"

Es werden insgesamt vier Arbeitssysteme eingesetzt:

- Gehäusebau,
- elektrische Ausrüstung,
- Endmontage "Maxifrost",
- Endmontage "Kühlboy".

Die beiden erstgenannten Teilsysteme werden von beiden Produktarten beansprucht. Die Endmontage vollzieht sich jeweils produktspezifisch in unterschiedlichen Arbeitssystemen. Unter Berücksichtigung notwendiger Instandhaltungsarbeiten für die Produktionsanlagen steht jedes Arbeitssystem pro Monat 150 Stunden (= 9000 Minuten) für die Produktion zur Verfügung (T_s = 9000 Minuten). Die für die Abwicklung der Produktionsprozesse an den einzelnen Arbeitssystemen erforderlichen Zeiten können Abbildung 80 entnommen werden.
Der vergleichsweise geringere Zeitbedarf zur Montage der elektrischen Ausrüstung beim Großraumkühlschrank ist darauf zurückzuführen, daß größere Baugruppen fremdbezogen werden, während die elektrische Ausrüstung des kleineren "Kühlboy" in umfassenderem Maße in dem betrachteten Produktionsbereich zu montieren ist.

Zeitbedarf in Minuten (t^*_{sj})			
Arbeits-system (s) \ Produktart (j)		Produktart 1 "Maxifrost"	Produktart 2 "Kühlboy"
Gehäusebau	(1)	60	30
elektrische Ausrüstung	(2)	25	50
Endmontage "Maxifrost"	(3)	75	-
Endmontage "Kühlboy"	(4)	-	60

Abbildung 80: Zeitbedarf für Produktionsprozesse

Auf der Grundlage der Zeitangaben lassen sich für die Arbeitssysteme folgende Bedingungen angeben:

Arbeitssystem 1: $60x_1 + 30x_2 \leq 9000$

Arbeitssystem 2: $25x_1 + 50x_2 \leq 9000$

Arbeitssystem 3: $75x_1 + \ \ 0x_2 \leq 9000$

Arbeitssystem 4: $\ \ 0x_1 + 60x_2 \leq 9000$

Quantitative Kapazitäten werden hier je Arbeitssystem und Produktart ermittelt. Dabei wird davon ausgegangen, daß die gesamte verfügbare Produktionszeit allein für die Bearbeitung der jeweils betrachteten Produktart verwendet wird.

Gehäusebau (1):

$$x_{1\,max} = \frac{9000}{60} = 150 \qquad (x_2 = 0)$$

$$x_{2\,max} = \frac{9000}{30} = 300 \qquad (x_1 = 0)$$

elektrische Ausrüstung (2):

$$x_{1\,max} = \frac{9000}{25} = 360 \qquad (x_2 = 0)$$

$$x_{2\,max} = \frac{9000}{50} = 180 \qquad (x_1 = 0)$$

Endmontage "Maxifrost" (3):

$$x_{1\,max} = \frac{9000}{75} = 120$$

Endmontage "Kühlboy" (4):

$$x_{2\,max} = \frac{9000}{60} = 150$$

Im Überblick lassen sich die beschriebenen Bedingungen unter Beachtung der Produktionsstruktur in Abbildung 81 kennzeichnen.

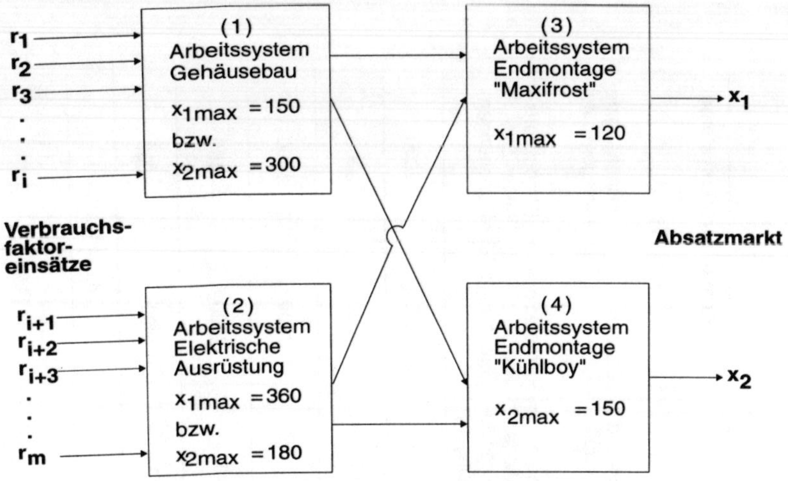

Abbildung 81: Produktionsstruktur und Einsatzbedingungen

Bei Berücksichtigung der produktions- und kostentheoretischen Ausgangsbedingungen und den damit verbundenen unmittelbaren und mittelbaren Produktionsfaktor-Produkt-Beziehungen ergeben sich durch Bewertung der Faktoreinsätze mit ihren Faktorpreisen die in Abbildung 82 aufgeführten Kosteninformationen.

In Verbindung mit den konstanten Absatzpreisen

$$p_1^* = 950$$

$$p_2^* = 250$$

lassen sich folgende (konstante) Stückdeckungsbeiträge ermitteln:

$$db_1^* = p_1^* - k_{v1}^* = 950 - 800 = 150$$

$$db_2^* = p_2^* - k_{v2}^* = 250 - 150 = 100$$

Da die verfügbare Produktionszeit unterschiedlich auf die Produktion der beiden Erzeugnisarten aufgeteilt werden kann, sind zahlreiche Produktionsprogrammvarianten realisierbar. Für die Deckungsbeitragsmaximierung gilt folgende Zielfunktion:

$$DB = 150\, x_1 + 100\, x_2 \;\rightarrow\; \text{Max!}$$

Dabei sind die vorangehend genannten Nebenbedingungen (Ungleichungen) für die Ausnutzung der verfügbaren Produktionszeit zu berücksichtigen. Zusätzlich sind für die Erzeugnismengen die Nichtnegativitätsbedingungen zu beachten:

$$x_1 \geq 0 \qquad\qquad x_2 \geq 0$$

Kostenart / Arbeitssystem (s)	variable Kosten je Erzeugniseinheit (k^*_{vj}) – Produktart 1 "Maxifrost": Materialkosten (unmittelbare Produktions-faktor-Produkt-Beziehungen)	Produktart 1 "Maxifrost": Anlagen- und Betriebsstoffkosten (mittelbare Produktions-faktor-Produkt-Beziehungen)	Produktart 2 "Kühlboy": Materialkosten (unmittelbare Produktions-faktor-Produkt-Beziehungen)	Produktart 2 "Kühlboy": Anlagen- und Betriebsstoffkosten (mittelbare Produktions-faktor-Produkt-Beziehungen)	fixe Kosten der Subsysteme: Zeitlohn (Produktions-faktor-Zeit-Beziehungen)	fixe Kosten der Subsysteme: zeitabhängige Anlagenkosten (Produktions-faktor-Zeit-Beziehungen)
Gehäusebau (1)	120	100	20	20	3200	2000
elektrische Ausrüstung (2)	400	20	50	30	4000	3000
Endmontage "Maxifrost" (3)	80	80			2800	1600
Endmontage "Kühlboy" (4)			20	10	2000	1400
Summe je Kostenart	600	200	90	60	12000	8000
insgesamt	$k^*_{v1} = 800$		$k^*_{v2} = 150$		$K_f = 20000$	

Abbildung 82: Kosteninformationen

Für den vorliegenden **Zweiproduktfall** läßt sich das Problem der **Programmoptimierung graphisch** lösen. Werden alle Produktionszeiten maximal genutzt, ergeben sich in einem x_2/x_1-Diagramm folgende Begrenzungsgeraden für die Kennzeichnung der Produktionsmöglichkeiten:

(1) $30\,x_2 = 9000 - 60\,x_1$
$x_2 = 300 - 2\,x_1$

(2) $50\,x_2 = 9000 - 25\,x_1$
$x_2 = 180 - 0{,}5\,x_1$

(3) $75\,x_1 = 9000$
$x_1 = 120$

(4) $60\,x_2 = 9000$
$x_2 = 150$

Die entsprechenden Restriktionen sind in Abbildung 83 enthalten.

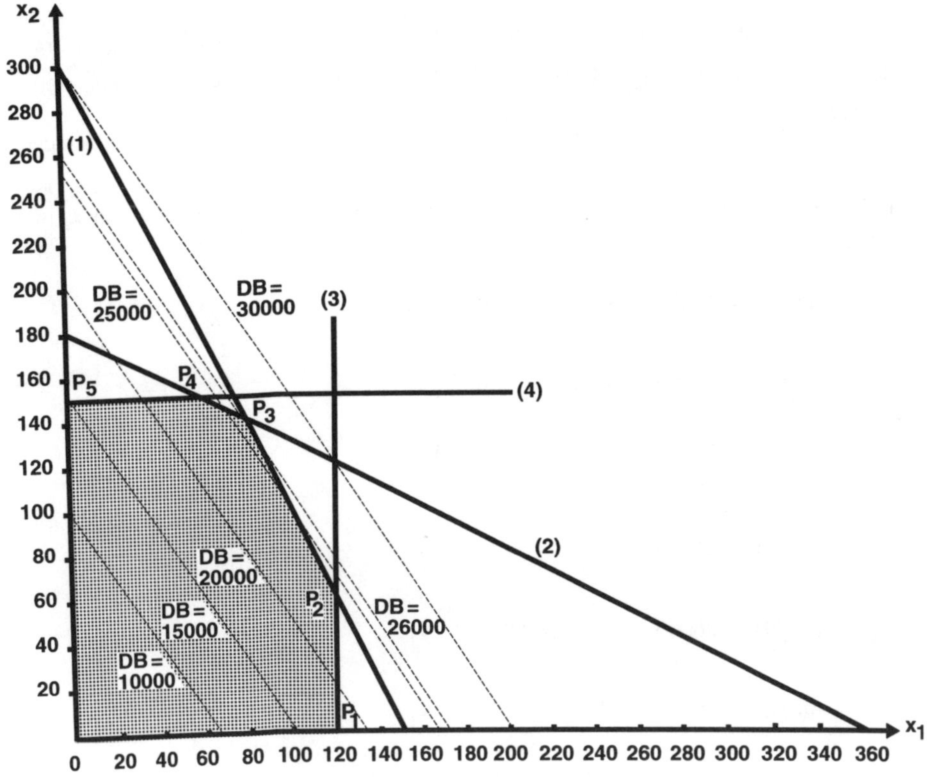

Abbildung 83: Graphische Ermittlung des optimalen Produktionsprogramms

Alle Punkte auf den Begrenzungsgeraden kennzeichnen für das jeweils zugehörige Arbeitssystem die möglichen Mengenkombinationen von x_1 und x_2, die bei vollständiger Auslastung hergestellt werden können. Wird die verfügbare Produktionszeit eines Arbeitssystemes nicht voll ausgenutzt, ergeben sich Produktmengenkombinationen von x_1 und x_2, die unterhalb der zugehörigen Geraden liegen. Zulässige Lösungen, die alle Arbeitssysteme gleichzeitig erfüllen, werden durch das Sechseck O $P_1 P_2 P_3 P_4 P_5$ abgebildet. Bei einstufiger Produktion würde im Falle der Herstellung zweier Erzeugnisarten lediglich eine Begrenzungsgerade vorliegen. Die zulässigen Produktionsmöglichkeiten würden durch eine Dreiecksfläche begrenzt.

Die **Zielfunktion** läßt sich für einen vorgegebenen Wert des Gesamtdeckungsbeitrages DB ebenfalls als Gerade im x_2/x_1-Diagramm darstellen. In dem Beispiel der Kühlschrankmontage kann die Ausgangsform

$$DB = 150\, x_1 + 100\, x_2$$

umgeformt werden in

$$x_2 = \frac{DB}{100} - \frac{150}{100} x_1 = \frac{DB}{100} - \frac{3}{2} x_1 .$$

Die Steigung der Zielgeraden resultiert aus dem negativen Verhältnis der Deckungsbeiträge der beiden Erzeugnisse ($-\frac{150}{100}$). Dabei wird der Abschnitt auf der x_2-Achse durch den Quotienten $\frac{DB}{100}$ festgelegt. Eine Veränderung von DB führt zu einer Schar paralleler Zielgeraden, die sich mit steigendem DB zunehmend vom Nullpunkt entfernen. Der jeweilige Dekkungsbeitrag kann durch den Absatz unterschiedlicher Mengenkombinationen von x_1 und x_2 erreicht werden. Man erhält beispielsweise:

- für $DB = 10000 \rightarrow x_2 = 100 - \frac{3}{2} x_1$
- für $DB = 15000 \rightarrow x_2 = 150 - \frac{3}{2} x_1$
- für $DB = 20000 \rightarrow x_2 = 200 - \frac{3}{2} x_1$
- für $DB = 25000 \rightarrow x_2 = 250 - \frac{3}{2} x_1$
- für $DB = 26000 \rightarrow x_2 = 260 - \frac{3}{2} x_1$
- für $DB = 30000 \rightarrow x_2 = 300 - \frac{3}{2} x_1$

Die zugehörigen Verläufe finden sich in Abbildung 83.

Das **Deckungsbeitragsmaximum** wird dort erreicht, wo die am weitesten vom Nullpunkt entfernte Deckungsbeitragsgerade den Lösungsbereich (Sechseck O P_1 P_2 P_3 P_4 P_5) gerade noch berührt. In dem angesprochenen Beispielfall ist diese Situation im Punkt P_3 gegeben. Als optimale Produktmengenkombination ergibt sich:

$$x_{1opt} = 80$$
$$x_{2opt} = 140$$

Diese Mengen können in die Zielfunktion eingesetzt werden. Man erhält:

$$DB = 150 \cdot 80 + 100 \cdot 140$$
$$DB = 12000 + 14000 = 26000$$

Es handelt sich hier um den maximal erreichbaren Gesamtdeckungsbeitrag. Er ist zugleich das Gewinnmaximum, da - wie erläutert - die noch abzuziehenden Fixkosten erzeugnisarten- und -mengenunabhängig sind (Gewinn = DB – K_f).
Produktionsprogramme der betrieblichen Praxis enthalten in der Regel zahlreiche Erzeugnisarten. Optimierungen können dabei nicht durch graphische Lösungen ermittelt werden. Man muß numerische Lösungsverfahren heranziehen. Für die anstehende Fragestellung kann auf das **Simplex-Verfahren** zurückgegriffen werden, das für Gleichungssysteme bestimmter Art mit Hilfe des **Simplex-Algorithmus** zulässige Lösungen erzeugt (DANTZIG 1966, S. 118ff.; BUSSE v. COLBE/HAMMANN/LASSMANN 1992, S. 184ff.; RIEPER/WITTE 1992, S. 116ff.). Bei z linearen Gleichungen mit h nichtnegativen Variablen sind Lösungen des Gleichungssystems bestimmbar, wenn man h-z Variablen (Nichtbasisvariablen) den Wert Null zuordnet. Derartige Lösungen bezeichnet man als **Basislösungen.** Das Gleichungssystem der Programmoptimierung ist aus den Kapazitätsrestriktionen der einzelnen Arbeitssysteme (s = 1, 2, . . . , z) zu entwickeln. Im Rahmen des Simplex-Algorithmus wird eine zulässige Basislösung aufgebaut, die im Sinne der Zielsetzung auf Verbesserungsmöglichkeiten getestet wird. Sind diese gegeben, wird eine neue Basislösung entwickelt und der Optimalitätstest wiederholt. In der Regel gelangt man nach endlich vielen Iterationen zu einer optimalen Basislösung. Überträgt man die Vorgehensweise des Simplex-Algorithmus auf den graphisch gelösten Zweiproduktfall, so konzentrieren sich die einzelnen Basislösungen jeweils auf eine Ecke des Lösungsraumes, im dargestellten Beispiel auf die Punkte O, P_1, P_2, P_3, P_4 und P_5. Für die jeweilige Ecke (in der Ausgangslösung = Nullpunkt) wird untersucht, ob ein Optimum vorliegt. Ist dies nicht der Fall, geht man auf eine Lösung zur benachbarten Ecke über. Wegen der Linearität der Nebenbedingungen und der Zielfunktion wird das Lösungsverfahren auch als **Lineare Programmierung** oder **Lineare Optimierung** bezeichnet.
Die Vorgehensweise des Simplex-Algorithmus soll an dem einfachen Beispiel der Kühlschrankmontage erläutert werden. Die als Ungleichungen formulierten Nebenbedingungen werden durch Einführung von sog. **Schlupfvariablen** oder **Hilfsvariablen** (y_1, y_2, y_3, y_4) in Gleichungen transformiert. Bei der Programmplanung kennzeichnen diese Variablen jeweils die nicht genutzte Produktionszeit der Arbeitssysteme. Man erhält folgendes Gleichungssystem:

$$
\begin{aligned}
60x_1 + 30x_2 + y_1 \qquad\qquad &= 9000 \\
25x_1 + 50x_2 \quad + y_2 \qquad &= 9000 \\
75x_1 + \ \ 0x_2 \qquad\quad + y_1 \quad &= 9000 \\
0x_1 + 60x_2 \qquad\qquad + y_1 &= 9000
\end{aligned}
$$

Weder die Erzeugnismengen x_j noch die ungenutzten Produktionszeiten y_s (in Zeitgrößen ausgedrückte ungenutzte Kapazität) dürfen negative Werte annehmen.

$$x_j \geq 0 \qquad j = 1, 2$$
$$y_s \geq 0 \qquad s = 1, 2, 3, 4$$

Leerzeiten der Fertigungssysteme beeinflussen die Deckungsbeitragssumme nicht unmittelbar. Den zugehörigen Schlupfvariablen y_s wird daher der Deckungsbeitrag $db_s^{(y)} = 0$ zugeordnet. Insoweit erhält man folgende erweiterte Zielfunktion:

$$DB = 150\,x_1 + 100\,x_2 + 0\,y_1 + 0\,y_2 + 0\,y_3 + 0\,y_4 \;\rightarrow\; \text{Max!}$$

Das Gleichungssystem der Nebenbedingungen enthält in dem Beispielfall in 4 Gleichungen 6 Unbekannte. Eine eindeutige (Basis-)Lösung ergibt sich jeweils bei Vorbestimmung von 2 Unbekannten. In einfacher Weise kann dies durch die Auswahl

$$x_1 = 0$$
$$x_2 = 0$$

erreicht werden, wobei sich für die Schlupfvariablen in dieser ersten zulässigen Basislösung folgende Werte ergeben:

$$y_1 = 9000$$
$$y_2 = 9000$$
$$y_3 = 9000$$
$$y_4 = 9000$$

Dies sind in der vorliegenden Situation die sog. **Basisvariablen,** d.h. diejenigen Variablen, die nicht von vornherein mit Null vorbestimmt werden. Ihr Wert resultiert aus der Auflösung des Gleichungssystems. Mit Null vorab determinierte Variablen werden als **Nichtbasisvariablen** gekennzeichnet.

Die vorgestellte Basislösung kennzeichnet den Fall der Nichtproduktion. Dies ist der Nullpunkt in Abbildung 83. Alle verfügbaren Produktionszeiten werden nicht genutzt. Das kann jedoch nicht das Ziel der Produktionsprogrammplanung sein.

Für die Abwicklung des Simplex-Algorithmus erweist es sich als zweckmäßig, sog. **Simplex-Tableaus** aufzubauen, die außer den **Nebenbedingungen** (Beschränkungsgleichungen) die **Zielfunktion** enthalten. Es ergibt sich das in Abbildung 84 dargestellte Ausgangstableau (Tableau 0). Zeilenweise werden unter den jeweiligen Variablen x_j und y_s sowie unter der verfügbaren Produktionszeit T_s die vorab genannten Gleichungen berücksichtigt, z.B.:

$$60\,x_1 + 30\,x_2 + y_1 = 9000$$

Die beiden Nullen oberhalb des Tableaus sollen die (mit Null vorbestimmten) **Nichtbasisvariablen** kennzeichnen, während die **Basisvariablen** in der linken Randspalte angegeben werden. Unter Berücksichtigung der Koeffizienten des Tableaus und der vorbestimmten Werte für x_1 und x_2 nehmen die Basisvariablen in vollem Umfange die verfügbaren Produktionszeiten T_s an (rechte Randspalte). Die letzte Tableauzeile gibt die erweiterte Zielfunktion wieder.

	=0	=0					
Basis-variablen	x_1	x_2	y_1	y_2	y_3	y_4	T_s
y_1	60	30	1	0	0	0	9000
y_2	25	50	0	1	0	0	9000
y_3	(75)	0	0	0	1	0	9000
y_4	0	60	0	0	0	1	9000
Zielfunktion	150 ↑	100	0	0	0	0	DB

Abbildung 84: Tableau 0 (Ausgangstableau)

Die Produktion einer (zusätzlichen) Mengeneinheit der Produktart j ist nur bei gleichzeitiger Verringerung des Ausmaßes anderer Variablen möglich, d.h. x_j verdrängt bestimmte Mengen der Basisvariablen. Bewertet man diese Mengenreduzierungen mit ihren Deckungsbeiträgen, so erhält man den durch die Verdrängung bewirkten **Deckungsbeitragsverzicht,** der als **Opportunitätskosten** bezeichnet werden kann. Resultieren diese Deckungsbeitragsveränderungen aus Variationen der Schlupfvariablen, so sollen die zugehörigen Opportunitätskosten mit $k_{os}^{(y)}$ (s = 1, 2, 3, 4) bezeichnet werden. Bei Verdrängung von Erzeugnismengen erhalten sie die Kennzeichnung $k_{oj}^{(x)}$ (j = 1, 2). Im **Ausgangstableau bilden die Schlupfvariablen die Basisvariablen** der Lösung. Der verdrängbare Deckungsbeitrag beträgt in allen Fällen Null.

$$k_{os}^{(y)} = 0 \qquad (s = 1, 2, 3, 4)$$

Aus der Ausgangslösung $x_1 = 0, x_2 = 0$ resultiert auch DB = 0. Wichtig ist nunmehr folgende Überlegung: Eine Ausweitung der Produktion von x_1 ("Maxifrost") erhöht DB um 150 DM je Mengeneinheit; eine Ausweitung der Produktion von x_2 ("Kühlboy") erhöht DB um 100 DM je Mengeneinheit. Es erscheint daher sinnvoll, im zweiten Lösungstableau x_1 mit einem positiven Wert zu belegen; der Deckungsbeitragszuwachs ist hier je Mengeneinheit am größten (Pfeilkennzeichnung in Abbildung 84). Von dieser Produktart sollte soviel produziert werden, wie die verfügbaren Produktionszeiten zulassen. Es ist daher zu prüfen, wieviel Erzeugniseinheiten "Maxifrost" maximal hergestellt werden können, wenn die zweite Erzeugnisart nicht produziert wird ($x_2 = 0$). Dabei ist zeilenweise vorzugehen. Man erhält:

$$\frac{T_1}{t_{11}^{(x)}} = \frac{9000}{60} = 150 \qquad \text{für } x_2 = 0 \text{ und } y_1 = 0$$

$$\frac{T_2}{t_{21}^{(x)}} = \frac{9000}{25} = 360 \qquad \text{für } x_2 = 0 \text{ und } y_2 = 0$$

$$\frac{T_3}{t_{31}^{(x)}} = \frac{9000}{75} = \textcircled{120} \qquad \text{für } x_2 = 0 \text{ und } y_3 = 0$$

$$\frac{T_4}{t_{41}^{(x)}} = \frac{9000}{0} = \text{unzulässig} \qquad \text{für } x_2 = 0 \text{ und } y_4 = 0$$

Die Koeffizienten für die zeitliche Inanspruchnahme der Arbeitssysteme durch die Erzeugnisse t_{sj} werden hier zusätzlich durch x gekennzeichnet ($t_{sj}^{(x)}$), um sie von den auf die Hilfsvariablen bezogenen Koeffizienten $t_{ss}^{(y)}$ abzuheben. Das Arbeitssystem Endmontage "Maxifrost" (3) weist für x_1 die geringste Kapazität auf. Sie kann in keinem Falle überschritten werden (Engpaßkapazität für Produktart 1). Bei voller Auslastung wird y_3 Null und bleibt nicht länger Basisvariable. Sie wird durch die bisherige Nichtbasisvariable x_1 aus der Basislösung verdrängt. Diejenige Basisvariable, die in eine Nichtbasisvariable zur Lösungsverbesserung transformiert wird, bestimmt sich für die hier ausgewählte erste Spalte x_1 wie folgt:

$$\underset{j}{\text{Min}}\left\{\frac{T_s}{t_{s1}^{(x)}}\right\}$$

Den durch die Spalten- und Zeilenauswahl gefundenen Koeffizienten (hier $t_{31}^{(x)}$) bezeichnet man als **Pivotelement** (Angelpunkt). In den Tableaus erfolgt eine Kennzeichnung durch Einkreisung. Die ausscheidende Basisvariable (hier y_3) wird **Ausgangsvariable,** die neue Basisvariable **Eingangsvariable** genannt.
Soll die verbesserte Lösung für den Fall $x_2 = 0$, $y_3 = 0$ aufgebaut werden, ist das Ausgangsgleichungssystem nach den verbleibenden Variablen x_1, y_1, y_2 und y_4 aufzulösen. Das Tableau für diese Lösung erhält man durch Umformungen, die in der x_1-Spalte zu den Koeffizienten 0-0-1-0 führen. Diese Folge existiert im Tableau 0 in der y_3-Spalte. Man erhält das Tableau 1 durch folgende Rechenschritte:

- Division der 3. Zeile durch 75 (= neue 3. Zeile);
- Multiplikation der neuen 3. Zeile mit 60, dann Subtraktion von der 1. Zeile;
- Multiplikation der neuen 3. Zeile mit 25, dann Subtraktion von der 2. Zeile;
- Zeile 4 bleibt erhalten, sie enthält in der x_1-Spalte bereits eine Null;
- Multiplikation der neuen 3. Zeile mit 150, dann Subtraktion von der 5. Zeile (Zielfunktionszeile).

Abbildung 85 zeigt das neue Tableau 1.

Basisvariablen	x_1	x_2 (=0)	y_1	y_2	y_3 (=0)	y_4	T'_s
y_1	0	(30)	1	0	$-\frac{4}{5}$	0	1800
y_2	0	50	0	1	$-\frac{1}{3}$	0	6000
x_1	1	0	0	0	$\frac{1}{75}$	0	120
y_4	0	60	0	0	0	1	9000
Zielfunktion	0	100	0	0	-2	0	DB - 18000

↑ (x_2)

Abbildung 85: Tableau 1

Das zugehörige Produktionsprogramm läßt sich zeilenweise ablesen:

y_1 = 1800 (Minuten Leerzeit des Arbeitssystems 1, Gehäusebau)
y_2 = 6000 (Minuten Leerzeit des Arbeitssystems 2, elektrische Ausrüstung)
x_1 = 120 (Einheiten "Maxifrost")
y_4 = 9000 (Minuten Leerzeit des Arbeitssystems 4, Endmontage "Kühlboy")

Da die rechte Randspalte nicht mehr die insgesamt verfügbare Produktionszeit T_s für alle Arbeitssysteme enthält, werden die neuen Größen mit T_s' bezeichnet. Der **Gesamtdeckungsbeitrag** DB beträgt jetzt 18000 DM. Die Zielfunktionszeile ist wie folgt zu interpretieren:

$$0\,x_1 + 100\,x_2 + 0\,y_1 + 0\,y_2 - 2\,y_3 + 0\,y_4 = DB - 18000$$

Da x_2 und y_3 mit Null vorbestimmt sind, gilt:

$$0 = DB - 18000$$
$$DB = 18000$$

Zum gleichen Ergebnis gelangt man durch Einbeziehung der vorgegebenen Stückdeckungsbeiträge db_j bzw. $db_s^{(y)}$:

$$DB = 150 \cdot 120 + 100 \cdot 0 + 0 \cdot 1800 + 0 \cdot 6000 + 0 \cdot 0 + 0 \cdot 9000 = 18000$$

Die Basislösung bezieht sich auf den Eckpunkt P_1 in Abbildung 83 des Beispielfalles. Nunmehr ist das Tableau 1 auf **Optimalität** zu untersuchen. Die Koeffizienten seien mit $t_{sj}^{(x)'}$ bzw. $t_{sc}^{(y)'}$ bezeichnet. Sie geben die notwendige Reduzierung (Verdrängung) der Basisvariablen aus Zeile s an, wenn das im Tableau 1 ermittelte Produktionsprogramm durch Produktion einer Einheit der Nichtbasisvariablen x_j verändert wird. Eine Bewertung der Verdrängungsmengen mit ihren Deckungsbeiträgen je Einheit db_j führt zu Opportunitätskostenangaben für die zusätzliche Produktion des bisher nicht produzierten Produktes j. Für eine Mengeneinheit der Produktart 2 ergeben sich folgende **Opportunitätskosten:**

$$k_{o2}^{(x)} = db_1^{(y)} \cdot t_{12}^{(x)'} + db_2^{(y)} \cdot t_{22}^{(x)'} + db_1 \cdot t_{32}^{(x)'} + db_4^{(y)} \cdot t_{42}^{(x)'}$$
$$k_{o2}^{(x)} = 0 \cdot 30 + 0 \cdot 50 + 150 \cdot 0 + 0 \cdot 60 = 0$$

Zugleich entsteht durch jede verdrängende Einheit der Erzeugnisart 2 ein **Stückdeckungsbeitrag** von $db_2 = 100$. Der **Grenzdeckungsbeitrag** einer solchen Programmveränderung resultiert daher aus:

$$db_2 - k_{o2}^{(x)} = 100 - 0 = 100$$

Analoge Rechenschritte können für die Nichtbasisvariable y_3 vorgenommen werden. Da es sich um eine **Schlupfvariable** handelt, bezieht sich die Betrachtung nicht unmittelbar auf eine Erhöhung von Erzeugnismengen, sondern auf die **Ausweitung der nichtgenutzten Produktionsdauer des zugehörigen Arbeitssystems** (Arbeitssystem 3). Diese Ausweitung der ungenutzten Kapazität kann sich unter Deckungsbeitragsgesichtspunkten bisweilen als vorteil-

haft erweisen, weil mit dieser Maßnahme zugleich eine deckungsbeitragsgünstigere Nutzung der anderen Arbeitssysteme einhergeht.
Für die Ausweitung von y_3 ergeben sich folgende **Opportunitätskosten:**

$$k_{o3}^{(y)} = db_1^{(y)} \cdot t_{13}^{(y)'} + db_2^{(y)} \cdot t_{23}^{(y)'} + db_1 \cdot t_{33}^{(y)'} + db_4^{(y)} \cdot t_{43}^{(y)'}$$

$$k_{o3}^{(y)} = 0 \cdot (-\frac{4}{5}) + 0 \cdot (-\frac{1}{3}) + 150 \cdot \frac{1}{75} + 0 \cdot 0 = 2$$

Der auf eine Zeiteinheit der Nichtnutzung von Arbeitssystem 3 bezogene **Deckungsbeitrag** ist Null. Man erhält daher als **Grenzdeckungsbeitrag:**

$$db_3^{(y)} - k_{o3}^{(y)} = -2$$

Dieses Ergebnis verdeutlicht, daß eine Ausweitung der Leerzeit im Arbeitssystem 3 (Endmontage "Maxifrost", y_3 würde Basisvariable) wegen der damit einhergehenden Deckungsbeitragssenkung um 2 DM je zusätzliche Leerzeiteinheit (Minute) für den nächsten Schritt nicht in Frage kommt. Demgegenüber ist die Aufnahme der Produktart 2 in das Produktionsprogramm von Vorteil; der Gesamtdeckungsbeitrag steigt mit jeder Mengeneinheit dieser Erzeugnisart um 100 DM. Die neue **Eingangsvariable** heißt x_2 (Pfeilkennzeichnung in Abbildung 85). Die maximal mögliche Ausprägung (Engpaßarbeitssystem) wird nunmehr durch den minimalen Quotienten aus T_s' und $t_{s2}^{(x)'}$ bestimmt (s = 1, 2, 3, 4). Man erhält das **Pivotelement** in Zeile 1. Die folgende Rechnung verdeutlicht dieses Ergebnis.

$$\frac{T_1'}{t_{12}^{(x)'}} = \frac{1800}{30} = \boxed{60} \qquad \text{für } y_1 = 0 \text{ und } y_3 = 0$$

$$\frac{T_2'}{t_{22}^{(x)'}} = \frac{6000}{50} = 120 \qquad \text{für } y_2 = 0 \text{ und } y_3 = 0$$

$$\frac{T_3'}{t_{32}^{(x)'}} = \frac{120}{0} = \text{unzulässig} \qquad \text{für } x_1 = 0 \text{ und } y_3 = 0$$

$$\frac{T_4'}{t_{42}^{(x)'}} = \frac{9000}{60} = 150 \qquad \text{für } y_4 = 0 \text{ und } y_3 = 0$$

Unter Beibehaltung der Fertigung der Produktart 1 im Ausmaß von 120 Mengeneinheiten beträgt die noch verfügbare Produktionszeit des Arbeitssystems 1 (Gehäusebau) 1800 Minuten. Bei einer Produktionsdauer von 30 Minuten je Einheit der Produktart 2 könnten dabei 60 Mengeneinheiten dieser Erzeugnisart produziert werden. Die freie Produktionszeit des Arbeitssystems 2 (elektrische Ausrüstung) ist zwar größer, kann aber nicht vollständig genutzt werden; der Engpaß wird durch das Arbeitssystem 1 gebildet. Entsprechendes gilt für Arbeitssystem 4 (Endmontage "Kühlboy"). Daher wird Arbeitssystem 1 voll ausgelastet. Dies bedeutet, daß y_1 Null gesetzt und damit zur **Nichtbasisvariablen,** x_2 hingegen zur **Basisvariablen** erklärt wird. Die Rechenschritte zur Ermittlung des Tableaus 2 (Abbildung 86) sind analog zur Vorgehensweise beim Aufbau des Tableaus 1 zu vollziehen.

Man erhält folgende Basislösung:

$x_2 = 60$ (Einheiten "Kühlboy")
$y_2 = 3000$ (Minuten Leerzeit des Arbeitssystems 2, elektrische Ausrüstung)
$x_1 = 120$ (Einheiten "Maxifrost")
$y_4 = 5400$ (Minuten Leerzeit des Arbeitssystems 4, Endmontage "Kühlboy")

DB beträgt dabei 24000 DM.

Die gefundene Lösung bezieht sich auf den Eckpunkt P_2 in Abbildung 83. Auch für dieses Ergebnis ist ein **Optimalitätstest** vorzunehmen. Die Werte der rechten Randspalte werden nunmehr mit T_s'' und die zeitbezogenen Koeffizienten mit $t_{sj}^{(x)''}$ bzw. $t_{ss}^{(y)''}$ gekennzeichnet.

Basisvariablen	x_1	x_2	y_1 (=0)	y_2	y_3 (=0)	y_4	T_s''
x_2	0	1	$\frac{1}{30}$	0	$-\frac{2}{75}$	0	60
y_2	0	0	$-\frac{5}{3}$	1	(1)	0	3000
x_1	1	0	0	0	$\frac{1}{75}$	0	120
y_4	0	0	-2	0	$\frac{8}{5}$	1	5400
Zielfunktion	0	0	$-\frac{10}{3}$	0	$\frac{2}{3}$ ↑	0	DB - 24000

Abbildung 86: Tableau 2

Für die **Opportunitätskosten** $k_{o1}^{(y)}$ bei Erhöhung der Leerzeit y_1 des Arbeitssystemes 1 (Gehäusebau) erhält man:

$$k_{o1}^{(y)} = db_2^{(y)} \cdot t_{11}^{(y)''} + db_2^{(y)} \cdot t_{21}^{(y)''} + db_1 \cdot t_{31}^{(y)''} + db_4^{(y)} \cdot t_{41}^{(y)''}$$

$$k_{o1}^{(y)} = 100 \cdot \frac{1}{30} + 0 \cdot (-\frac{5}{3}) + 150 \cdot 0 + 0 \cdot (-2) = \frac{10}{3}$$

Da der **Deckungsbeitrag** für eine Ausweitung von y_1 um eine nichtgenutzte Produktionszeiteinheit des Arbeitssystems 1 Null ist ($db_1^{(y)} = 0$), erhält man nach Abzug der Opportunitätskosten einen negativen **Grenzdeckungsbeitrag:**

$$db_1^{(y)} - k_{o1}^{(y)} = -\frac{10}{3}$$

Die Maßnahme einer Erhöhung der Leerzeit im Arbeitssystem 1 (y_1 würde Basisvariable) wird wegen der damit verbundenen DB-Senkung um $\frac{10}{3}$ DM je hinzutretender Leerzeitminute nicht durchgeführt.

Die **Opportunitätskosten** $k_{o3}^{(y)}$ für die Ausdehnung der Leerzeit bei Arbeitssystem 3 (Endmontage "Maxifrost") bestimmen sich wie folgt:

$$k_{o3}^{(y)} = db_2 \cdot t_{13}^{(y)''} + db_1^{(y)} \cdot t_{23}^{(y)''} + db_1 \cdot t_{33}^{(y)''} + db_4^{(y)} \cdot t_{43}^{(y)''}$$

$$k_{o3}^{(y)} = 100 \cdot (-\frac{2}{75}) + 0 \cdot 1 + 150 \cdot \frac{1}{75} + 0 \cdot \frac{8}{5} = -\frac{2}{3}$$

Da der **Deckungsbeitrag** für die Ausdehnung der Schlupfvariablen Null beträgt, gilt für den **Grenzdeckungsbeitrag:**

$$db_3^{(y)} - k_{o3}^{(y)} = \frac{2}{3}$$

Eine Umgestaltung des Produktionsprogrammes würde bei Erhöhung der Leerzeit im Arbeitssystem 3 je Leerzeiteinheit eine Erhöhung des Gesamtdeckungsbeitrages um $\frac{2}{3}$ DM bewirken. Wesentlich ist dabei die gleichzeitige Variation der herzustellenden Produktmengen der relevanten Erzeugnisarten.
Der **Optimalitätstest** zeigt, daß das **Deckungsbeitragsmaximum noch nicht erreicht** ist. Man muß zur nächsten Ecklösung im Punkt P_3 (vgl. Abbildung 83) übergehen. Da die Nichtbasisvariable y_3 den höchsten Grenzdeckungsbeitrag aufweist, ist diese zur Ablösung einer der Basisvariablen vorzusehen. Zur Ermittlung der **Ausgangsvariablen** sind wieder folgende Rechenschritte zu vollziehen:

$$\underset{j}{\text{Min}} \left\{ \frac{T_s''}{t_{s3}^{(y)''}} \right\}$$

$$\frac{T_1''}{t_{13}^{(y)''}} = -\frac{60 \cdot 75}{2} \quad \text{da negativ = unzulässig für } y_1 = 0 \text{ und } x_2 = 0$$

$$\frac{T_2''}{t_{23}^{(y)''}} = \frac{3000}{1} = \boxed{3000} \quad \text{für } y_1 = 0 \text{ und } y_2 = 0$$

$$\frac{T_3''}{t_{33}^{(y)''}} = \frac{120 \cdot 75}{1} = 9000 \quad \text{für } y_1 = 0 \text{ und } x_1 = 0$$

$$\frac{T_4''}{t_{43}^{(y)''}} = \frac{5400 \cdot 5}{8} = 3375 \quad \text{für } y_1 = 0 \text{ und } y_4 = 0$$

Wegen der Beschränkung im Arbeitssystem 2 wird y_2 zur **Ausgangsvariablen.** Die Rechenschritte zum Aufbau des Tableaus 3 vollziehen sich wie bisher (Abbildung 87).

Für die neue Basislösung erhält man:

x_2 = 140 (Einheiten "Kühlboy")
y_3 = 3000 (Minuten Leerzeit des Arbeitssystems 3, Endmontage "Maxifrost")

$x_1 =$ 80 (Einheiten "Maxifrost")
$y_4 =$ 600 (Minuten Leerzeit des Arbeitssystems 4, Endmontage "Kühlboy")

DB beträgt dabei 26000 DM.

Basis-variablen	x_1	x_2	y_1 (=0)	y_2 (=0)	y_3	y_4	T'''_s
x_2	0	1	$-\frac{1}{90}$	$\frac{2}{75}$	0	0	140
y_3	0	0	$-\frac{5}{3}$	1	1	0	3000
x_1	1	0	$\frac{1}{45}$	$-\frac{1}{75}$	0	0	80
y_4	0	0	$\frac{2}{3}$	$-\frac{8}{5}$	0	1	600
Zielfunktion	0	0	$-\frac{20}{9}$	$-\frac{2}{3}$	0	0	DB - 26000

Abbildung 87: Tableau 3

Mit einer Reduzierung von x_1 zugunsten von x_2 ist eine **Steigerung des Gesamtdeckungsbeitrages** verbunden. Auch hier erfolgt ein **Optimalitätstest,** um festzustellen, ob Verbesserungsmöglichkeiten gegeben sind.

Aus den vorangehenden Berechnungen wurde bereits deutlich, daß die **Grenzdeckungsbeiträge für die Ausweitung einer Nichtbasisvariablen** aus der **Zielzeile** ablesbar sind. Im Tableau 3 ist erkennbar, daß hier eine Steigerung des Zielbeitrages nicht mehr möglich ist, da kein positiver Zielfunktionskoeffizient existiert. Alle **Programmveränderungen** führen insgesamt zu **Deckungsbeitragsminderungen.** Die Basislösung des Tableaus 3 ist die Optimallösung. Sie entspricht der graphischen Lösung (Abbildung 83) im Schnittpunkt der Restriktionsgeraden 1 und 2 (Punkt P_3), d.h. die zugehörigen Arbeitssysteme (Gehäusebau und elektrische Ausrüstung) sind voll ausgelastet, die Schlupfvariablen y_1 und y_2 sind Null.

Das **Endtableau** liefert zusätzlich Informationen im Hinblick auf die **Beseitigung von Engpaßkapazitäten.** Die Ausweitung der Leerzeit bei Arbeitssystem 1 um eine Zeiteinheit würde eine Reduzierung des Gesamtdeckungsbeitrages um $\frac{20}{9}$ DM, bei Arbeitssystem 2 um $\frac{2}{3}$ DM bewirken. Diese Ergebnisse lassen sich analog auf (begrenzte) Kapazitätsausweitungen übertragen. Jede **Kapazitätserhöhung** um eine zusätzliche Produktionszeiteinheit würde bei dem jeweils betrachteten Arbeitssystem zu einer entsprechenden Steigerung des Gesamtdeckungsbeitrages führen ($+\frac{20}{9}$ DM bei Arbeitssystem 1, $+\frac{2}{3}$ DM bei Arbeitssystem 2). Diese **Grenzdeckungsbeiträge** werden als **Schattenpreise** der jeweils betrachteten zusätzlichen Produktionszeiteinheit bezeichnet. Sie liefern Anhaltspunkte über kosten- und erlösbezogene Auswirkungen von **Erweiterungsinvestitionen,** die für die langfristige Unternehmungsplanung bedeutsam sind. Es ist jedoch zu beachten, daß marginale Erweiterungen der Kapazität aufgrund beschränkter Teilbarkeit der Potentiale in der Regel nicht realisierbar sind. Die Erweiterung der Kapazität, etwa durch Anschaffung einer weiteren Maschine, ist meist umfassender, wobei mit zusätzlichen Fixkosten zu rechnen ist. Hier sind Investitionsrechnungen erforderlich. Immerhin liefern aber die Schattenpreise erste Informationen über die Vorteilhaftigkeit von Kapazitätsausweitungen (BUSSE v. COLBE/HAMMANN/LASSMANN 1992, S. 194).

Nicht immer ergeben sich durch die beschriebene Optimierungsrechnung **eindeutige deckungsbeitragsmaximale Programmzusammensetzungen.** Würde in dem Zweiproduktfall die Steigung der Deckungsbeitragsgeraden mit dem Anstieg der Kapazitätsbeschränkung eines Arbeitssystems (z.B. des Arbeitssystems 1) zusammenfallen, wären alle Programmzusammensetzungen auf dem zulässigen Geradenabschnitt (z.B. $\overline{P_2\,P_3}$ in Abbildung 83) deckungsbeitragsmaximal. Im Optimaltableau des Simplex-Verfahrens erscheinen in einem solchen Fall in der Zielfunktionszeile für Nichtbasisvariablen Nullelemente. Sie können zu Basisvariablen transformiert werden, ohne den Gesamtdeckungsbeitrag zu verändern. Unterschiedliche Produktionsprogramme ergeben den gleichen Zielwert.
In diesem Zusammenhang ist auf die Bedeutung von **Stabilitätsüberprüfungen** für die gefundene optimale **Programmzusammensetzung** zu verweisen. Bei konstanten Produktionsbedingungen variiert im Zweiproduktfall die Steigung der Deckungsbeitragsgeraden, wenn sich Veränderungen eines Absatzpreises ergeben oder die Preise beider Erzeugnisse in unterschiedlichem Verhältnis steigen bzw. sinken. Ein Programm bleibt nur so lange stabil, wie die Zielfunktionsgerade bei entsprechenden Steigungsänderungen ihr Maximum nicht eindeutig in einem neuen Optimalpunkt annimmt. Dies kann auf der Basis von Abbildung 83 verdeutlicht werden. Das in P_3 ermittelte Programm bleibt bei Preisänderungen deckungsbeitragsmaximal, soweit die durch Preisänderungen sich ergebende neue Steigung der Deckungsbeitragsgeraden nicht steiler als die Steigung der Kapazitätsgeraden für Arbeitssystem 1 bzw. nicht flacher als die Steigung der Kapazitätsrestriktion für Arbeitssystem 2 ist. Andernfalls würden die Punkte P_2 bzw. P_4 die Optimalprogramme kennzeichnen.

3. Aussagefähigkeit und Erweiterungen der Standardansätze zur Programmoptimierung bei Mehrfachproduktion

Vergleicht man die Ausgangsbedingungen der Standardansätze zur Programmplanung bei Mehrfachproduktion mit den vielfältigen und umfassenden Aussagensystemen der Produktions- und Kostentheorie, so werden die **stark vereinfachenden Annahmen** deutlich. Besonders einengend ist die **Unterstellung konstanter variabler Stückkosten** bzw. **linearer Gesamtkostenverläufe** und damit verbundener **konstanter Fertigungsintensitäten** der Arbeitssysteme. Die Darstellung der Produktionsfunktionen vom Typ B und C zeigt, daß **empirische Produktionsbedingungen sehr viel komplexer** sind. Vielfach sind gerade kostenverändernde Anpassungsprozesse (z.B. **intensitätsmäßige Anpassung** und **zeitliche Anpassung durch Überstunden**) unternehmungspolitisch notwendig. Sie müßten jedoch auch bei der Programmoptimierung in die Entscheidungssituation einbezogen werden. Dies bedeutet eine Veränderung der erzeugniseinheitsbezogenen Deckungsbeiträge ($db_j = p_j - k_{vj}$) sowie der Produktionsrestriktionen. Gilt für ein Arbeitssystem s die Restriktion

$$\sum_{j=1}^{n} t_{sj} \cdot x_j \leq T_s ,$$

so lassen sich die **Anpassungseinflüsse** wie folgt verdeutlichen:
Intensitätsmäßige Anpassung verlängert oder verkürzt die Produktionszeit t_{sj} für eine Erzeugniseinheit der Produktart j auf Arbeitssystem s bzw. die Elementarkombinationszeit t_k^*

im Sinne der Produktionsfunktion vom Typ C. Dies bedeutet eine Veränderung der Ausgangsbedingungen für die im Planungsansatz berücksichtigte Maximalproduktmenge, die sich als Quotient aus maximal verfügbarer Produktionszeit T_s und der Beanspruchungszeit t_{sj} ergibt ($x_{jmax} = \frac{T_s}{t_{sj}}$).

Einführungen von **Überstunden** würden T_s ausdehnen und x_{jmax} erhöhen. Die maßnahmenspezifischen Veränderungen im Restriktionssystem und in der Zielfunktion müssen im Verbund betrachtet werden. Es wird erkennbar, daß für unterschiedliche Produktionsgestaltungen **Alternativrechnungen zur Programmoptimierung** der beschriebenen Art durchgeführt werden können. Auf diese Weise läßt sich die jeweilige **Deckungsbeitragsveränderung zur Beurteilung der Maßnahmen** ermitteln. Dieses Vorgehen wird jedoch bei zahlreichen alternativen Gestaltungsmöglichkeiten der Fertigung sehr aufwendig. Entsprechendes gilt für die **Berücksichtigung kostenunterschiedlicher Arbeitssysteme** für gleiche Fertigungsaufgaben, die im Wege **selektiver Anpassung** eingesetzt werden. Auch Möglichkeiten der **Verbrauchsfaktorsubstitution,** die in den Standardansätzen ebenfalls keine Berücksichtigung finden, könnten auf diese Weise deckungsbeitragsbezogen beurteilt werden. Jedoch ist darauf hinzuweisen, daß umfangreiche Modellansätze der Linearen Optimierung vorliegen, die alle angesprochenen Problembereiche zumindest in gewissem Umfange berücksichtigen (JACOB 1990, S. 530ff.).

Wichtig ist, daß innerhalb der Standardansätze die einbezogenen Erzeugnisarten nicht im Verbund in einheitlichen Basisprozessen entstehen dürfen, wie dies bei **Kuppelproduktion** der Fall ist (vgl. Abschnitt »Produktionsfaktoren und Produkte«). Allenfalls Kuppelprodukte mit starren Ausstoßrelationen könnten als Kuppelproduktbündel wie **eine** Erzeugnisart Berücksichtigung finden. Dies setzt aber einheitliche Absatzmöglichkeiten der Kuppelerzeugnisse voraus. Für Programmplanungen bei Kuppelproduktion mit variablen Mengenverhältnissen ist der Standardansatz nicht geeignet.

Es wird unterstellt, daß alle für die Produktion einer Produktart erforderlichen Arbeitssysteme die gleichen Erzeugnismengen bearbeiten. Dies schließt die Möglichkeit der **Bildung von Lagern für Zwischenprodukte bzw. Zwischenproduktbestandsveränderungen** aus. Eine analoge Bedingung gilt für die Fertigerzeugnisse, da vorausgesetzt wird, daß alle in der Planungsperiode produzierten Erzeugnismengen in der gleichen Zeitspanne abgesetzt werden. **Fertigproduktlager bzw. Fertigproduktbestandsveränderungen** werden nicht in die Betrachtung einbezogen.

Hinsichtlich der **Anordnung der Arbeitssysteme** werden im Rahmen des Standardansatzes keine Bedingungen gesetzt. Für jedes Arbeitssystem wird eine Restriktion formuliert; Angaben über die Reihenfolge der Bearbeitung sind nicht erforderlich. Insoweit kann dieser Ansatz zu Programmplanungen für die bei Sorten- und Serienproduktion vorherrschende **Fließfertigung** herangezogen werden, bei der die Basisprozeßfolge durch die Anordnung der Basissysteme zwingend festliegt. Eine Anordnung der Arbeitssysteme nach dem **Werkstattprinzip** würde der Anwendung des Ansatzes jedoch nicht im Wege stehen (vgl. Abschnitt »Kosteneinflußgrößen«). Unbeachtet bleiben allerdings Überlegungen über die jeweils **unmittelbar hintereinander zu produzierenden Produktmengen** einer Erzeugnisart (Losgrößen). Alternative Gestaltungen von Losgrößen führen zu **unterschiedlichen Umrüstzeiten und Umrüstkosten.** Dabei ergeben sich Rückwirkungen auf verfügbare Produktionszeiten, die in der Programmplanung bei Anwendung des Standardansatzes nicht berücksichtigt werden. Des weiteren werden Wahlmöglichkeiten zwischen der **Eigenherstellung** und dem **Fremdbezug** (Zukauf) von Vor- und Zwischenprodukten (Bauteilen) nicht aufgegriffen.

Gerade diese Alternativen sind jedoch für einige Produktionsstufen von beachtlicher Bedeutung, insbesondere dann, wenn Engpaßarbeitssysteme vorliegen.

Wenngleich hier produktions- und kostentheoretische Fragestellungen zu erörtern sind, so sei dennoch erwähnt, daß die Annahme **konstanter Absatzpreise** je Erzeugniseinheit der Realität oft widerspricht. In der Regel bestehen für eine Unternehmung Möglichkeiten, Preispolitik zu betreiben und durch unterschiedliche **Marketingmaßnahmen** auf die Absatzbedingungen einzuwirken. Die Absatztheorie liefert dafür vielfältige Erklärungsansätze (MEFFERT 1991, S. 241ff.).

Anhand der Zielfunktions- und Restriktionsgrößen lassen sich auch programmbezogene Auswirkungen von **Umweltschutzmaßnahmen** an bestehenden Produktionssystemen erläutern. Auflagen zur Reduzierung der Produktionsdauer (z.B. Verbot von Nachtschichten aufgrund von Lärmentwicklungen) verringern die maximal zulässige Produktionsdauer der Arbeitssysteme T_s. Installationen von Filteranlagen zum Abbau bzw. zur Reduzierung von Schadstoffen sind mit Investitionen verbunden, die sich in Erhöhungen der Fixkosten K_f niederschlagen. Zugleich können auch die variablen Stückkosten k_{vj} steigen, weil zusätzliche Filterprozesse abzuwickeln sind, was sich auch in den Bearbeitungszeiten t_{sj} niederschlägt. Ähnlich wirken auch notwendige Reduzierungen von Produktionsintensitäten zur Absenkung von Emissionen. Bezieht sich die Ausgangssituation auf die kostenminimale Intensität, so wird k_v ansteigen, während bei von der Maximalintensität ausgehenden Reduzierungen mit einer Stückkostensenkung zu rechnen ist. Entsprechend steigen bzw. sinken auch die Produktionszeiten je Erzeugniseinheit. Nutzungen anderer Verbrauchsfaktoren aufgrund von Rohstoffverknappungen sowie zur Verbesserung der Recyclingfähigkeit bzw. Entsorgungsmöglichkeit können sich in Veränderungen der Stückkosten und der Bearbeitungszeiten niederschlagen. Auch der Absatzpreis p_j kann sich ändern (z.B. durch stärkere Honorierung umweltfreundlicher Produkte am Absatzmarkt). Zur Deckungsbeitragsermittlung sind auch hier die jeweils veränderten Bedingungen in den Programmplanungsansatz einzubringen. Zu erwartende Kostensteigerungen bzw. Deckungsbeitragsminderungen dürfen jedoch nicht einseitig beurteilt werden. In ökologisch-ökonomischer Betrachtungsweise sind zugleich Beeinflussungen sozialer Kosten in eine Gesamtbewertung einzubringen (vgl. Abschnitt »Kosteneinflußgrößen«; ROTH 1992, S. 157ff.; STREBEL 1981, S. 511ff.; HEINEN 1988, S. 121ff.).

C. Standardansätze zur Programmoptimierung bei Einzelproduktion

1. Programmoptimierung bei Einzelproduktion mit einer Fertigungsstufe bzw. vorab bekanntem Engpaß

Bei Einzelfertigung wird die Ausprägung der Produkteigenschaften großenteils an den Wünschen der Kunden ausgerichtet, die einen Produktionsauftrag erteilen. **Einzelerzeugnisse** werden daher vielfach als **Aufträge** bezeichnet. Vor der Anwendung der Standardansätze zur Programmoptimierung können solche Aufträge ausgeschieden werden, die einen negativen Deckungsbeitrag aufweisen ($p_j < k_{vj}$; $j = 1, 2, . . , n$). Bei einstufiger Produktion bzw. vorab erkennbarem Engpaß erfolgt auch im Rahmen dieser deckungsbeitragsbezogenen Programmplanung eine **Ausrichtung an den spezifischen** (engpaßbezogenen) **Deckungsbeiträgen** db_{Ej}. Es wird ebenfalls von festgelegten Fertigungsintensitäten und daraus resultierenden Vorgabegrößen für die Produktionszeiten und die (variablen) Kosten je Auftrag ausgegangen. Da jeder Auftrag andere Zeit- und Kostengrößen aufweist, wird von einer Kennzeichnung der Größen durch * analog zur Mehrfachproduktion abgesehen.

$$db_{Ej} = \frac{db_j}{t_{Ej}}$$

db_{Ej} = Deckungsbeitrag je Zeiteinheit des Engpaßeinsatzes für Auftrag j
db_j = Deckungsbeitrag des Auftrages j
t_{Ej} = Engpaßfertigungszeit für den Auftrag j

Die Programmzusammenstellung für eine Planungsperiode erfolgt im Regelfall nach abnehmenden Deckungsbeiträgen möglichst bis zur vollständigen Ausnutzung der verfügbaren Fertigungszeit T_E. Ein Beispielfall (Abbildung 88) kann diese Vorgehensweise verdeutlichen (CZERANOWSKI 1974, S. 13ff.).

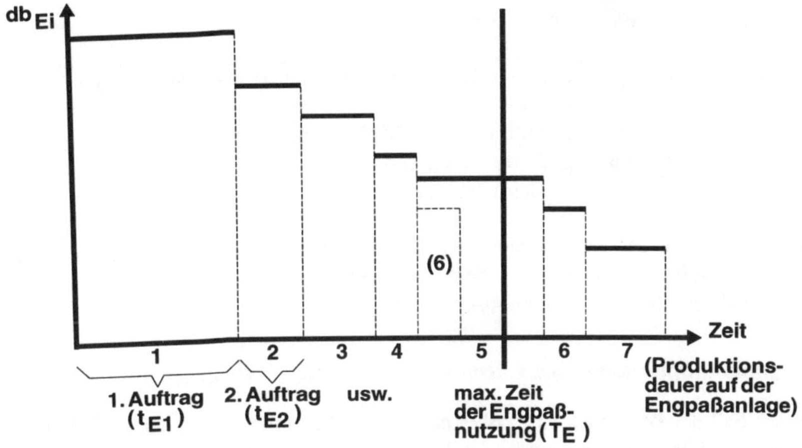

Abbildung 88: Engpaßbezogene Auftragsauswahl

Die Abbildung zeigt die zum Planungszeitpunkt zur Auswahl anstehenden Aufträge 1 bis 7, geordnet nach ihren spezifischen Deckungsbeiträgen unter Berücksichtigung der engpaßbezogenen Produktionszeiten. Mit der strengen Einhaltung des Prinzips der Auftragsselektion nach spezifischen Deckungsbeiträgen werden die Aufträge 1 bis 4 in das Produktionsprogramm aufgenommen. Auftrag 5 ist aus Kapazitätsgründen nicht realisierbar; jedoch kann auf den deckungsbeitragsgeringeren Auftrag 6 zurückgegriffen werden, der in der verbleibenden Engpaßrestfertigungszeit produziert werden kann. Allerdings kann die Deckungsbeitragssumme bei Verzicht auf Auftrag 4 und Einbeziehung von Auftrag 5 gesteigert werden; der Deckungsbeitragszuwachs durch Auftrag 5 übersteigt die Deckungsbeitragsreduzierung durch Herausnahme von Auftrag 4. Hier zeigt sich, daß eine Programmoptimierung bisweilen nicht durch einfaches Aneinanderreihen der Aufträge nach abnehmenden spezifischen Deckungsbeiträgen erreichbar ist. Gerade im Bereich der letzten möglichen Zuordnungen in unmittelbarer Umgebung der Begrenzung der Engpaßeinsatzdauer ist eine Gesamtbetrachtung über mehrere Aufträge hinweg unumgänglich. Es geht um die Gesamtzusammensetzung des Programmes unter Deckungsbeitragsgesichtspunkten. Im vorliegenden Beispielfall konnte durch probierendes Vertauschen eine Lösung ermittelt werden. Vielfach ist eine Optimallösung nicht ohne weiteres erreichbar. Hier empfiehlt sich die Formulierung eines Ansatzes der Linearen Optimierung der folgenden Form:

- **Zielfunktion**

$$DB = \sum_{j=1}^{n} db_j \cdot u_j \rightarrow \text{Max!}$$

- **Nebenbedingungen**

$$\sum_{j=1}^{n} t_{Ej} \cdot u_j \leq T_E$$

$$0 \leq u_j \leq 1 \text{ und ganzzahlig} \quad (j = 1, 2, \ldots, n)$$

DB = Gesamtdeckungsbeitrag für alle zu produzierenden Aufträge (Einzelprodukte)
u_j = ganzzahlige Hilfsvariable, die die Werte 0 und 1 annehmen kann
u_j = 1: Auftrag j wird angenommen
u_j = 0: Auftrag j wird abgelehnt

Im Vergleich zur Mehrfachproduktion steht die Erzeugnismenge bei Einzelproduktion im Regelfall fest. Sie ist Null oder Eins. Diese spezifische Situation wird durch die Berücksichtigung der Hilfsvariablen u_j mathematisch bewältigt.

2. Programmoptimierungen bei Einzelproduktion mit vorab unbekanntem Engpaß

Der für den Fall des bekannten Engpasses entwickelte Planungsansatz muß erweitert werden, wenn nicht von vornherein erkennbar ist, bei welchem Arbeitssystem ein Engpaß auftreten wird, der Engpaß also programmabhängig ist. Je nach Auftragsselektion können unterschiedliche Arbeitssysteme zum Engpaß werden. Jeder Versuch, durch geschicktes Austauschen der Aufträge zu einer Optimallösung zu gelangen, ist in der Regel zu aufwendig. Ein entsprechend formulierter **Ansatz der Linearen Optimierung** führt hier gezielt zum optimalen Produktionsprogramm. Der Standardansatz läßt sich wie folgt aufbauen:

- **Zielfunktion**

$$DB = \sum_{j=1}^{n} db_j \cdot u_j \rightarrow \text{Max!}$$

- **Nebenbedingungen**

$$\sum_{j=1}^{n} t_{sj} \cdot u_j \leq T_s$$

$$0 \leq u_j \leq 1 \text{ und ganzzahlig} \quad (j = 1, 2, \ldots, n; s = 1, 2, \ldots, z)$$

Aufgrund des nicht bekannten Produktionsengpasses werden sämtliche Arbeitssysteme s (s = 1, 2, ..., z) in die Optimierungsrechnung aufgenommen. Dieser Modellansatz kann - wie auch die vorangehend dargestellte Planungsrechnung - mit Hilfe der **ganzzahligen Linearen Optimierung** bewältigt werden. Als Lösung erhält man die Auswahl der Aufträge, bei der die **Summe der Deckungsbeiträge** unter den gegebenen Restriktionen ein **Maximum** annimmt (CZERANOWSKI 1974, S. 23ff.).

3. Aussagefähigkeit und Erweiterungen der Standardansätze zur Programmoptimierung bei Einzelproduktion

Unter Beachtung produktions- und kostentheoretischer Modelle sind auch die Standardansätze zur Programmoptimierung bei Einzelproduktion kritisch zu würdigen. Auf der Basis der einbezogenen Kosten und Preise der einzelnen Aufträge ergibt sich eine ähnliche **Beurteilung,** wie sie im **Bereich der Mehrfachproduktion** angesprochen wurde. **Anpassungsmöglichkeiten intensitätsmäßiger, quantitativer/selektiver und überstundenbezogener zeitlicher Art** gehen nicht in die Formulierung der Produktionsbedingungen ein. **Substitutionsalternativen** im Verbrauchsfaktoreinsatz bleiben ebenfalls außerhalb der Betrachtung.
Gerade im Bereich der Einzelfertigung sind realisierbare **Liefertermine** häufig kaufentscheidend. Derartige Überlegungen finden jedoch in den vorgestellten Standardansätzen zur Programmoptimierung keine Beachtung. Vorgegebene Lieferzeitstrukturen würden in vielen Fällen zu abweichenden Optimalprogrammen führen. Zeitliche Strukturierungen der Basisprozesse der Produktion, wie sie im Rahmen der **Produktionsfunktion vom Typ E** aufgegriffen werden, müßten Beachtung finden, wenn empirische Fertigungsbedingungen angemessen erfaßt werden sollen. Entsprechend erweiterte Ansätze liegen vor (CZERANOWSKI 1974, S. 57ff.).
Zeiten und Kosten für Umrüstungsvorgänge (sekundäre Elementarkombinationen) erfahren keine gesonderte Berücksichtigung. Sie müssen in die Beanspruchungszeiten der Arbeitssysteme durch die einzelnen Aufträge eingerechnet werden. Dies setzt allerdings auftragsfolgeneutrale Umrüstzeiten und -kosten voraus, die jedoch in der Praxis nicht immer gegeben sind.
Aus produktions-, kosten- und zugleich erlöstheoretischer Sicht ist wichtig, daß die Programmplanungsansätze nur solche Einzelprodukte als **Aufträge** in die Planung einbeziehen, deren **Abschluß im Planungszeitpunkt** als sicher gilt. Aufträge, die innerhalb der Betrachtungsperiode eingehen, müssen vielfach abgelehnt werden, weil die festliegende Produktionsplanung alle verfügbaren Fertigungskapazitäten beansprucht. Dabei kann häufig der Fall eintreten, daß die Kosten- und Erlössituation der neuen Aufträge gegenüber den im Programm berücksichtigten Erzeugnissen erheblich günstiger ist. Einzelne Planungsansätze berücksichtigen daher Teile der verfügbaren Produktionskapazität als Reservekapazität für entsprechende Fälle (JACOB 1971, S. 495ff.).
Im Hinblick auf die Integration von Umweltschutzmaßnahmen in die Programmplanung bei Einzelfertigung gelten die bei der Mehrfachproduktion erörterten Zusammenhänge analog (vgl. Abschnitt »Standardansätze zur Programmoptimierung bei Mehrfachproduktion«).

Kontrollfragen und -aufgaben

1. Erläutern Sie den Einfluß von Variationen der Fertigungsintensität auf erzeugnisbezogene Deckungsbeiträge bei konstanten Absatzpreisen.
2. Läßt sich das Modell des Break-even-Punktes auf Einzelfertigung übertragen?
3. Inwieweit sind Produktionsengpässe vielfach von der Zusammensetzung des Produktionsprogrammes abhängig?
4. Erläutern Sie die Berücksichtigung quantitativer und qualitativer Produktionskapazitäten in den Standardansätzen zur Programmoptimierung bei Mehrfach- und Einzelfertigung.
5. Vergleichen Sie die Produktionsfaktor-Produkt-Beziehungen der Produktionsfunktionen vom Typ B und C mit denjenigen der Standardansätze zur Optimierung von Produktionsprogrammen.
6. Welche produktionstheoretische Bedeutung kommt den Schlupfvariablen bei Anwendung des Simplex-Verfahrens zur Optimierung von Produktionsprogrammen zu?
7. Diskutieren Sie die Ermittlung und die Aussagefähigkeit von Schattenpreisen.
8. Lassen sich für Opportunitätskosten Mengen- und Wertkomponenten angeben?
9. Läßt sich für einen begrenzten Problemumfang die Ermittlung deckungsbeitragsmaximaler Produktionsprogramme bei Einzelfertigung analog zur Mehrfachproduktion auch graphisch durchführen?
10. Welchen Einfluß nehmen feste Liefertermine auf die Programmoptimierung bei Einzelfertigung?
11. Erläutern Sie die Auswirkungen von Umweltschutzmaßnahmen auf die Zielfunktion und die Nebenbedingungen der Programmplanungsansätze.

Literatur

Adam, D., Produktionsplanung bei Sortenfertigung, Wiesbaden 1969.
Adam, D., Produktionsmanagement, 8. Aufl., Wiesbaden 1997.
Backhaus, K., Fertigungsprogrammplanung, Stuttgart 1979.
Bloech, J., Lineare Optimierung für Wirtschaftswissenschaftler, Opladen 1974.
Bloech, J. / Bogaschewsky, R. / Götze, U. / Roland, F., Einführung in die Produktion, 2. Aufl., Heidelberg 1993.
Bloech, J. / Lücke, W., Produktionswirtschaft, Stuttgart-New York 1982.
Blohm, H. / Beer, Th. / Seidenberg, U. / Silber, H., Produktionswirtschaft, Herne-Berlin 1987.
Busse v. Colbe, W. / Hammann, P. / Laßmann, G., Betriebswirtschaftstheorie, Bd. 2, 4. Aufl., Berlin-Heidelberg-New York-London-Paris-Tokyo-Hongkong-Barcelona-Budapest 1992.
Corsten, H., Produktionswirtschaft, 5. Aufl., München-Wien 1995.
Czeranowski, G., Programmplanung bei Einzelfertigung, Wiesbaden 1974.
Dantzig, G. B., Lineare Programmierung und Erweiterungen, deutsche Bearbeitung von A. Jaeger, Berlin-Heidelberg-New York 1966.
Dellmann, K., Entscheidungsmodelle für die Serienfertigung, Opladen 1975.
Diederich, H., Allgemeine Betriebswirtschaftslehre, 7. Aufl., Stuttgart-Berlin-Köln 1992.
Dyckhoff, H., Betriebliche Produktion, 2. Aufl., Berlin-Heidelberg-New York-London-Paris-Tokyo-Hongkong-Bar celona-Budapest 1994.
Gutenberg, E., Grundlagen der Betriebswirtschaftslehre, 1. Band, Die Produktion, 24. Aufl., Berlin-Heidelberg-New York 1983.
Hansmann, K.-W., Industrielles Management, 5. Aufl., München-Wien 1997.
Heinen, E., Betriebswirtschaftliche Kostenlehre, 6. Aufl., Wiesbaden 1983.
Hoitsch, H.-J., Produktionsplanung, in: Handwörterbuch der Betriebswirtschaft, Hrsg. W. Wittmann / W. Kern / R. Köhler / H.-U. Küpper / K. v. Wysocki, 5. Aufl., Stuttgart 1993, Sp. 3450-3467.
Jacob, H., Zur optimalen Planung des Produktionsprogramms bei Einzelfertigung, in: Zeitschrift für Betriebswirtschaft 1971, S. 495-516.
Jacob, H., Die Planung des Produktions- und Absatzprogramms, in: Industriebetriebslehre, Hrsg. H. Jacob, 4. Aufl., Wiesbaden 1990, S. 401-590.
Jehle, E. / Müller, K. / Michael, H., Produktionswirtschaft, 4. Aufl., Heidelberg 1994.
Kilger, W., Optimale Produktions- und Absatzplanung, Opladen 1973.
Lücke, W., Produktions- und Kostentheorie, 3. Aufl., Würzburg-Wien 1976.
Meffert, H., Marketing, 7. Aufl., Nachdruck, Wiesbaden 1991.
Müller-Merbach, H., Operations Research, 3. Aufl., München 1973.
Pohmer, D. / Bea, F. X., Produktion und Absatz, 3. Aufl., Göttingen 1994.
Reichwald, R. / Dietel, B., Produktionswirtschaft, in: Industriebetriebslehre, Hrsg. E. Heinen, 9. Aufl., Wiesbaden 1991, S. 395-622.
Rieper, B. / Witte, Th., Grundwissen Produktion, 4. Aufl., Frankfurt am Main 1992.
Roth, U., Umweltkostenrechnung, Wiesbaden 1992.
Schneeweiß, Ch., Einführung in die Produktionswirtschaft, 5. Aufl., Berlin-Heidelberg-New York-London-Paris-Tokyo-Hongkong-Barcelona-Budapest 1993.
Strebel, H., Umweltwirkungen der Produktion, in: Zeitschrift für betriebswirtschaftliche Forschung 1981, S. 508-521.
Streitferdt, L., Produktionsprogrammplanung, in: Handwörterbuch der Betriebswirtschaft, Hrsg. W. Wittmann / W. Kern / R. Köhler / H.-U. Küpper / K. v. Wysocki, 5. Aufl., Stuttgart 1993, Sp. 3478-3491.
Witte, Th. / Deppe, J. F. / Born, A., Lineare Programmierung, Wiesbaden 1975.
Wöhe, G., Einführung in die Allgemeine Betriebswirtschaftslehre, 19. Aufl., München 1996.

[illegible]

Viertes Kapitel: Produktions- und Kostenmodelle bei Variation der Produktionskapazitäten

A. Langfristigkeit der Betrachtungsweise

In den **vorangehenden Ausführungen** standen Produktionssituationen bei einer **vorgegebenen Produktionsfaktorausstattung** im Zentrum der Diskussion. Für die **vorhandenen Kapazitäten** wurde bei alternativer Auslastung zunächst nach der jeweils **kostengünstigsten Einsatzweise** gesucht. Dies erforderte den Aufbau umfassender produktions- und kostentheoretischer Aussagensysteme, die zugleich eine Basis für die Beurteilung von Planungsansätzen liefern, mit denen **deckungsbeitragsorientierte Produktionsprogramme** ermittelt werden. Bei allen Betrachtungen sind in kostentheoretischer Sicht vornehmlich die outputbezogenen variablen Kosten entscheidungsrelevant. Nur in Ausnahmefällen der quantitativen und selektiven Anpassung sind bei gegebener Anlageneinsatzabhängigkeit auch anlagenbezogene Fixkosten für die kostengünstigste Produktionsalternative mitentscheidend (vgl. Abschnitt »Produktions- und Kostenmodelle bei intensitätsmäßiger, zeitlicher und quantitativer Anpassung«).

In **langfristige Planungsüberlegungen** sind stets auch **kapazitätsabhängige Kosten** einzubeziehen. Die Bereitstellung von Produktionseinrichtungen bzw. Arbeitssystemen und deren Anpassung an langfristig sich verändernde Bedingungen (z.B. durch verfügbare neue Technologien, Nachfrageverschiebungen zu neuen Produktarten) sind ein wesentlicher Gegenstand langfristiger Unternehmungspolitik. Die Analyse der relevanten Kostenaspekte geht in Verbindung mit Erlös- und Finanzierungsanalysen in die Investitionsplanung ein und gewinnt insoweit beachtliche Bedeutung.

In diese **Systematisierung kurz- und langfristiger produktionsbezogener Tatbestände** ist auch die auf MARSHALL (MARSHALL 1920, S. 418f.) zurückgehende Klassifizierung der Anpassungsmöglichkeiten der Produktionsfaktoren einzuordnen. Mit dem Begriff "kurzfristig" spricht er Zeiträume an, in denen nur ein Teil der Einsatzfaktoren veränderten Umweltbedingungen angepaßt werden kann. Als "langfristig" kennzeichnet er eine Zeitspanne, die eine vollständige Anpassung aller Faktoren erlaubt. Diese im Prinzip einleuchtende Vorgehensweise ist jedoch für den Aufbau von Planungsmodellen nicht ausreichend. Hier ist die zusätzliche Angabe von kalenderzeitorientierten Bezugszeiträumen unumgänglich. Nur auf diese Weise können Produktionsalternativen - welches Ausmaß der Faktoranpassungen sie auch immer umfassen - ökonomisch vergleichbar gemacht werden (STEFFEN 1973, S. 15ff.). Insoweit ist bei allen Kostenfunktionen ein **Periodenbezug** erforderlich (vgl. auch Abschnitt »Produktionskapazitäten«). Je nach Ausdehnung des Betrachtungszeitraumes können dabei "kurzfristige" und "langfristige" Faktorvariationen im Sinne von MARSHALL bedeutsam werden.

Ist die Periodenlänge so weit ausgedehnt, daß dauerhafte Veränderungen der Produktionskapazitäten zur Diskussion stehen, so sind in pragmatischer Sicht vielfach Zeiträume von drei bis zehn Jahren angesprochen. Je nach Branche und Technologie sind Unterschiede gegeben. Immer ist jedoch zu beachten, daß Variationen von Produktionskapazitäten nicht marginal vorgenommen werden können. **Potentialfaktoren** sind **nicht beliebig teilbar.** Sie stellen ein **Bündel von Nutzungsmöglichkeiten** dar, das für längere Zeiträume zur Verfügung steht. Langfristige Veränderungen des Bestandes einsetzbarer Potentialfaktoren werden vielfach als **Betriebsgrößenvariationen** bezeichnet, die einerseits allein quantitative und andererseits quantitativ-qualitative Veränderungen der Produktionsbereiche zum Inhalt haben. Im ersten Fall spricht man von **multipler Anpassung,** im zweiten Fall von **mutativer Anpassung** (GUTENBERG 1983, S. 423). Beide Vorgehensweisen sollen im folgenden produktions- und kostentheoretisch analysiert werden.

B. Produktions- und Kostenmodelle bei multipler Variation der Produktionskapazitäten

Erfolgt eine **Veränderung der Betriebsgröße im Sinne der multiplen Anpassung,** so wird die **Anzahl produzierender Teilbetriebe** bzw. Arbeitssysteme **erhöht oder verringert.** In allen Fällen wird mit einheitlichen Produktionsverfahren gearbeitet. Im Hinblick auf den zugehörigen Kostenverlauf sind Analogien zur quantitativen Anpassung erkennbar. Die Abbildung 89 zeigt ein Beispiel einer multiplen Betriebsgrößenvariation für einen Produktionsbereich der Mehrfachproduktion einer Erzeugnisart.

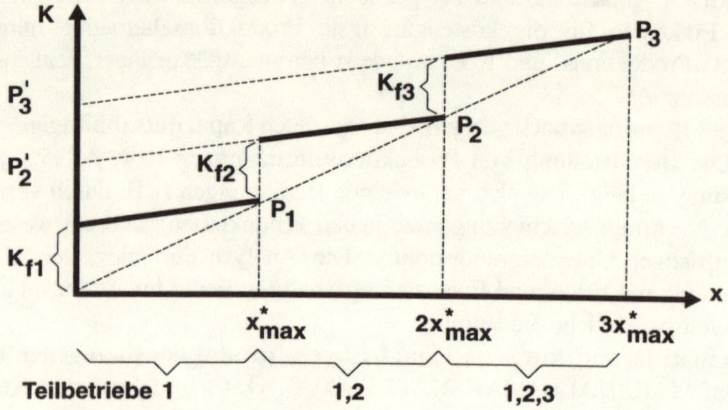

Abbildung 89: Kostenverlauf bei multipler Anpassung

Die Darstellung bezieht sich auf eine bestimmte Produktionsperiode (z.B. Monat, Quartal, Jahr). In dieser Zeitspanne kann mit Teilbetrieb 1 die Erzeugnismenge x^*_{max} hergestellt werden. Soll im Hinblick auf die Erwartung nachhaltiger Nachfragesteigerungen eine **multiple Anpassung** durch Investition vollzogen werden, so erfolgt der Aufbau eines identischen Teilbetriebes 2. Die doppelte Erzeugnismenge $2x^*_{max}$ ist produzierbar. Entsprechendes gilt für die Verdreifachung der Maximalmenge je Teilbetrieb (Investition für Teilbetrieb 3). Bei jeder Investition ist mit einem erheblichen Fixkostensprung zu rechnen. Die Fixkosten je Teilbetrieb sind identisch ($K_{f1} = K_{f2} = K_{f3}$). Auch die Anstiege der variablen Kosten der Teilbetriebe sind einheitlich.

Analog zu rein quantitativen Anpassungen in kurzfristigen Planungen sind bei langfristigen multiplen Betriebsgrößenvariationen die Kostenpunkte P_1, P_2, und P_3 relevant. Vielfach wird die Verbindungslinie dieser Punkte unter Einbeziehung des Nullpunktes als **langfristige Kostenkurve für multiple Anpassungen** bezeichnet. Dies ist jedoch eine unzulässige Transformation der mangelnden Teilbarkeit von Produktionspotentialen in eine beliebige Teilbarkeit. Die Verbindungslinie und der zugehörige Anstieg zur Angabe von Grenzkosten ist nur dann als Kostenfunktion anzuerkennen, wenn lediglich die Kapazitätsgrenzen der Teilbetriebe als gültige Erzeugnismengen angesehen werden (Quantenbetrachtung). Grenzkosten sind hier nicht mehr produkteinheitbezogen, sondern mengenintervallbezogen. Für eine realitätsnahe Abbildung ist es jedoch zweckmäßiger, in Verbindung mit zeitlicher Anpassung von dem treppenförmigen Kostenverlauf für multiple Betriebsgrößenerweiterungen auszugehen.

Lassen die Teilbetriebe intensitätsmäßige Anpassungen zu, empfiehlt sich in Verbindung mit der ökonomischen Beurteilung von multiplen Betriebsgrößenerweiterungen ein Kostenvergleich mit Intensitätssteigerungen. Möglicherweise können dadurch hohe investitionsbezogene Kosten zumindest über einen gewissen Zeitraum hinweg eingespart werden.

Bei rückläufiger Betrachtung im Sinne einer **multiplen Betriebsgrößenreduzierung** ist entscheidend, ob im Wege von Desinvestitionen nicht benötigte Teilbetriebe veräußert werden können. Ist dies nicht möglich, können die Fixkosten der Betriebsteilbereiche nicht abgebaut werden. Je nach Anzahl vorhandener Teilbetriebe gelten dann die zugehörigen kontinuierlich linearen Kostenverläufe von den Punkten P_3 bzw. P_2 bis zu den Ordinatenpunkten P_3' bzw. P_2' (Abbildung 89).

Insgesamt ist hervorzuheben, daß sich die Komplexität von zahlreichen Teilproblemen bei Betriebsgrößenveränderungen mit dem einfachen Kostenverlauf der Abbildung 89 nicht erfassen läßt. Einerseits sind Aggregationen vielfältiger Einzelprozesse von Potentialfaktoren erforderlich. Andererseits ist die Möglichkeit, völlig identische Teilbetriebe aufzubauen, meist nicht gegeben. Zumindest sind oft **regionale Unterschiede** zu beachten, weil der bisherige Standort Expansionen nicht zuläßt. Dies führt häufig zu **unterschiedlichen Kostenentwicklungen je Teilbetrieb** (z.B. unterschiedliche Transportkosten für Verbrauchsfaktoren und Produkte). Die dargestellte Analyse kann daher nur **globale Anhaltspunkte** für Kostenentwicklungen liefern. Die Komplexität der Zusammenhänge wird in der Regel noch dadurch erhöht, daß Produktionsbereiche sich auf die Herstellung mehrerer unterschiedlicher Erzeugnisarten beziehen. Der Fall der **Mehrproduktproduktion** erfordert ebenfalls differenziertere Kostenanalysen.

C. Produktions- und Kostenmodelle bei mutativer Variation der Produktionskapazitäten

Mutative Veränderungen in Produktionsbereichen erfolgen durch **Übergang auf andere Herstellungsverfahren.** Werden bei Betriebsgrößenerweiterungen bisher vorhandene Teilbetriebe weiterhin eingesetzt, so bedeutet mutative Anpassung zusätzlichen Einsatz funktionsgleicher Teilbetriebe mit **abweichenden Kostenabhängigkeiten** und meist auch mit **abweichenden** Kapazitäten. Entsprechende Grundbedingungen ergeben sich bei kurzfristigen Anpassungsformen im Rahmen der selektiven Anpassung vorhandener Potentialfaktoren (vgl. Abschnitt »Produktions- und Kostenmodelle bei intensitätsmäßiger, zeitlicher und quantitativer Anpassung«).

Technischer Fortschritt führt häufig zu **neuen Herstellungsverfahren,** die gegenüber bisher realisierten Produktionstechnologien meist **geringere Grenzkosten** und **höhere quantitative Kapazitäten** aufweisen. Jedoch ist in der Regel gleichzeitig mit höheren Fixkosten aufgrund hoher Anschaffungsauszahlungen zu rechnen. Zunehmende Nutzungen hochautomatisierter Produktionstechnologien mit integrierten Computersteuerungen bestätigen diese Aussagen. Wird die Betriebsgröße durch mutative Anpassung erweitert, so wird man im Rahmen kurzfristiger Anpassungsprozesse an unterschiedliche Erzeugnismengen zunächst den kostengünstigeren neuen Teilbetrieb (2) voll auslasten und über dessen Kapazität hinausgehende Teilmengen mit dem alten Teilbetrieb (1) herstellen. Es ergibt sich der Kostenverlauf in Abbildung 90.

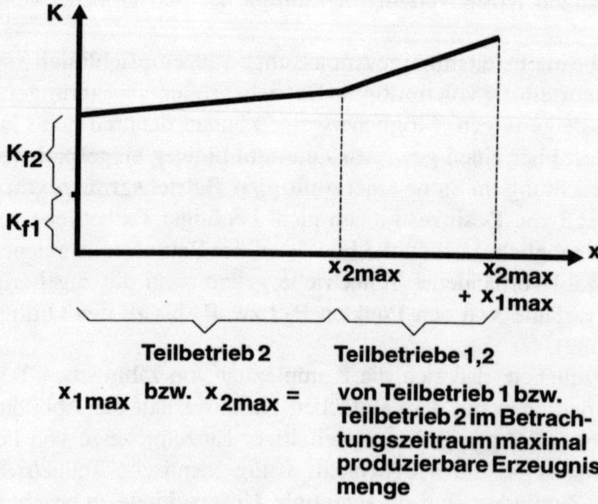

Abbildung 90: Kostenverlauf bei mutativer Betriebsgrößenerweiterung

Werden bei mutativen Betriebsgrößenvariationen **Verfahrensalternativen kostenmäßig beurteilt,** so erhält man für unterschiedliche Erzeugnismengen unterschiedliche Verfahren bzw. Verfahrenskombinationen mit den jeweils geringsten Gesamtkosten. Eine entsprechende Planungssituation ergibt sich bei Errichtung neuer Teilbetriebe unter Beachtung der erwünschten Kapazitäten bzw. auch für solche Fälle, bei denen Fixkosten bestehender Fertigungsbereiche aufgrund von Veräußerungen jederzeit abgebaut werden können. Die **Kostenverläufe** für die einzelnen Verfahren **bis zur jeweiligen Kapazitätsgrenze** werden in Abbildung 91 dargestellt.

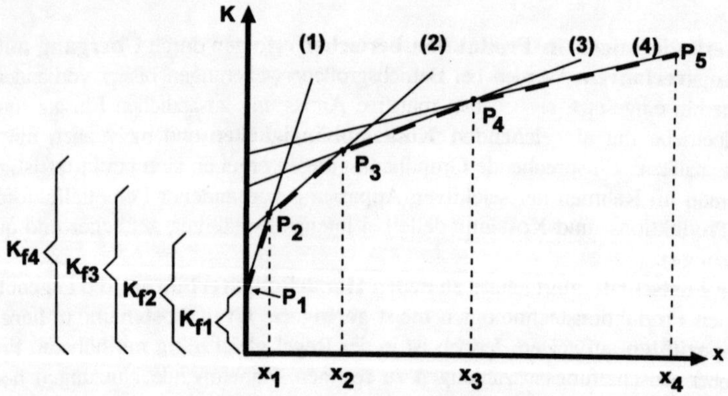

Abbildung 91: Kostenverläufe zur Beurteilung von Verfahrensalternativen bei mutativer Anpassung

Unter dem Ziel der Kostenminimierung erhält man folgende Zuordnungen von Erzeugnismengenintervallen und Produktionsverfahren:

$0 \leq x < x_1$: Produktionsverfahren 1
$x_1 \leq x < x_2$: Produktionsverfahren 2
$x_2 \leq x < x_3$: Produktionsverfahren 3
$x_3 \leq x \leq x_4$: Produktionsverfahren 4

Als **langfristige Kostenkurve** wird die **Verbindungslinie der jeweils kostengünstigsten Verfahrensabschnitte** bezeichnet (Streckenzug P_1, P_2, P_3, P_4, P_5). Diese **Hüllkurve** (gestrichelter Verlauf) wird zu einer stetigen Funktion, wenn man annimmt, daß mit jeder geringfügigen Erzeugnismengenveränderung zugleich eine Verfahrensänderung einhergeht. Davon kann jedoch in der betrieblichen Praxis nicht ausgegangen werden.
Die Kostenbetrachtungen für mutative Anpassungen sind im Hinblick auf ihren empirischen Gehalt ebenso kritisch zu beurteilen wie die Kostenverläufe für multiple Anpassungen. Zunächst ist auf die Probleme der Ermittlung von Kostenfunktionen für umfassende Teilbetriebe zu verweisen. Mehrproduktproduktionen erschweren die Analyse zusätzlich. Des weiteren ist darauf hinzuweisen, daß unter Beachtung des technischen Fortschritts meist nicht isolierte Verfahrensbeurteilungen bei Konstanz der Produktqualität vorzunehmen sind. Vielfach gehen mit Verfahrensänderungen Produktvariationen einher, für die neben produktions- und kostentheoretischen Analysen erlös- bzw. absatztheoretische Untersuchungen bedeutsam werden.

Kontrollfragen und -aufgaben

1. Erläutern Sie die Unterschiede zwischen multipler und quantitativer Anpassung von Produktionsbereichen.

2. Erläutern Sie die Unterschiede zwischen mutativer und selektiver Anpassung von Produktionsbereichen.

3. Lassen sich für langfristige Anpassungen (Variation der Produktionskapazitäten) kontinuierliche Gesamtkostenfunktionen K(x) ermitteln? Begründen Sie Ihre Antwort.

Literatur

Adam, D., Produktionsmanagement, 8. Aufl., Wiesbaden 1997.

Bloech, J. / Lücke, W., Produktionswirtschaft, Stuttgart-New York 1982.

Busse v. Colbe, W. / Laßmann, G., Betriebswirtschaftstheorie, Band 1, 5. Aufl., Berlin-Heidelberg-New York-London-Paris-Tokyo-Hongkong-Barcelona-Budapest 1991.

Ellinger, Th. / Haupt, R., Produktions- und Kostentheorie, 3. Aufl., Stuttgart 1996.

Gutenberg, E., Grundlagen der Betriebswirtschaftslehre, 1. Band, Die Produktion, 24. Aufl., Berlin-Heidelberg-New York 1983.

Hansmann, K.-W., Industrielles Management, 5. Aufl., München-Wien 1997.

Heinen, E., Betriebswirtschaftliche Kostenlehre, 6. Aufl., Wiesbaden 1983.

Kern, W., Industrielle Produktionswirtschaft, 5. Aufl., Stuttgart 1992.

Kilger, W., Produktions- und Kostentheorie, Wiesbaden 1958.

Lücke, W., Produktions- und Kostentheorie, 3. Aufl., Würzburg-Wien 1976.

Marshall, A., Principles of Economics, 8. Aufl., London 1920, Neudruck 1961.

Steffen, R., Analyse industrieller Elementarfaktoren in produktionstheoretischer Sicht, Berlin 1973.

Wöhe, G., Einführung in die Betriebswirtschaftslehre, 19. Aufl., München 1996.

Fünftes Kapitel: Weiterführende Fragestellungen der Produktions- und Kostentheorie

A. Grundsätzliche Erläuterungen

In den vorangehenden Kapiteln wurden für ausgewählte Produktionsbedingungen grundlegende produktions- und kostentheoretische Zusammenhänge erarbeitet. Die Fülle betrieblicher Fertigungssituationen zwang dabei in vielen Fällen zu exemplarischen Darstellungen. Dennoch bilden die zum Teil in Beispielrechnungen vorgestellten Modelle eine Basis für die Ermittlung von Produktionsfaktor-Produkt-Beziehungen und darauf aufbauenden Kostenfunktionen sowie Programmoptimierungen für unterschiedliche Herstellungsbedingungen. An dieser Stelle sei dem Leser empfohlen, die einführende **Fallstudie** nochmals aufzugreifen und die relevanten Gestaltungsalternativen der Produktion unter Beachtung der dargestellten Produktions- und Kostenmodelle betriebswirtschaftlich zu beurteilen (vgl. Abschnitt »Eine Fallstudie«).

In einigen Bereichen bedürfen die **produktions- und kostentheoretischen Erklärungsmodelle** der Erweiterung und Verfeinerung. Modellansätze liegen für eine Reihe spezifischer Fragestellungen vor. In den folgenden Ausführungen sollen wesentliche Zusatzaspekte überblickartig vorgestellt werden.

B. Verbrauchsfaktor- und produktbezogene Erweiterungen

Vielfach müssen Produktions- und Kostenmodelle mit spezifischen Teilmodellen für die Beschaffung von Verbrauchsfaktoren und für den Absatz von Erzeugnissen verknüpft werden. Dies trifft im Beschaffungsbereich zu, wenn Verbrauchsfaktoren zur Ausnutzung günstiger Beschaffungspreise in großen Mengen bezogen werden. Kostentheoretisch sind hier die Lagerkosteneinflüsse sowie die Kosteneffekte der Bestell- und Anlieferungshäufigkeit zu analysieren. Modellansätze zur **Bestellmengenoptimierung** liegen vor (GROCHLA/SCHÖNBOHM 1980, S. 148ff.; REICHWALD/DIETEL 1991, S. 521ff.). Zur Vermeidung von Lagerkosten wird häufig eine **produktionssynchrone Beschaffung** von Verbrauchsfaktoren nach dem Just-in-time-Prinzip aufgegriffen, wobei die zeitgerechte Lieferfähigkeit der Zulieferunternehmungen insbesondere bei (nachfragebedingt) häufig wechselnder Sortenproduktion sichergestellt sein muß (WILDEMANN 1995, S. 41ff.). Höhere Beschaffungspreise aufgrund der Zusicherung der Lieferbereitschaft sind in kostentheoretischer Sicht wegfallenden Lagerkosten gegenüberzustellen.

Lager- und Umrüstkostenuntersuchungen sind notwendig, wenn im Rahmen einer Sortenfertigung festzulegen ist, in welchen Mengen (Losgrößen) die einzelnen Produktarten jeweils hintereinander produziert werden sollen. Große Produktionslose erfordern hohe Lagerkosten, weil die Produktionsgeschwindigkeit in der Regel über der Absatzgeschwindigkeit liegt. Dafür fallen jedoch je Erzeugniseinheit relativ niedrige Umrüstkosten an. Bei mehrfacher Herstellung jeweils geringer Produktmengen, d.h. kleiner Lose, zeigen sich umgekehrte Effekte. **Produktions- und Kostenmodelle zur Bestimmung kostenminimaler Losgrößen** stehen zur Verfügung (ADAM 1997, S. 487ff.; REICHWALD/DIETEL 1991, S. 538ff.). Bei Einsatz hochautomatisierter Fertigungsanlagen verlieren diese Modellansätze allerdings an Bedeutung, weil Umrüstzeiten und -kosten so gering werden, daß Produktartenwechsel in der

Produktion nachfragesynchron vorgenommen werden. Zusammenfassungen einheitlicher Produkte zu hintereinander gefertigten Losen finden nicht mehr statt. Die "Losgröße 1" ist betriebswirtschaftlich tragfähig und wegen der reaktionsschnellen Anpassungsmöglichkeiten an die Absatzsituation in einer produktions- und kostentheoretischen sowie absatztheoretischen Gesamtbetrachtung sinnvoll (STEFFEN 1989, S. 180ff.). Entsprechende Bedingungen finden sich in Bereichen des **Computer Integrated Manufacturing** (vgl. Abschnitt »CIM-bezogene Betrachtungen«).
In bestimmten Branchen (z.B. bei Herstellern von Sportartikeln) unterliegt der Absatz der Erzeugnisse im Zeitablauf starken Schwankungen. Für solche **Saisonbetriebe** sind auf der Basis kostentheoretischer Analysen Produktions- und Kostenmodelle entwickelt worden, die jeweils die kostengünstigste Produktionsweise unter Berücksichtigung von Erzeugnislagerbeständen ermitteln (BACKHAUS 1979, S. 43ff.).
Für die Herstellung von **Kuppelerzeugnissen** lassen sich Planungsansätze mit produktions- und kostentheoretischer Fundierung formulieren, die zugleich die Absatzbedingungen der im Verbund entstehenden Produkte einbeziehen. Dabei werden die Grenzdeckungsbeiträge für marginale Erhöhungen der Erzeugnismengen unter Berücksichtigung von Entsorgungskosten für nicht absatzfähige Kuppelerzeugnisse ermittelt (KILGER 1973, S. 358ff.).

C. Anlagenbezogene Erweiterungen

Die Angabe von Produktionsfaktor-Produkt-Beziehungen für die Abnutzung von Produktionsanlagen bereitet in der Regel erhebliche Schwierigkeiten (vgl. Abschnitt »Produktions-, Verbrauchs- und Kostenfunktionen bei mittelbaren Produktionsfaktor-Produkt-Beziehungen«). In diesem Zusammenhang liefern Ergebnisse der **Instandhaltungstheorie und -planung** wertvolle Hinweise für die Produktions- und Kostentheorie. In der betrieblichen Praxis geht man auf der Basis von Kostenüberlegungen vielfach dazu über, für Anlagenteile vor ihrem Ausfall durch Verschleiß vorbeugende Instandhaltung zu betreiben. Auf diese Weise werden Anlagenerhaltungsmaßnahmen zeitlich planbar. Zufallsstillstände von Maschinen werden weitgehend vermieden. Die Häufigkeit vorbeugender Maßnahmen wird dabei an der Haupteinflußgröße für den Teileverschleiß ausgerichtet, z.B. an der Anzahl vollzogener Basisprozesse, an der Anzahl Anläufe, an den Betriebsstunden usw. Instandhaltungsstrategien legen fest, wann unter Kostengesichtspunkten Anlagenteile durch neue ersetzt bzw. repariert werden. Diese Bedingungen lassen sich in Produktions- und Kostenmodelle einbeziehen (MÄNNEL 1988, S. 11ff. und 1996, Sp. 75f.; STEFFEN 1973, S. 72ff. und 1974, S. 303ff.; BAUMANN 1991, S. 317ff.).

D. Arbeitsbezogene Erweiterungen

Auch im Bereich menschlicher Arbeit ist die funktionale Erfassung von Produktionsfaktor-Produkt-Beziehungen mit erheblichen Problemen verbunden. Durch einen Bezug auf Forschungsergebnisse im Rahmen der **Arbeitswissenschaften** sind Fortschritte zu erzielen. Wesentlich sind in diesem Zusammenhang Verknüpfungen mit **Verfahren zur Vorgabezeitermittlung** sowie der **Arbeitsbewertung als Entlohnungsgrundlage.** Die an den Arbeitsplätzen zu bewältigenden **Anforderungen** bilden vielfach die Basis für die betriebliche **Lohndifferenzierung.** Dieser Zusammenhang läßt sich in die Produktions- und Kostentheorie integrieren (STEFFEN 1973, S. 104ff.; REICHWALD 1977, S. 26ff.). Auch Systeme der **Entlohnung nach Qualifikation** sind produktions- und kostentheoretischen Analysen zu unterziehen (v. ECKARDSTEIN 1986, S. 55ff.). Bedeutsam sind dabei Vergleiche qualifikations- und anforderungsbezogener Lohnkosten sowie Beurteilungen der Vor- und Nachteile nachhaltiger Qualifikationsüberhänge.

Wesentlich ist des weiteren, daß bei Produktionsvorgängen, die unter Berücksichtigung menschlicher Arbeit vollzogen werden, erst nach vielfacher Durchführung Ausführungszeiten erreicht werden, die sog. Normalbedingungen entsprechen. Empirische Untersuchungen haben für solche **Übungs- bzw. Lernvorgänge** Gesetzmäßigkeiten nachgewiesen, die ebenfalls in Produktions- und Kostenmodelle Eingang gefunden haben. Anfangs hohe Ausführungszeiten werden mit zunehmender Wiederholung der Vorgänge mit abnehmender Rate abgebaut und folgen in der Regel angenähert Verläufen mathematischer Funktionen. Auf diese Weise können erforderliche Produktionszeiten für die Herstellung bestimmter Erzeugnismengen in Übungs- bzw. Lernphasen ermittelt werden (HENFLING 1978, S. 9ff.; IHDE 1970, S. 451ff.).

Im Bereich menschlicher Arbeit haben sich in den vergangenen Jahrzehnten erhebliche Wandlungen vollzogen. **Arbeitsumfänge** und **Handlungsspielräume** wurden erweitert. Arbeitsaufgaben wurden durch **dispositive Elemente und Kontrolltätigkeiten** angereichert, um stark arbeitsteilige monotone Arbeitssituationen zu beseitigen. Die Produktions- und Kostentheorie hat sich auch mit diesen Veränderungen im Hinblick auf die Ermittlung von Produktionsfaktor-Produkt-Beziehungen und Kosteneffekten zu befassen (STEFFEN 1978, S. 421ff.; REICHWALD 1992, S. 14; PICOT/REICHWALD/WIGAND 1996, S. 432ff.). Darüber hinaus sind die mit zunehmender **Automatisierung** der Fertigung verbundenen Überwachungsaufgaben sowie flexible Gestaltungen der Arbeits- und Betriebszeiten produktions- und kostentheoretisch zu analysieren.

E. Entwicklungsperspektiven in Verbindung mit aktuellen industriellen Unternehmungskonzeptionen

1. CIM-bezogene Betrachtungen

Industrieunternehmungen setzen zunehmend computergestützte Technologien ein, deren umfassendste Nutzung in **CIM-Konzeptionen** (Computer Integrated Manufacturing) zum Ausdruck kommt. Der grundlegende CIM-Anspruch besteht darin, alle mit der Produktion zusammenhängenden Bereiche in einem umfassenden System der Planung, Steuerung und Kontrolle computergestützt zu verbinden. Vorhandene Teilsysteme zur Erzeugniskonstruktion und -entwicklung, zur Arbeitsplanerstellung (Planung der Basisprozesse), zur Produktionsprozeßsteuerung, zur Programm- und Ablaufplanung sowie zur Qualitätssicherung sollen dabei informationstechnisch nahtlos miteinander verknüpft werden. Die verfügbaren Systeme für die angesprochenen Teilbereiche lassen sich wie folgt kennzeichnen (SCHEER 1990, S. 19ff.; STEFFEN 1991, S. 360):

CAD = **Computer Aided Design** (computergestütztes Konstruieren),

CAP = **Computer Aided Planning** (computergestützte Erstellung von Arbeitsplänen aus der Konstruktion im Sinne von Fertigungsvorschriften bzw. Steuerungsanweisungen für Bearbeitungsmaschinen),

CAE = **Computer Aided Engineering** als erweiterte CAD-Konzeption (computergestützte Konstruktion und Entwicklung, meist unter Einbeziehung komplexer Berechnungen, Optimierungs- und Simulationsprogramme zum rechnerbezogenen Test der jeweiligen Produktkonzeption) unter zusätzlicher Einbeziehung von CAP,

CAM = **Computer Aided Manufacturing** (computergestützte Fertigung gemäß CAP),

CAQ = **Computer Aided Quality Assurance** (computergestützte Qualitätssicherung innerhalb der Fertigungsprozesse, z.B. durch Sensortechnik),

PPS = **Produktionsplanungs- und Steuerungssysteme** mit Bezug auf Produktionsprogramme, -abläufe, Verbrauchsfaktorbedarf, Kapazitäten und Termine.

In CIM-Konzeptionen weisen die automatisierten Produktionssysteme im Regelfall eine relativ hohe Flexibilität auf. Sie sind in der Lage, unterschiedliche Erzeugnisse bzw. Erzeugnisvarianten zu bearbeiten bzw. zu fertigen. Die Flexibilität besteht dabei einerseits in einer beachtlichen qualitativen Kapazität sowie andererseits in der schnellen Umstellbarkeit von einer Bearbeitungsart auf andere. Zudem sind auch die innerbetrieblichen Transportsysteme automatisiert. Auf diese Weise werden Bearbeitungsgegenstände beschleunigt an Stationen für weitere Bearbeitungen weitergeleitet (CORSTEN 1995, S. 284; ZÄPFEL 1996, S. 250f.). Für Kontrollzwecke stützen sich CIM-Konzeptionen insbesondere im CAM- und CAQ-Bereich auf automatisierte Betriebsdatenerfassungen (BDE-Systeme). Bei Abweichungen von Plangrößen (z.B. Abmessungen von Preßteilen, Produktionsgeschwindigkeiten) können auf dieser Basis unverzüglich korrigierende Maßnahmen ergriffen werden. Oft werden auch diese automatisch ausgelöst.
Aus betriebswirtschaftlicher Sicht ist in CIM-Konzeptionen eine zusätzliche **Komponente zur Kostenermittlung** einzubeziehen. Hier ergeben sich auch neue Aufgaben und **Perspektiven für die Produktions- und Kostentheorie.** Für die Ermittlung empirisch fundierter Produktionsfunktionen werden durch automatisierte BDE-Systeme hochaktuelle Informationen über Abläufe von Basisprozessen und Faktorverbrauchsmengen (Mengengerüst der Kosten) bereitgestellt. Durch Integration eines Systems relevanter Kostensätze (Wertgerüst der Kosten) können Kostenfunktionen ermittelt werden. In Verbindung mit CIM sind Kosteninformationen frühzeitig in den Produktentwicklungsprozeß einzubringen. Für die Produktions- und Kostentheorie bedeutet dies, daß die mit Hilfe von CAD-Systemen generierten Erzeugniseigenschaften (Geometriedaten, Materialien) und die durch CAP daraus abgeleiteten erforderlichen Basisprozesse (Arbeitspläne) über Produktions- und Kostenfunktionen in zugehörige Kostengrößen umgesetzt werden. Frühzeitiges Herausfinden kostengünstiger Erzeugnisgestaltungen ist in betriebswirtschaftlicher Sicht insoweit wichtig, als bereits in der Konstruktion 70 bis 80 Prozent der Produktkosten fixiert werden. In Verbindung mit CIM-Technologien besteht das zentrale produktions- und kostentheoretische Anliegen insgesamt in der Erarbeitung betriebswirtschaftlicher Grundlagen für ein umfassendes **Kosteninformationssystem,** das Kostenplanungen und unverzügliche Kostenabweichungsanalysen ermöglicht. Dabei ist zugleich zu beachten, daß sich im Vergleich zu traditionellen Produktionsbereichen das Gewicht zwischen variablen und fixen Kosten sehr stark in Fixkostenbereiche verlagert, weil hochautomatisierte Technologien mit hohen Investitionsbeträgen verbunden sind. Zudem sind im Bereich menschlicher Arbeit leistungsentlohnte manuelle Tätigkeiten rückläufig. Vorherrschend sind zeitentlohnte Planungs-, Überwachungs- und Kontrolltätigkeiten (STEFFEN 1990, S. 203ff., 1991, S. 359ff., 1992, S. 1215ff. und 1992a, S. 181f.).

Ergänzend ist zu erwähnen, daß in absatzbezogener Sicht eine Ausweitung des kostenrechnungsbezogenen Bausteines zu einem **Kosten- und Erlösinformationssystem** anzustreben ist, um Erzeugnisgestaltungen und produktionsbezogene Maßnahmen auch hinsichtlich ihres Einflusses auf den erzielbaren Preis und damit insgesamt auf den Gewinn beurteilen zu können.
In Abbildung 92 wird das Zusammenwirken der Komponenten einer umfassenden CIM-Konzeption verdeutlicht (EVERSHEIM/BRACHTENDORF 1985, S. 23; STEFFEN 1991, S. 361).

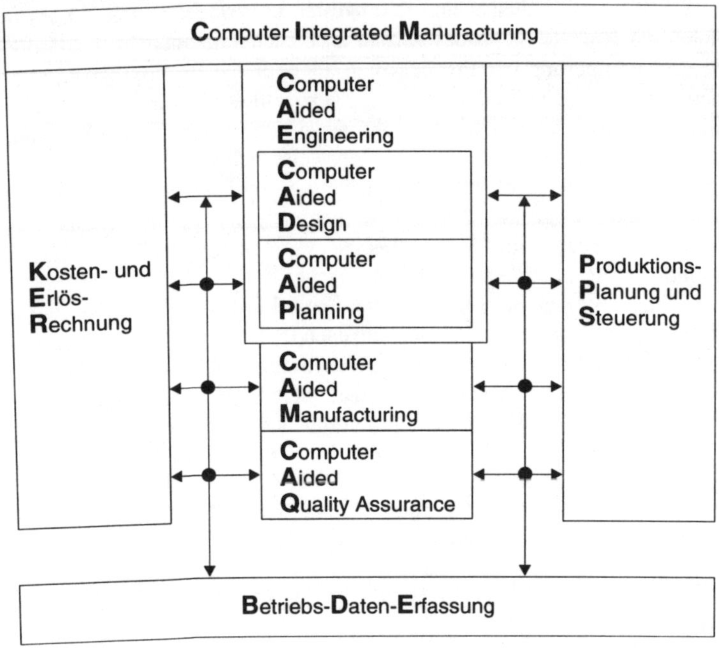

Abbildung 92: CIM-Komponenten und ihr Zusammenwirken

2. Ausrichtungen auf "lean production", Prozeßketten und ökologische Belange

Industrieunternehmungen verbinden mit dem Einsatz computergestützter Technologien vielfach zugleich auch Dezentralisierungen der Leitungsfunktionen im Bereich menschlicher Arbeit. Dabei werden relativ autonome Produktionsteilbereiche gebildet, die unter gezielter Vermeidung schwerfälliger Über- und Unterordnungen in Unternehmungsorganisationen direkt mit Entwicklungs-, Absatz- und Beschaffungsbereichen kooperieren und darüber hinaus auch unmittelbar Zulieferer- und Kundenbeziehungen pflegen. Diese in Japan entwickelte Konzeption wird als **"lean production"** ("schlanke Produktion") bezeichnet und dient der Reduktion der Komplexität von Entscheidungssituationen (REICHWALD/DIETEL 1991, S. 608f.; PFEIFFER/WEISS 1994, S. 53f.; WOMACK/JONES/ROOS 1994). In produktions- und kostentheoretischer Sicht sind neben den beschriebenen Analysen hochautomatisierter Technologien vor allem die Neuorientierungen in der menschlichen Arbeit in Produktions- und

Kostenfunktionen einzubringen. Dabei reduzieren sich unmittelbare Produktionsfaktor-Produkt-Beziehungen in äußerst hohem Maße, weil auch in Bereichen der Produktionsprozeßabwicklung weitgehend disponierende und kontrollierende Tätigkeiten vorherrschen. Anregungen ergeben sich aus der **Prozeßkostenrechnung,** bei der über spezifische (Dienst-)Leistungsbezüge in Dispositionsbereichen Kostenzuordnungen auf Erzeugnisse vorgenommen werden (FRANZ 1992, S. 605ff.). Für alle **direkt oder indirekt mit der Erzeugnisproduktion verbundenen Prozesse** (Fertigungs-, Kontroll-, Bestell-, Dispositionsvorgänge usw.) werden **Kostensätze** bestimmt. Diese resultieren vor allem in den "indirekten" Bereichen aus einem "Aufteilen" fixer Kosten auf einzelne Prozesse bei Orientierung an einer geplanten Gesamtmenge, z.B. indem Gehälter und Raumkosten je Periode im Bereich der Materialbeschaffung durch die gesamte (geplante) Anzahl an Bestellvorgängen in der Periode dividiert werden. Die Aufsummierung der Prozeßkosten aller für die Produktherstellung insgesamt erforderlichen direkten und indirekten Vorgänge (**Prozeßkette**) führt dann zu den Kosten, die einem Produkt bzw. einer bestimmten Produktmenge zugeordnet werden. Produktions- und kostentheoretische Fundierungen dieser Vorgehensweise stehen noch aus. Sie werden auf die grundsätzliche Problematik einer Proportionalisierung von Fixkosten auf Leistungsmengen stoßen. In konsequenter Begriffsbildung müßte hier auch anstelle der Produktions- und Kostentheorie von einer **Prozeß- und Kostentheorie** gesprochen werden, weil die Betrachtung über den eigentlichen Produktionsbereich hinausgeht.

Im Hinblick auf eine **Ökologieorientierung der Produktion** wurden in den vorangehenden Kapiteln umweltbezogene Erweiterungsmöglichkeiten und dafür entwickelte Ansätze im Rahmen der Produktions- und Kostentheorie angesprochen. Eine vollständige und in sich geschlossene Produktionstheorie dieser Ausrichtung bedarf vielfältiger problemspezifischer Untersuchungen. Konzeptionelle Ansätze und einige Lehrbücher mit dieser Ausrichtung liegen vor (FREIMANN 1987, S. 380ff.; STREBEL 1994, S. 813ff.; KREIKEBAUM 1992, S. 49ff.; DYCKHOFF 1991, S. 275ff. und 1992, S. 41ff.; DINKELBACH/PIRO 1989, S. 399ff. und S. 474ff. sowie 1990, S. 640ff. und S. 700ff.; DINKELBACH/ROSENBERG 1997; STEVEN 1994). Mit besonderem Augenmerk werden einzelne Untersuchungen auf die Ausgestaltung von Demontage- und Entsorgungsprozessen bei nicht mehr nutzbaren Erzeugnissen (z.B. "ausgedienten" Automobilen) ausgerichtet (SOUREN 1996, S. 53ff.; SPENGLER/RENTZ 1996, S. 79ff.).

Literatur

Adam, D., Produktionsmanagement, 8. Aufl., Wiesbaden 1997.

Backhaus, K., Fertigungsprogrammplanung, Stuttgart 1979.

Baumann, F., Industrielles Anlagencontrolling, Berlin 1991.

Corsten, H., Produktionswirtschaft, 5. Aufl., München-Wien 1995.

Dellmann, K., Betriebswirtschaftliche Produktions- und Kostentheorie, Wiesbaden 1980.

Dinkelbach, W. / Piro, A., Entsorgung und Recycling in der betriebswirtschaftlichen Produktions- und Kostentheorie: LEONTIEF-Technologien, in: Wirtschaftsstudium 1989, S. 399-405 und S. 474-480.

Dinkelbach, W. / Piro, A., Entsorgung und Recycling in der betriebswirtschaftlichen Produktions- und Kostentheorie: GUTENBERG-Technologien, in: Wirtschaftsstudium 1990, S. 640-645 und S. 700-705.

Dinkelbach, W. / Rosenberg, O., Erfolgs- und umweltorientierte Produktionstheorie, 2. Aufl., Berlin-Heidelberg-New York-London-Paris-Tokyo-Hongkong-Barcelona-Budapest 1997.

Dyckhoff, H., Berücksichtigung des Umweltschutzes in der betriebswirtschaftlichen Produktionstheorie, in: Betriebswirtschaftslehre und ökonomische Theorie, Hrsg. D. Ordelheide / B. Rudolph / E. Büsselmann, Stuttgart 1991, S. 275-309.

Dyckhoff, H., Betriebliche Produktion, Berlin-Heidelberg-New York-London-Paris-Tokyo-Hongkong-Barcelona-Budapest 1992.

v. Eckardstein, D., Partizipative Aspekte einer Entlohnung nach Qualifikation, in: Betriebswirtschaftliche Forschung und Praxis 1986, H. 1, S. 55-67.

Ellinger, Th. / Haupt, R., Produktions- und Kostentheorie, 3. Aufl., Stuttgart 1996.

Eversheim, W. / Brachtendorf, Th., CIM - Integrierter Rechnereinsatz in der Produktion, in: REFA-Nachrichten 1985, S. 23-28.

Fandel, G., Produktion I, 4. Aufl., Berlin-Heidelberg-New York-London-Paris-Tokyo-Hongkong-Barcelona-Budapest 1994.

Franz, K.-P., Die Prozeßkostenrechnung, in: Wirtschaftswissenschaftliches Studium 1992, S. 605-610.

Freimann, J., Ökologie und Betriebswirtschaft, in: Zeitschrift für betriebswirtschaftliche Forschung 1987, S. 380-390.

Grochla, E. / Schönbohm, P., Beschaffung in der Unternehmung, Stuttgart 1980.

Hansmann, K.-W., Industrielles Management, München-Wien 1997.

Henfling, M., Lernkurventheorie, Gerbrunn 1978.

Ihde, G.-B., Lernprozesse in der betriebswirtschaftlichen Produktionstheorie, in: Zeitschrift für Betriebswirtschaft 1970, S.451-468.

Kilger, W., Optimale Produktions- und Absatzplanung, Opladen 1973.

Kreikebaum, H., Umweltgerechte Produktion, Wiesbaden 1992.

Männel, W., Integrierte Anlagenwirtschaft, in: Integrierte Anlagenwirtschaft, Hrsg. W. Männel, Köln 1988, S. 1-51.

Männel, W., Anlagenwirtschaft, in: Handwörterbuch der Produktionswirtschaft, Hrsg. W. Kern, 2. Aufl., Stuttgart 1996, Sp. 71-87.

Milling, P., Produktion, Automatisierung der, in: Handwörterbuch der Betriebswirtschaft, Hrsg. W. Wittmann / W. Kern / R. Köhler / H.-U. Küpper / K. v. Wysocki, 5. Aufl., Stuttgart 1993, Sp. 3367-3375.

Pfeiffer, W. / Weiß, E., Lean Management, 2. Aufl., Berlin 1994.

Picot, A. / Reichwald, R. / Wigand, R. T., Die grenzenlose Unternehmung, Wiesbaden 1996.

Reichwald, R., Arbeit als Produktionsfaktor, München-Basel 1977.

Reichwald, R., Die Wiederentdeckung der menschlichen Arbeit als primärer Produktionsfaktor für eine marktnahe Produktion, in: Marktnahe Produktion, Hrsg. R. Reichwald, Wiesbaden 1992, S. 3-18.

Reichwald, R. / Dietel B., Produktionswirtschaft, in: Industriebetriebslehre, Hrsg. E. Heinen, 9. Aufl., Wiesbaden 1991, S. 395-622.

Scheer, A.-W., CIM - Der computergesteuerte Industriebetrieb, 4. Auflage, Berlin-Heidelberg-New York-London-Paris-Tokyo-Hongkong 1990.

Souren, R., Produktionswirtschaftliche Analyse betrieblicher Entsorgungsprozesse, in: Zeitschrift für Betriebswirtschaft, Erg.-Heft 2 1996, S. 53-77.

Spengler, Th. / Rentz, O., Betriebswirtschaftliche Planungsmodelle zur Demontage und zum Recycling komplexer zusammengesetzter Produkte, in: Zeitschrift für Betriebswirtschaft, 2. Ergänzungsheft 1996, S. 79-96.

Steffen, R., Analyse industrieller Elementarfaktoren in produktionstheoretischer Sicht, Berlin 1973.

Steffen, R., Die Ermittlung von Anlagenkosten auf der Grundlage betriebswirtschaftlicher Instandhaltungsstrategien, in: Zeitschrift für wirtschaftliche Fertigung 1974, S. 303-306.

Steffen, R., Die Berücksichtigung von Job Rotation und teilautonomen Arbeitsgruppen in der betriebswirtschaftlichen Produktions- und Kostentheorie, in: Die Betriebswirtschaft 1978, S. 421-433.

Steffen, R., Verbesserung der Umrüstbedingungen in der industriellen Produktion, in: Wirtschaftswissenschaftliches Studium 1989, S. 180-186.

Steffen, R., Nutzung der Kosten- und Erlösrechnung zur konstruktionsbegleitenden Erfolgsfrüherkennung in Verbindung mit computergesteuerten Technologien, in: Kosten und Erlöse, Hrsg. R. Steffen / R. Wartmann, Stuttgart 1990, S. 195-216.

Steffen, R., Verbindung computergestützter Erzeugniskonstruktionen (CAD) mit der Kosten- und Erlösrechnung in CIM-Konzeptionen, in: Zeitschrift für betriebswirtschaftliche Forschung 1991, S. 359-375.

Steffen, R., Kostenrechnung und CIM, in: Handbuch Kostenrechnung, Hrsg. W. Männel, Wiesbaden 1992, S. 1215-1223 .

Steffen, R., Produktions- und Kostentheorie, in: Betriebswirtschaftslehre heute, Hrsg. K. Küting / A. Schnorbus, Frankfurt am Main 1992, S. 178-182 (1992a).

Steffen, R., Anlagenwirtschaft, in: Handwörterbuch der Betriebswirtschaft, Hrsg. W. Wittmann / W. Kern / R. Köhler / H.-U. Küpper / K. v. Wysocki, 5. Aufl.,Stuttgart 1993, Sp. 84-96.

Steven, M., Produktion und Umweltschutz, Wiesbaden 1994

Strebel, H., Produktion und Umwelt, in: Handwörterbuch der Betriebswirtschaft, Hrsg. W. Wittmann / W. Kern / R. Köhler / H.-U. Küpper / K. v. Wysocki, 5. Aufl., Stuttgart 1993, Sp. 3357-3367.

Strebel, H., Industrie und Umwelt, in: Industriebetriebslehre, Hrsg. M. Schweitzer, 2. Aufl., München 1994.

Weimann, J., Umweltökonomik, 3. Aufl., Berlin-Heidelberg-New York-London-Paris-Tokyo-Hongkong-Barcelona-Budapest 1995.

Wildemann, H., Produktion, Organisation der, in: Handwörterbuch der Betriebswirtschaft, Hrsg. W. Wittmann / W. Kern / R. Köhler / H.-U. Küpper / K. v. Wysocki, 5. Aufl., Stuttgart 1993, Sp. 3388-3404.

Wildemann, H., Das Just-In-Time-Konzept - Produktion und Zulieferung auf Abruf, 4. Aufl., München 1995.

Womack, J./ Jones, D. / Roos, D., Die zweite Revolution in der Automobilindustrie, 8. Aufl., Frankfurt-New York 1994.

Zäpfel, G., Grundzüge des Produktions- und Logistikmanagement, Berlin-New York 1996.

Gesamtliteraturverzeichnis

Adam, D., Produktionsplanung bei Sortenfertigung, Wiesbaden 1969.

Adam, D., Produktions- und Kostentheorie, 2. Aufl., Tübingen und Düsseldorf 1977.

Adam, D., Produktionsmanagement, 8. Aufl., Wiesbaden 1997.

Backhaus, K., Fertigungsprogrammplanung, Stuttgart 1979.

Baumann, F., Industrielles Anlagencontrolling, Berlin 1991.

Beuermann, G., Produktionsfaktoren, in: Handwörterbuch der Produktionswirtschaft, Hrsg. W. Kern / H.-H. Schröder / J. Weber, 2. Aufl., Stuttgart 1996, Sp. 1494-1505.

Bloech, J., Lineare Optimierung für Wirtschaftswissenschaftler, Opladen 1974.

Bloech, J., Produktionsfaktoren, in: Handwörterbuch der Betriebswirtschaft, Hrsg. W. Wittmann / W. Kern / R. Köhler / H.-U. Küpper / K. v. Wysocki, 5. Aufl., Stuttgart 1993, Sp. 3405-3415.

Bloech, J. / Bogaschewsky, R. / Götze, U. / Roland, F., Einführung in die Produktion, 2. Aufl., Heidelberg 1993.

Bloech, J. / Lücke, W., Produktionswirtschaft, Stuttgart-New York 1982.

Blohm, H. / Beer, Th. / Seidenberg, U. / Silber, H., Produktionswirtschaft, Herne-Berlin 1987.

Busse v. Colbe, W. / Laßmann, G., Betriebswirtschaftstheorie, Band 1, 5. Aufl., Berlin-Heidelberg-New York-London-Paris-Tokyo-Hong Kong-Barcelona-Budapest 1991.

Busse v. Colbe, W. / Hammann, P. / Laßmann, G., Betriebswirtschaftstheorie, Bd. 2, 4. Aufl., Berlin-Heidelberg-New York-London-Paris-Tokyo-Hongkong-Barcelona-Budapest 1992.

Corsten, H., Produktionswirtschaft, 5. Aufl., München-Wien 1995.

Czeranowski, G., Programmplanung bei Einzelfertigung, Wiesbaden 1974.

Dantzig, G. B., Lineare Programmierung und Erweiterungen, deutsche Bearbeitung von A. Jaeger, Berlin-Heidelberg-New York 1966.

Dellmann, K., Entscheidungsmodelle für die Serienfertigung, Opladen 1975.

Dellmann, K., Betriebswirtschaftliche Produktions- und Kostentheorie, Wiesbaden 1980.

Diederich, H., Allgemeine Betriebswirtschaftslehre, 7. Aufl., Stuttgart-Berlin-Köln 1992.

Dinkelbach, W. / Piro, A., Entsorgung und Recycling in der betriebswirtschaftlichen Produktions- und Kostentheorie: LEONTIEF-Technologien, in: Wirtschaftsstudium 1989, S. 399-405 und S. 474-480.

Dinkelbach, W. / Piro, A., Entsorgung und Recycling in der betriebswirtschaftlichen Produktions- und Kostentheorie: GUTENBERG-Technologien, in: Wirtschaftsstudium 1990, S. 640-645 und S. 700-705.

Dinkelbach, W. / Rosenberg, O., Erfolgs- und umweltorientierte Produktionstheorie, 2. Aufl., Berlin-Heidelberg-New York-London-Paris-Tokyo-Hongkong-Barcelona-Budapest 1997.

Dyckhoff, H., Berücksichtigung des Umweltschutzes in der betriebswirtschaftlichen Produktionstheorie, in: Betriebswirtschaftslehre und ökonomische Theorie, Hrsg. D. Ordelheide / B. Rudolph / E. Büsselmann, Stuttgart 1991, S. 275-309.

Dyckhoff, H., Betriebliche Produktion, 2. Aufl., Berlin-Heidelberg-New York-London-Paris-Tokyo-Hongkong-Barcelona-Budapest 1994.

Dyckhoff, H., Grundzüge der Produktionswirtschaft, Berlin-Heidelberg-New York 1995.

v. Eckardstein, D., Partizipative Aspekte einer Entlohnung nach Qualifikation, in: Betriebswirtschaftliche Forschung und Praxis 1986, H. 1, S. 55-67.

Ellinger, Th. / Haupt, R., Produktions- und Kostentheorie, 3. Aufl., Stuttgart 1996.

Eversheim, W. / Brachtendorf, Th., CIM - Integrierter Rechnereinsatz in der Produktion, in: REFA-Nachrichten 1985, S. 23-28.

Fandel, G., Produktion I, 4. Aufl., Berlin-Heidelberg-New York-London-Paris-Tokyo-Hongkong-Barcelona-Budapest 1994.

Franz, K.-P., Die Prozeßkostenrechnung, in: Wirtschaftswissenschaftliches Studium 1992, S. 605-610.

Freimann, J., Ökologie und Betriebswirtschaft, in: Zeitschrift für betriebswirtschaftliche Forschung 1987, S. 380-390.

Grochla, E. / Schönbohm, P., Beschaffung in der Unternehmung, Stuttgart 1980.

Gutenberg, E., Grundlagen der Betriebswirtschaftslehre, 1. Band, Die Produktion, 24. Aufl., Berlin-Heidelberg-New York 1983.

Habenicht, W., Produktion, Einflußgrößen der, in: Handwörterbuch der Betriebswirtschaft, Hrsg. W. Wittmann / W. Kern / R. Köhler / H.-U. Küpper / K. v. Wysocki, 5. Aufl., Stuttgart 1993, Sp. 3376-3388.

Hahn, D./Laßmann, G., Produktionswirtschaft, Band 1, 2. Aufl., Heidelberg 1990.

Hansmann, K.-W., Industrielles Management, 5. Aufl., München-Wien 1997.

Haupt, R., Kosteneinflußgrößen, in: Handwörterbuch der Betriebswirtschaft, Hrsg. W. Wittmann / W. Kern / R. Köhler / H.-U. Küpper / K. v. Wysocki, 5. Aufl., Stuttgart 1993, Sp. 2330-2339.

Heinen, E., Betriebswirtschaftliche Kostenlehre, 6. Aufl., Wiesbaden 1983.

Heinen, E., Produktions- und Kostentheorie, in: Allgemeine Betriebswirtschaftslehre in programmierter Form, Hrsg. H. Jacob, 5. Aufl., Wiesbaden 1988, S. 205-296.

Henfling, M., Lernkurventheorie, Gerbrunn 1978.
Hoitsch, H.-J., Produktionsplanung, in: Handwörterbuch der Betriebswirtschaft, Hrsg. W. Wittmann / W. Kern / R. Köhler / H.-U. Küpper / K. v. Wysocki, 5. Aufl., Stuttgart 1993, Sp. 3450-3467.
Ihde, G.-B., Lernprozesse in der betriebswirtschaftlichen Produktionstheorie, in: Zeitschrift für Betriebswirtschaft 1970, S.451-468.
Jacob, H., Zur optimalen Planung des Produktionsprogramms bei Einzelfertigung, in: Zeitschrift für Betriebswirtschaft 1971, S. 495-516.
Jacob, H., Die Planung des Produktions- und Absatzprogramms, in: Industrieberiebslehre, Hrsg. H. Jacob, 4. Aufl., Wiesbaden 1990, S. 401-590.
Jehle, E. / Müller, K. / Michael, H., Produktionswirtschaft, 4. Aufl., Heidelberg 1994.
Kern, W., Die Produktionswirtschaft als Erkenntnisbereich der Betriebswirtschaft, in: Zeitschrift für betriebswirtschaftliche Forschung 1976, S. 756-767.
Kern, W., Industrielle Produktionswirtschaft, 5. Aufl., Stuttgart 1992.
Kern, W., Produktionswirtschaft: Objektbereich und Konzepte, in: Handwörterbuch der Produktionswirtschaft, Hrsg. W. Kern / H.-H. Schröder / J. Weber, 2. Aufl., Stuttgart 1996, Sp. 1629-1642.
Kilger, W., Produktions- und Kostentheorie, Wiesbaden 1958.
Kilger, W., Der Faktor Arbeit im System der Produktionsfaktoren, in: Zeitschrift für Betriebswirtschaft 1961, S. 597-611.
Kilger, W., Optimale Produktions- und Absatzplanung, Opladen 1973.
Kirsch, W. / Bamberger, J. / Berg, C.C. / Weber, W., Die Wirtschaft, Wiesbaden 1975.
Kistner, K.-P., Umweltschutz in der betrieblichen Produktionsplanung, in: Betriebswirtschaftliche Forschung und Praxis 1989, Heft 1, S. 30-50.
Kistner, K.-P., Produktions- und Kostentheorie, 2. Aufl., Würzburg-Wien 1993.
Kistner, K.-P., Produktionsfunktionen, in: Handwörterbuch der Betriebswirtschaft, Hrsg. W. Wittmann / W. Kern / R. Köhler / H.-U. Küpper / K. v. Wysocki, 5. Aufl., Stuttgart 1993, Sp. 3415-3432.
Klaus, J., Produktions- und Kostentheorie, Stuttgart 1974.
Kloock, J., Betriebswirtschaftliche Input-Output-Modelle, Wiesbaden 1969.
Kloock, J., Zur gegenwärtigen Diskussion der betriebswirtschaftlichen Produktionstheorie und Kostentheorie, in: Zeitschrift für Betriebswirtschaft 1969, 1. Ergänzungsheft, S. 49-82.
Koch, H., Zur Frage des pagatorischen Kostenbegriffs, in: Zeitschrift für Betriebswirtschaft 1959, S. 8-17.
Küpper, H.-U., Interdependenzen zwischen Produktionstheorie und der Organisation des Produktionsprozesses, Berlin 1979.
Küpper, H.-U., Dynamische Produktionsfunktion der Unternehmung auf der Basis des Input-Output-Ansatzes, in: Zeitschrift für Betriebswirtschaft 1979, S. 93-106.
Küpper, H.-U., Kostentheorie, in: Handwörterbuch der Produktionswirtschaft, Hrsg. W. Kern / H.-H. Schröder / J. Weber, 2. Aufl., Stuttgart 1996, Sp. 959-971.
Kreikebaum, H., Umweltgerechte Produktion, Wiesbaden 1992.
Laßmann, G., Die Produktionsfunktion und ihre Bedeutung für die betriebswirtschaftliche Kostentheorie, Köln-Opladen 1958.
Laßmann, G., Kostenfunktionen und -verhalten, in: Handwörterbuch der Produktionswirtschaft, Hrsg. W. Kern / H.-H. Schröder / J. Weber, 2. Aufl., Stuttgart 1996, Sp. 946-959.
Layer, M., Optimale Kapazitätsausnutzung und Kapazitätsbereitstellung, Würzburg-Wien 1975.
Lücke, W., Produktions- und Kostentheorie, 3. Aufl., Würzburg-Wien 1976.
Matthes, W., Dynamische Einzelproduktionsfunktion der Unternehmung (Produktionsfunktion vom Typ F), Betriebswirtschaftliches Arbeitspapier Nr. 2, Universität zu Köln 1979.
Männel, W., Integrierte Anlagenwirtschaft, in: Integrierte Anlagenwirtschaft, Hrsg. W. Männel, Köln 1988, S. 1-51.
Männel, W., Anlagenwirtschaft, in: Handwörterbuch der Produktionswirtschaft, Hrsg. W. Kern / H.-H. Schröder / J. Weber, 2. Aufl., Stuttgart 1996, Sp. 71-87.
Marshall, A., Principles of Economics, 8. Aufl., London 1920, Neudruck 1961.
Meffert, H., Marketing, 7. Aufl., Nachdruck, Wiesbaden 1991.
Milling, P., Produktion, Automatisierung der, in: Handwörterbuch der Betriebswirtschaft, Hrsg. W. Wittmann / W. Kern / R. Köhler / H.-U. Küpper / K. v. Wysocki, 5. Aufl., Stuttgart 1993, Sp. 3367-3375.
Müller-Merbach, H., Operations Research, 3. Aufl., München 1973.
Müller-Merbach, H., Die Konstruktion von Input-Output-Modellen, in: Planung und Rechnungswesen in der Betriebswirtschaftslehre, Festschrift für G.v. Kortzfleisch zum 60. Geburtstag, Hrsg. H. Bergner, Berlin 1981, S. 19-113.
Pfeiffer, W. / Dörrie, U. / Stoll, E., Menschliche Arbeit in der industriellen Produktion, Göttingen 1977.
Pfeiffer, W. / Weiß, E., Lean Management, 2. Aufl., Berlin 1994.
Pressmar, D. B., Kosten und Leistungsanalyse im Industriebetrieb, Wiesbaden 1971.

Picot, A., Der Produktionsfaktor Information in der Unternehmensführung, in: Information Management 1/1990, S. 6-14.
Picot, A. / Franck, E., Die Planung der Unternehmensressource Information, in: Wirtschaft und Studium 1988, S. 544-549 und S. 608-614.
Picot, A. / Reichwald, R. / Wigand, R.T., Die grenzenlose Unternehmung, Wiesbaden 1996.
Pohmer, D. / Bea, F. X., Produktion und Absatz, 3. Aufl., Göttingen 1994.
Rehkugler, H., Kostenbegriffe, Kostenarten und Kostenkategorien, in: Handwörterbuch der Betriebswirtschaft, Hrsg. W. Wittmann / W. Kern / R. Köhler / H.-U. Küpper / K. v. Wysocki, 5. Aufl., Stuttgart 1993, Sp. 2320-2329.
Reichwald, R., Arbeit als Produktionsfaktor, München-Basel 1977.
Reichwald, R., Die Wiederentdeckung der menschlichen Arbeit als primärer Produktionsfaktor für eine marktnahe Produktion, in: Marktnahe Produktion, Hrsg. R. Reichwald, Wiesbaden 1992, S. 3-18.
Reichwald, R. / Dietel B., Produktionswirtschaft, in: Industriebetriebslehre, Hrsg. E. Heinen, 9. Aufl., Wiesbaden 1991, S. 395-622.
Rieper, B., Betriebswirtschaftliche Entscheidungsmodelle, Herne-Berlin 1992.
Rieper, B. / Witte, Th., Grundwissen Produktion, 4. Aufl., Frankfurt am Main 1992.
Roth, U., Umweltkostenrechnung, Wiesbaden 1992.
Schaefer, H. F., Grundlagen einer informationsorientierten Produktions- und Kostentheorie, Hamburg 1986.
Scheer, A.-W., CIM - Der computergesteuerte Industriebetrieb, 4. Aufl., Berlin-Heidelberg-New York-London-Paris-Tokyo-Hong Kong 1990.
Schierenbeck, H., Grundzüge der Betriebswirtschaftslehre, 12. Aufl., München-Wien 1995.
Schneeweiß, Ch., Einführung in die Produktionswirtschaft, 5. Aufl., Berlin-Heidelberg-New York-London-Paris-Tokyo-Hongkong-Barcelona-Budapest 1993.
Schweitzer, M., Gegenstand der Betriebswirtschaftslehre, in: Allgemeine Betriebswirtschaftslehre Bd. 1: Grundfragen, Hrsg. F.X. Bea / E. Dichtl / M. Schweitzer, 6. Aufl., Stuttgart-Jena 1992, S. 17-56.
Schweitzer, M., Produktion, in: Handwörterbuch der Betriebswirtschaft, Hrsg. W. Wittmann / W. Kern / R. Köhler, H.-U. Küpper / K. v. Wysocki, 5. Aufl., Stuttgart 1993, Sp. 3328-3347.
Schweitzer, M.. / Küpper, H.-U., Produktions- und Kostentheorie der Unternehmung, 2. Aufl., Wiesbaden 1997.
Seidel, E. / Menn, H., Ökologisch orientierte Betriebswirtschaftslehre, Stuttgart-Berlin-Köln-Mainz 1988.
Souren, R., Produktionswirtschaftliche Analyse betrieblicher Entsorgungsprozesse, in: Zeitschrift für Betriebswirtschaft 1996, 2. Ergänzungsheft, S. 53-77.
Spengler, Th. / Rentz, O., Betriebswirtschaftliche Planungsmodelle zur Demontage und zum Recycling komplexer zusammengesetzter Produkte, in: Zeitschrift für Betriebswirtschaft 1996, 2. Ergänzungsheft, S. 79-96.
Steffen, R., Analyse industrieller Elementarfaktoren in produktionstheoretischer Sicht, Berlin 1973.
Steffen, R., Die Ermittlung von Anlagenkosten auf der Grundlage betriebswirtschaftlicher Instandhaltungsstrategien, in: Zeitschrift für wirtschaftliche Fertigung 1974, S. 303-306.
Steffen, R., Die Berücksichtigung von Job Rotation und teilautonomen Arbeitsgruppen in der betriebswirtschaftlichen Produktions- und Kostentheorie, in: Die Betriebswirtschaft 1978, S. 421-433.
Steffen, R., Die Bestimmung von Kapazitäten und ihrer Nutzung in der industriellen Fertigung, in: Zeitschrift für betriebswirtschaftliche Forschung 1980, S. 173-190.
Steffen, R., Verbesserung der Umrüstbedingungen in der industriellen Produktion, in: Wirtschaftswissenschaftliches Studium 1989, S. 180-186.
Steffen, R., Nutzung der Kosten- und Erlösrechnung zur konstruktionsbegleitenden Erfolgsfrüherkennung in Verbindung mit computergesteuerten Technologien, in: Kosten und Erlöse, Hrsg. R. Steffen / R. Wartmann, Stuttgart 1990, S. 195-216.
Steffen, R., Verbindung computergestützter Erzeugniskonstruktionen (CAD) mit der Kosten- und Erlösrechnung in CIM-Konzeptionen, in: Zeitschrift für betriebswirtschaftliche Forschung 1991, S. 359-375.
Steffen, R., Kostenrechnung und CIM, in: Handbuch Kostenrechnung, Hrsg. W. Männel, Wiesbaden 1992, S. 1215-1223.
Steffen, R., Produktions- und Kostentheorie, in: Betriebswirtschaftslehre heute, Hrsg. K. Küting / A. Schnorbus, Frankfurt am Main 1992, S. 178-182.
Steffen, R., Anlagenwirtschaft, in: Handwörterbuch der Betriebswirtschaft, Hrsg. W. Wittmann / W. Kern / R. Köhler / H.-U. Küpper / K. v. Wysocki, 5. Aufl., Stuttgart 1993, Sp. 84-96.
Steven, M., Umwelt als Produktionsfaktor?, in: Zeitschrift für Betriebswirtschaft 1991, S. 509-523.
Steven, M., Produktion und Umweltschutz, Wiesbaden 1994
Strebel, H., Umwelt und Betriebswirtschaft, Berlin 1980.
Strebel, H., Umweltwirkungen der Produktion, in: Zeitschrift für betriebswirtschaftliche Forschung 1981, S. 747-848.
Strebel, H., Produktion und Umwelt, in: Handwörterbuch der Betriebswirtschaft, Hrsg. W. Wittmann / W. Kern / R. Köhler / H.-U. Küpper / K. v. Wysocki, 5. Aufl., Stuttgart 1993, Sp. 3357-3367.
Strebel, H., Industrie und Umwelt, in: Industriebetriebslehre, Hrsg. M. Schweitzer, 2. Aufl., München 1994, S. 747-848.

Streitferdt, L., Produktionsprogrammplanung, in: Handwörterbuch der Betriebswirtschaft, Hrsg. W. Wittmann / W. Kern / R. Köhler / H.-U. Küpper / K. v. Wysocki, 5. Aufl., Stuttgart 1993, Sp. 3478-3491.

Szyperski, N. / Eschenröder, G., Information-Ressource-Management. Eine Notwendigkeit für die Unternehmensführung, in: Management betrieblicher Informationsverarbeitung, Hrsg. R. Kay, München-Wien 1983, S. 11-37.

Troßmann, E., Kostentheorie und Kostenrechnung, in: Handwörterbuch der Betriebswirtschaft, Hrsg. W. Wittmann / W. Kern / R. Köhler / H.-U. Küpper / K. v. Wysocki, Stuttgart 1993, Sp. 2385-2401.

Weimann, J., Umweltökonomik, 3. Aufl., Berlin-Heidelberg-New York-London-Paris-Tokyo-Hongkong-Barcelona-Budapest 1995.

Wildemann, H., Produktion, Organisation der, in: Handwörterbuch der Betriebswirtschaft, Hrsg. W. Wittmann / W. Kern / R. Köhler / H.-U. Küpper / K. v. Wysocki, 5. Aufl., Stuttgart 1993, Sp. 3388-3404.

Wildemann, H., Das Just-In-Time-Konzept - Produktion und Zulieferung auf Abruf, 4. Aufl., München 1995.

Witte, Th. / Deppe, J. F. / Born, A., Lineare Programmierung, Wiesbaden 1975.

Wittmann, W., Produktionstheorie, Berlin-Heidelberg-New York 1968.

Wittmann, W., Information, in: Handwörterbuch der Organisation, 2. Aufl., Hrsg. E. Grochla, Stuttgart 1980, Sp. 894-904.

Wittmann, W., Produktionstheorie, in: Handwörterbuch der Betriebswirtschaft, Hrsg. W. Wittmann / W. Kern / R. Köhler / H.-U. Küpper / K. v. Wysocki, 5. Aufl., Stuttgart 1993, Sp. 3491-3518.

Wöhe, G., Einführung in die Allgemeine Betriebswirtschaftslehre, 19. Aufl., München 1996.

Womack, J. / Jones, D. / Roos, D., Die zweite Revolution in der Automobilindustrie, 8. Aufl., Frankfurt-New York 1994.

Zäpfel, G., Grundzüge des Produktions- und Logistikmanagement, Berlin-New York 1996.

Sachverzeichnis